교회 회계 원리
믿음으로 꿈을 이루는 원리

믿음으로 꿈을 이루는 원리

교회 회복 원리

이상덕 지음

베드로서원

| 추천의 글 |

　우리는 과거 어느 시대보다 급변하는 시대에 다양한 정보의 물결 속에서 살아가고 있습니다. 가히 정보의 홍수시대라 아니할 수 없습니다. 그러나 아이러니컬하게도 홍수가 나면 정작 먹을 물이 없는 것처럼 넘쳐나는 정보화 시대에 살아가면서도 정작 진리를 찾기란 모래밭에서 바늘을 찾는 것과 같습니다. 이러한 물결은 사람들로 하여금 숨이 막히도록 바쁘게 만들어가고 있습니다. 사람들의 머리는 온통 인터넷에서 쏟아내는 정보로 차고 넘치고, 사람들의 손길은 많은 일들로 바쁘고, 입은 휴대전화로 인해 쉴 틈이 없으며, 갈 곳이 많아 발걸음 또한 분주합니다. 이처럼 이 시대는 우리가 잠깐 고개를 들고 밤하늘에 반짝이는 별들을 바라다볼 여유조차 빼앗아버렸습니다. 세상은 어디로 가는지조차 모른 채 브레이크 없는 자동차가 절벽을 향해 질주하듯이 무한 경쟁의 시대로 내몰려가고 있습니다. 그러나 하나님은 이러한 물결 속에 교회가 휩쓸려가는 것을 원하지 않으십니다.
　하나님은 오순절 마가의 다락방에 성령을 보내어 이 땅에 당신의 거룩한 교회를 세우기 시작하셨습니다. 그 후 교회는 환란과 핍박 가운데서도 끊임없이 새롭게 변하며 세워져 왔습니다. 성령은 어느 시대 어느 때든지 세속의 물결이 아무리 험하고 악해도 그 물결에 사람들이 휩쓸려가는 것을 버려두지 않으시고 교회를 통해 새롭게 사람들을 세워 나가기를 원하십니다. 교회는 이와 같은 하나님의 뜻에 충실해야 합니다. 그러나 안타깝게도 작금의 교회의 모습은 우려할 정도로 세속화의 물결에 위협받고 있습니다. 교회는 교회대로 성도들은 성도들대로 각각 제 갈 길로 가고 있는 시대가 되었습니다.

이상덕 목사의 "믿음으로 꿈을 이루는 원리"로 교회가 생명력을 회복하고 교회 공동체가 하나 되는 시대적 사명의 부응을 위해 명실공히 건강한 교회가 세워지기를 소망합니다. 이 책은 필자 자신의 전공분야인 회계학을 신학과 신앙의 새로운 패러다임으로 교회사역의 한 부분인 교회회계를 재조명하고 있습니다. 신학적 관점에서 교회회계를 체계화하여 목회학의 새로운 한 분야를 열고 있는 것입니다. 또한 회계정보의 전체적인 커뮤니케이션 과정을 예배학적 관점에서 조명하고 있습니다. 성도들이 믿음으로 회계정보를 교류하는 과정에서, 성령의 인도하심을 따라 교회에 주신 하나님의 비전을 이해하고 자신들의 꿈을 세울 수 있게 하고 있습니다.

더 나아가 교인들이 교회공동체의 참 의미를 깨닫고, 기도하고 헌신하며 교회와 함께 자신들의 꿈을 이루어나감으로 교회의 생명력을 회복할 수 있게 합니다.

나는 이 책을 한국 교회와 목회자들에게 기쁜 마음으로 추천합니다. 그리고 신학도들에게는 필독서로 추천하는 바입니다. 나아가 모든 교회 교우들이 함께 읽고 이해하여 교회가 하나 되어 거룩한 비전을 공유하며 함께 그 꿈을 이루어나갈 수 있기를 바랍니다. 아무쪼록 이 책이 널리 읽혀져 교회가 새로운 역사를 힘차게 이루어나가기를 기대합니다. 이 새로운 역사에 참여하는 모든 심령들이 하나님의 평강과 기쁨 가운데 온전히 세워지기를 바랍니다.

    이 시대에 새로운 하나님의 역사가 이 책에서 시작되기를 기원하는 바입니다.

학교법인 백석학원 설립자
장 종 현 박사

| 추천의 글 |

    이 책은 단순한 '회계원리'에 관한 책이 아닙니다. 이 책 속에는 하나님이 계시고, 십자가에 달리신 주님이 계시고, 주님의 몸 된 교회가 있고, 예배가 있고, 믿음으로 꿈을 이루어나가는 교인들이 있습니다.
    순환기 계통의 질환 중에 '동맥경화증'이라는 병이 있습니다. 혈관의 벽이 두꺼워져 혈액순환이 잘 되지 않아 생기는 병입니다. 동맥경화증이 뇌혈관에 생기면 뇌졸중이나 뇌출혈이 일어나고, 심장의 혈관에 생기면 심근의 일부가 괴사되는 심근경색증이 발생되고, 말초 동맥에 생기면 다리를 절거나 피부궤양을 일으킵니다.
    교회도 마찬가집니다. 소통의 경로가 막히면 몸 된 교회의 지체인 교인들이 병들어갑니다. 설교가 막히면 영적으로 병이 들고, 기도가 막히면 호흡곤란으로 질식하게 되고, 교회와 교인들 간에 의사소통이 안 되면 교회의 비전을 알 수 없고 교인들이 거룩한 꿈을 품을 수 없어 세상 것으로 오염되기 시작합니다.
    이 책은 교회와 교인들, 교인과 교인들 간에 의사소통을 원활하게 함으로써, 교인들이 교회의 비전을 알 수 있게 하고, 그 비전을 이루기 위하여 자신들의 거룩한 꿈을 품게 하며, 함께 그 꿈을 이루어갈 수 있도록 길잡이 역할을 할 것입니다. 이 책은 이 시대에 거세게 밀려드는 험악한 세상의 물결 속에서 교회가 교회로서, 교회의 지체들이 지체로서의 역할을 온전히 감당할 수 있도록 함으로써 새로운 생명의 역사를 창조해 나가도록 할 것입니다. 그리고 이 책은 흐트러진 예배를 바로 세우고, 하나님 앞에 드리는 헌금과 그 헌금으로 이루어나가는 믿음의 역사를 발견할 수 있도록 하고, 헌금흐름의 과정을 효율적으로 관리할 수 있는 방안을 제시하고 있습니다.

나는 이 책을 먼저 교회의 비전과 정책을 수립하고 교회의 조직구성을 책임지고 있는 당회원들에게 추천합니다. 이 책은 당회원들이 당회가 수립한 교회의 비전과 정책에 대하여 그것을 이루어나갈 교인들과 의사소통을 원활하게 할 수 있도록 함으로써 지체들이 마비된 교회를 건강한 교회로 회복시키는 역할을 할 것입니다.

다음으로 제직회 회원들에게 추천합니다. 이 책은 적어도 교회의 운영을 담당하고 있는 제직회 회원들이 교회의 비전을 이해하고, 그 비전 속에서 거룩한 꿈을 품고, 그 꿈을 이루어나갈 수 있도록 안내할 것이며, 제직들이 믿음으로 꿈을 이루어나갈 때 그 교회는 살아서 역사하는 교회가 될 수 있을 것입니다.

그리고 한 걸음 더 나아가 공동의회를 구성하고 있는 세례교인들에게 이 책을 추천합니다. 공동의회는 교회의 최고 의사결정기구입니다. 공동의회를 구성하고 있는 세례교인들은 교회에 대하여 책임과 권한을 가지고 있습니다. 그들이 교회의 비전과 정책을 이해하고, 그 비전과 정책을 지원하고 동참하여 함께 이루어나갈 때, 그 교회는 세상의 어떤

험한 물결 속에서도 생명을 창출하는 교회가 될 것입니다.

교인들이 교회활동을 통하여 거룩한 꿈을 이루어나갈 때 그들의 심령에 하나님이 주시는 평강과 기쁨이 강물과 같이 임할 것이며 그들의 발걸음은 세상을 이기며 다스리는 견고한 발걸음이 될 것입니다. 이 책은 그런 길로 인도하는 신앙지침서입니다.

나는 이 시대에 '믿음으로 꿈을 이루는 원리'를 이 땅의 교회와 교인들에게 보내주신 하나님께 감사를 드립니다.

장석교회 이 용 남 목사

| 서 론 |

    비전이 없는 교회는 살아 있다 하나 죽은 거나 마찬가지며, 꿈이 없는 교인은 어디로 가는지를 알지 못하고 열심히 노를 젓는 사공과 같습니다. 교회가 비전 없이 세워질 리가 있겠는가마는, 그 비전을 그 교회도 잊어버리고 교인들도 알지 못하는 교회가 많습니다. 교인들이 교회의 비전을 알지 못하고, 그 비전 가운데서 자신들의 거룩한 꿈을 찾지 못하면, 그 비전은 이루어질 수 없을 뿐만 아니라 교인들은 세상의 물결에 휩쓸려 떠내려갈 수밖에 없습니다. 거룩한 꿈이 있는 사람은 '기가 막힐 웅덩이와 수렁'에 빠지더라도 하나님이 그를 끌어올리시고 그 발을 반석 위에 두시고 그 걸음을 견고하게 하실 것이라는 믿음으로 절대로 절망하지 않습니다. 요셉과 같이 노예로 팔려가도 다시 일어서고, 억울한 누명을 쓰고 감옥살이를 하더라도 소망의 끈을 놓지 않습니다.
    나는 언제부턴가 이상한 버릇이 하나 생겼습니다. 그것은 유명 연예인이나 저명인사가 자살하였다는 뉴스가 TV에 나오면 제일 먼저 빈소에 놓여 있는 위패를 살펴보는 버릇입니다. 최근 몇 년 사이에 죽은

연예인들 가운데 한두 명을 빼고는 모두 성도들이었습니다. 그들의 위패에는 십자가가 그려져 있었고, 그 밑에는 '성도'라는 글이 새겨져 있었습니다. 나는 그 십자가와 성도라는 글자를 볼 때마다 가슴이 쓰리며 아팠고, 우리 주님 앞에 너무나도 죄송스러웠습니다. 저 아까운 젊은이들이 죽어가고 있는 데는 교회가 책임이 있고, 나 같은 목사에게 책임이 있습니다. 교회가 저들에게 거룩한 꿈을 품게 할 수 있었다면, 저들은 소망의 끈을 놓지 않고 다시 일어설 수 있었을 것입니다.

'믿음으로 꿈을 이루는 원리'를 쓰게 된 이유가 여러 가지 있겠지만 역시 가장 중요한 이유는 교회와 교인들, 교인과 교인들이 원활하게 의사소통을 할 수 있도록 함으로써, 교인들이 교회의 비전을 알고, 그 비전 가운데서 거룩한 꿈을 품고, 교회와 함께 그 꿈을 이루어나갈 수 있도록 하자는 데 있습니다. 교회의 각 지체들이 거룩한 꿈을 품고 살아 움직일 때, 교회도 생명력을 회복하고 그 사명을 감당할 수 있을 것입니다.

최근의 통계에 의하면 이 땅의 개신교 교인들이 심각하게 줄어들고 있다 합니다. 공식적으로 발표된 통계는 아니지만, 교인들 중에서도 특히 청년들의 수가 전체 청년들 수의 4%도 안 되며, 특히 중고등부 학생들의 수는 3%정도에 불과하다 합니다. 어른들은 교회에서 그들이 이루어갈 꿈을 찾지 못해도 지금까지 신앙생활을 하던 습성이 남아 있고 또 하나님이 두려워서라도 교회에 나오겠지만, 청소년들은 다릅니다. 그들은 교회에서 그들이 이루어갈 꿈을 찾지 못하면 스스로 꿈을 찾아 세상으로 흘러가버립니다.

오늘날 많은 교회들이 지체가 병이 들어 힘없이 그저 세상의 물결에 따라 흘러가고 있습니다. 지체가 병든 교회는 생명력이 없어 세상을 구원할 수 없습니다. 이 책에는 힘을 잃어가고 있는 이 땅의 교회가 다시 새로운 비전을 가지고 새 창조를 이루어갈 수 있다는 간절한 소망이 담겨 있으며, 이 땅의 교인들이 교회의 거룩한 비전 속에서 자신들의 꿈을 찾고 우리 모두 함께 이루어가야 한다는 소원이 담겨 있습니다.

이 책은 단순한 회계이론에 관한 책이 아닙니다. 이 책 속에는 부족한 종의 신앙고백이 담겨 있습니다. 이 책 속에는 우리 아버지 되시는 하나님의 마음이 담겨 있고, 우리를 위하여 십자가에 달리신 사랑하는 주님이 계시고, 거룩한 예배가 들어 있고, 믿음으로 드리는 헌금과 그 헌금으로 꿈을 이루어나가는 아름다운 교인들이 있으며, 교회의 신뢰성을 건강하게 세워나가려는 신실한 뜻이 담겨 있습니다.

이 책이 교회가 새롭게 되고 교인들이 새로운 역사에 도전하는 불씨가 되기를 소원합니다.

이 한 권의 책이 나오기까지 학문적으로는 회계학을 전공하게 하시고, 경험적으로는 수십 년간의 금융업계 종사와 오랜 기간 동안 교회회계직의 봉사와 수년간 대학 강단에서 강의를 하게 하시고, 신학적으로는 목회학 석사과정을 거치며 신앙의 깊이를 더하게 하신 후 목사로 세워주신 하나님의 열심과 사랑이 있었습니다.

이 책이 나오기까지 가까이서 나를 격려해 주고 밀어준 사랑하는 아내와 아들에게 우선 고마움을 전합니다. 그리고 추천의 글을 써주신 저의 가장 존경하는 스승이요 이 시대의 교회를 온 몸으로 받들어 세워나가시는 백석학원의 설립자이신 장종현 박사님, 그리고 오랜 기간 동안 개척교회를 섬기며 지쳐 있던 저의 심령을 말씀으로 회복시켜주시고 신학의 열정을 품게 하신 이용남 목사님에게 진심으로 감사를 드립니다.

끝으로 이 책을 쓸 수 있도록 격려해 준 믿음의 동역자들, 그리고 이 책의 교정을 보느라 수고해 주신 이연의 집사님과 이 책이 세상에 나올 수 있도록 애써주신 베드로서원의 방주석 대표님께 감사를 드립니다.

2010. 12. 25
이 상 덕 목사

CONTENTS

추천의 글 4
서론 10

제1장 교회회계와 회계정보 ·· 19
  제1절 교회회계와 회계정보의 개념 ······························ 20
    1. 교회와 교회회계 ··· 20
    2. 교회회계와 회계정보 ··· 25
    3. 기업회계와 교회회계의 차이점 ···························· 26
  제2절 교회회계정보의 예배적 기능 ······························ 27
    1. 교회예산의 예배적 기능 ····································· 27
    2. 교회결산의 예배적 기능 ····································· 32
  제3절 교회와 회계정보의 역할 ···································· 37
    1. 담임목사와 당회에 대한 회계정보의 역할 ············· 37
    2. 제직회와 회계정보의 역할 ································· 39
    3. 공동의회와 회계정보의 역할 ······························ 40
  제4절 교회회계의 사회적 기능 ···································· 42
  제5절 교회회계와 내부감사제도 ··································· 44

제2장 교회회계의 개념체계 ·· 47
  제1절 교회회계보고의 목적 ··· 48
  제2절 교회회계의 기본 공준 ·· 49
    1. 교회실체의 공준 ··· 50
    2. 믿음의 역사의 공준 ·· 62

3. 현금주의 공준 ··· 70
　　4. 기간별 보고의 공준 ··· 72
제3절 교회회계 정보의 질적 기준 ······································· 75
　　1. 이해 가능성 (understandability) ····························· 76
　　2. 목적적합성 (relevance) ··· 77
　　3. 신뢰성 (reliability) ·· 82
　　4. 비교가능성 (comparability) ··································· 91
제4절 교회회계정보의 한계 ·· 93
　　1. 믿음의 역사를 완전하게 반영하지 못한다 ················ 93
　　2. 기도와 헌신의 내용을 충분히 반영하지 못한다 ········ 94

제3장 교회회계의 재무제표 ··· 95

제1절 예산대비 현금흐름표 ·· 96
　　1. 예산대비 현금흐름표의 의미 ··································· 96
　　2. 교회예산의 결정 ··· 96
　　3. 수입부: 믿음으로 드린 예물 ··································· 97
　　4. 지출부: 교회활동의 결실 ······································· 98
제2절 재무상태표 ·· 99
　　1. 자산: 교회활동에 활용할 자원 ······························· 99
　　2. 부채: 교회가 상환해야 할 의무 ···························· 104
제3절 주석 (footnote): 보충적인 설명 ····························· 105

제4장 재무제표의 구성요소 · 107
제1절 현금흐름표의 구성요소 · 108
1. 현금수입 부문 · 108
2. 현금지출 부문 · 137
제2절 재무상태표의 구성요소 · 224
1. 자산 항목 · 224
2. 부채 항목 · 229
3. 자본 개념의 부채 · 231
제3절 주석의 기록 · 232
1. 주석의 필요성 · 232
2. 교회회계의 주석에서 제공하는 정보 · 235

제5장 교회회계의 인식과 기록 · 237
제1절 교회회계의 인식기준 · 238
제2절 현금주의와 복식부기에 의한 교회회계 · 240
제3절 계정의 기록 · 241

제6장 회계처리 절차 · 243
제1절 현금수입 회계처리 절차 · 244
제2절 현금지출 회계처리 절차 · 244
제3절 현금잔액 관리 · 245
제4절 소액현금제도 · 246

제7장 재무제표의 작성 ····················· 249
제1절 현금흐름표의 작성 ················· 250
제2절 재무상태표의 작성 ················· 251

제8장 교회자산 및 부채 관리 ················· 253
제1절 자산의 관리 ······················· 254
1. 현금성 자산의 관리 ················· 254
2. 비품의 관리 ························ 254
3. 교회차량의 관리 ···················· 257
4. 토지 건물의 관리 ··················· 258
5. 교회자산의 감가상각 문제 ········· 259
제2절 부채의 관리 ······················· 261

제9장 회계보고 ································ 263
제1절 회계보고 대상 ···················· 264
1. 당회 ································ 264
2. 제직회 ······························ 264
3. 공동의회 ···························· 264
제2절 회계보고 내용 ···················· 266
1. 비교재무제표의 보고 ··············· 266
2. 감사보고서의 보고 ················· 267

제10장 내부통제 ·················· 269
제1절 내부통제의 필요성 ·················· 270
제2절 내부통제의 방법 ·················· 271
1. 업무절차의 준수에 의한 내부통제 ·················· 271
2. 감사에 의한 내부통제 ·················· 272
3. 감사의 자격 ·················· 275

제11장 회계결과에 대한 평가 ·················· 277
제1절 회계결과에 대한 평가의 의미 ·················· 278
제2절 회계결과에 대한 부서별 평가 ·················· 279
제3절 회계결과에 대한 교회의 평가 ·················· 280
제4절 회계결과에 대한 하나님의 평가 ·················· 280

제12장 여호와 하나님께 찬송과 영광을 돌리자 ·················· 285
제1절 회계정보는 비전과 꿈을 가지고 살게 한다 ·················· 286
제2절 새 하늘과 새 땅 그리고 새 예루살렘 성 ·················· 287

교회회계와 회계정보

제1절 교회회계와 회계정보의 개념

1. 교회와 교회회계

교회라는 이름은 지극히 거룩하고 장엄한 이름이며 아름답고도 사랑스런 이름이다. 교회는 "태초에 하나님이 천지를 창조하시니라"(창 1:1)를 시작으로 하나님의 말씀이 선포되고, 천지를 창조하신 그 하나님이 십자가에 달려 계신 곳이다. 교회는 그 십자가에 달리신 하나님을 향하여 '나의 하나님 나의 하나님 어찌하여 그 나무에 달리셨나이까, 어찌하여 그 나무에 달려 저주받은 자가 되셨나이까'라 부르짖으며 가슴을 찢으며 애통하는 심령들이 모여, 하나님이 이루어놓은 거룩하고도 장엄한 구원의 사역을 감사하며 찬양하는 곳이다. 교회는 구원받은 하나님의 백성들이 모여 "소고 치며 춤추어 찬양하며 현악과 퉁소로 찬양할지어다"(시 150:4)라는 말씀대로 하나님 앞에서 기뻐 뛰며 찬양하는 곳이다.

교회는 자신의 죄악을 돌아보며 십자가를 붙잡고 '내가 어찌 할고' 하며 애통하는 심령들에게 하나님이 이렇게 말씀하시며 위로해 주시는 곳이다. "그가 찔림은 우리의 허물 때문이요 그가 상함은 우리의 죄악 때문이라 그가 징계를 받으므로 우리는 평화를 누리고 그가 채찍에 맞으므로 우리는 나음을 받았도다"(사 53:5) 교회는 아버지 하나님을 떠났던 아들이 돌아와 그 가슴에 얼굴을 묻고 '아버지 이제부터는 나를 품꾼의 하나로 여기소서'라 고백하며 순종하기를 다짐하는 곳이며, 아버지는 그저 기뻐서 그 아들에게 좋은 옷을 입히고 가락지를 끼우고 신을 신기고 잔치를 베풀며 함께 즐거워하는 곳이다. 교회는 하나님을 아버지라 부르는 형제자매들이 서로 만나, 상처받은 자를 치유하고, 괴로워하는 자를 위로하고, 고통 받는 자들의 눈에서 눈물을 씻어주며, 함께 아버지 앞으로 나가 예배드리는 곳이다. 그리고 교회는 목자가 되시는 주님이 주님 앞으로 모인 양들을 푸른 풀밭에 누이며 쉴만한 물가로 인도하시며, 풍성한 사랑과 은혜를 누리도록 하는 아름다운 곳이다.

이와 같은 교회를 설명이 좀 건조하고 딱딱할지 모르지만 교의적인 입장에서는 이렇게 정의하고 있다. 교회는 하나님의 백성들의 신성한 삶의 공동체다. 교회는 교인들로 구성되어 있고 그 교인들은 신앙고백과 세례예식에 참여함으로써 그리스도와 한 몸이 되고, 서로 믿음 안에서 형제자매로 살아가는 신비로운 공동체다. 따라서 교회는 예수 그리스도께서 머리가 되시고 교회의 구성원들인 교인들이 그 지체로서 교회의 기능을 담당하며, 함께 하시는 성령의 능력으로 하나님의 일을 이루어나가는 거룩한 공동체다.

교회는 크게 둘로 나눌 수 있다. 하나는 초역사적인 신비체로서 눈에 보이지 않는 교회며, 다른 하나는 땅 위에 세워진 눈에 보이는 교회다. 이 중에서 땅 위에 세워진 가시적인 교회를 보통 사람들이 교회라 부른다. 이 책에서는 이 가시적인 교회를 중심으로 신앙적인 바탕 위에서 '교회회계 원리'를 체계적으로 설명해 나갈 것이다.

교회는 당회, 제직회, 공동의회와 같은 조직이 있고 지켜야 할 규례가 있는 제도화된 기구로 인간의 역사 속에서 사회적인 활동을 하면서 하나님의 일을 이루어나간다. 교회는 그 교회가 처하여 있는 문화적 상황과 그 공동체의 지도자들의 리더십에 따라 신비한 영적세계에 대한 이해와 체험이 다를 수도 있고, 하나님의 일을 이루어 나가는 방향과 방법이 다를 수 있다. 그러나 교회가 어떤 시대에, 어떤 환경 속에 세워지더라도 예수 그리스도께서 피로 값 주고 세우신 교회라면 하나님이 주신 사명을 감당해 나가며 이 땅에 하나님의 나라를 이루어나가는 것을 목적으로 하고 있다는 점에서 동일하다.

역사 속에서 활동하는 교회가 세상의 풍조에 흔들리지 않고 그 사명을 충실히 감당하기 위해서는 확고한 믿음의 고백 위에 서 있어야 한다. 그리고 교회가 그 사명을 효과적으로 달성하기 위해서는 하나님이 일반은총으로 허락하신 문화와 지식과 경제, 제반 물적 시설 등과 같은 역사적인 산물을 효과적으로 활용할 수 있어야 한다. 사도 바울이 선교여행을 할 당시 선교 목적지까지 육로로는 걸어서 갔을 것이고, 바다는 바람의 힘을 빌려 나가는 아주 보잘 것 없는 돛을 단 배를 타고 갔을 것이다. 복음을 전달하는 수단도 편지 형식의 서신이 있었지만 요즈음과는 전혀 다른 상황이었다. 우선 편지를 쓸 수 있는 종이가 없어 주로 양의 가죽으로 만든 귀한 양피지를 종이 대신에 사용하였는데 그 가격과 부피가 만만치 않았을 것이다. 그리고 무엇보다 지금의 우체국과 같이 신속하고 안전하게 편지가 전달되는 시스템이 없었다. 그러므로 복음을 전달하거나 받은 은혜를 나누고자 할 때는 거의 직접 사람을 보내어 말로 전하는 방식으로 하였다. 교인들이 모여 예배드리는 장소도 핍박을 한창 받던 초대교회 당시에는 카타콤과 같은 땅굴이나 사람들의 눈에 드러나지 않는 보잘 것 없는 곳이었을 것이며 그 규모도 오늘날의 가정교회 수준이었을 것이다.

그러나 지금은 초대교회 당시와 비교하였을 때 복음을 전달하는 수단과 방법이 엄청나게 발전하였다. 비행기, 자동차, 기관으로 움직이는 안전한 배와 같은 문명의 이기를 이용하여 **빠르고 안전하게** 선교 목적지까지 갈 수 있고, 복음을 전달하는 수단도 직접 사람을 만나 전하는 방법 이외에 인쇄물, TV, 라디오 방송, 인터넷, 휴대전화 등 다양하다.

이슬람권에 속한 국가를 제외하고는 복음을 전한다 하여 국가에서 탄압을 하는 것도 아니고 언제 어디서라도 자유롭게 전할 수 있다. 교회 건물도 대부분이 현대식 건물이며, 또 대형교회들은 현대식 공법을 이용하여 모양도 아주 아름답게 건축하고, 수백 명 또는 수천 명이 한꺼번에 목회자의 설교를 들을 수 있는 훌륭한 음향시설도 갖추고 있다.

본서에서 다루고 있는 교회회계도 사도 바울 당시에는 생각조차 하지 않았던 분야다. 교회회계에서 원용하고 있는 일반회계 분야는 15세기경 베니스 상인들이 사용한 복식부기에서 비로소 시작된 것이다. 20세기에 들어서며 주식회사제도가 발달하고 기업에 대한 이해관계자들이 많아지면서 오늘날과 같은 현대적 기업회계이론이 본격적으로 정립되고 체계화되었다. 따라서 교회가 일반회계시스템을 원용하여 교회활동에 이용하기 시작한 것은 그리 오래되지 않았을 것으로 판단된다.

이와 같은 상황으로 인하여 오늘날 대부분의 교회가 이용하고 있는 교회회계는 일반회계분야의 지식을 단편적으로 활용하고 있는 정도로, 이론적으로나 형식적으로 체계화되어 있지 않을 뿐만 아니라, 교회의 본질인 신앙을 바탕으로 한 회계이론이 정립되지 못하였다. 교회회계가 신앙을 바탕으로 정립될 때, 교회회계는 다수의 교인들이 모인 공동체에서 교회와 공동체 간에, 공동체 구성원 간에 정보를 나누거나 의사소통을 할 수 있는 중요한 수단이 될 수 있을 뿐만 아니라, 교인들이 교회활동을 하는 중심에 계신 하나님과의 약속과 헌신을 나타내고, 약속을 이루어주시고 헌신을 받아주신 하나님의 은혜를 깨달을 수 있도록 하는 중요한 역할을 감당할 수 있다.

그러나 지금과 같이 교회가 세상의 지혜로 만들어진 기업회계 원리를 그대로 교회에 접목시켜 예산을 수립하고 집행하고 결산하여 형식적으로 보고하는 시스템을 유지한다면 교회회계가 은혜의 통로의 역할을 감당할 수 없을 뿐만 아니라, 교회의 비전과 꿈을 이루어나가는 도구로써의 역할을 전혀 감당할 수 없다. 교회가 품고 있는 비전과 꿈이 실현되는 모습이 교회회계를 통하여 교인들에게 활발하게 소통될 때, 교회의 비전과 꿈이 교인들 한 사람 한 사람의 비전과 꿈이 될 수 있는 것이다. 그리고 그 비전과 꿈을 이루기 위하여 온 교인들이 기도하고 헌신할 때 풍성한 열매를 거둘 수 있게 될 것이다.

그러나 교회활동에 대한 정보 교류가 활발하지 못하면, 교인들이 교회의 비전이 무엇인지 알지 못할 뿐만 아니라, 교인들 한 사람 한 사람에게도 교회를 통하여 이루어나갈 거룩한 꿈이 없어 그들의 삶이 생명력을 잃게 된다. 교인들이 교회활동에 대하여 이해하지 못하면, 세상 사람들은 더욱더 교회를 이해하지 못하게 된다. 요즈음 우리나라 교회들이 세상을 구원하기 위하여 많은 일들을 감당하고 있음에도, 교인들이 교회활동에 대하여 무관심해지고 세상으로부터 손가락질을 받게 되는 이유가 교회활동에 대한 정보의 교류가 막혀 있는 데 있다고 본다. 하나님을 바라보며 교회와 함께 이루어나가고자 하는 꿈이 없는 교인들은 신앙생활에 기쁨이 없고 삶에 활력이 없다. 교회를 통하여 이루고자 하는 꿈이 없는 교인들은 하나님의 이름으로 그들에게 부여된 사명을 무거운 짐으로 인식하게 되고 이로 인하여 그들의 마음은 위축되고 그들의 삶은 세상 사람들보다 더 피폐해지게 된다.

새 창조는 "태초에 하나님이 천지를 창조하시니라"는 말씀에 대한 믿음 위에서 하나님이 역사하실 때 이루어진다. 신앙을 바탕으로 정립된 교회회계는 교회가 하나님이 주신 사명을 감당하기 위하여 믿음으로 계획과 예산을 세우고, 헌금을 하고, 기도와 헌신으로 그 계획을 추진하고, 하나님이 이루어주신 믿음의 열매를 거두어 하나님 앞에 내어 놓고 감사와 찬양을 올릴 수 있도록 역사한다. 교회회계는 십자가 위에 세워진 예산과 십자가를 붙잡고 감사함으로 드리는 헌금과 헌신, 그리고 하나님의 은혜로 거두어 드리는 결산의 절차를 거치며 생명의 역사를 이루어나간다.

이 책의 목적은 교회회계가 교회와 교인들 간에 풍성한 은혜를 나누게 하는 통로의 역할을 충실히 감당할 수 있도록 하고, 나아가 교회의 비전과 꿈을 교인들이 믿음으로 함께 이루어갈 수 있도록 하기 위하여 신앙을 바탕으로 교회회계 원리를 정립하고자 하는 데 있다. 《믿음으로 꿈을 이루는 원리, 교회회계원리》는 교회회계라는 측면에서 처음으로 하나님 앞에 드리는 소중하고도 아름다운 책이 될 것이다.

2. 교회회계와 회계정보

교회회계란 교회를 구성하고 교회에 대한 책임과 의무를 지니고 있는 교인들이 하나님의 일을 추진해 나가는데 필요한 정보를 회계담당자들이 측정하여 제공하는 정보생산체계(information generating system)를 말하며, 교회회계정보는 회계에 의하여 교회활동을 화폐로 측정하여 제공하는 계량적 정보와 교회활동을 상세히 기록하여 제공하는 서술적 정보를 말한다. 그러므로 교회회계정보는 교회가 하나님의 뜻에 따라 하나님 앞에서 약속한 일에 대한 목표를 금액으로 나타낸 것이다. 그리고 이 교회회계정보에는 그 목표를 달성하기 위하여 온 교인들이 합심하여 기도하고 헌신함으로써 이루어놓은 활동의 결과가 기록되고, 일을 추진하는 과정에서 하나님으로부터 응답받은 은혜의 결과가 나타난다.

3. 기업회계와 교회회계의 차이점

기업회계정보와 교회회계정보는 기업이나 교회의 활동에 관한 정보를 제공한다는 점과 그 정보가 기업이나 교회에서 의사결정을 하는데 유용하게 사용된다는 점에서 유사하지만, 회계정보의 생산주체, 보고대상, 작성원리, 보고내용, 결과의 평가와 보상 등 많은 분야에서 크게 다르다.

기업회계정보의 생산주체는 기업을 책임지고 있는 경영자다. 기업의 경영자는 기업의 주주들이 위탁한 한정된 자원을 효율적으로 이용해 기업의 가치를 높이는 것을 목적으로 책임 하에 기업을 경영하고 그 결과를 투자자, 채권자, 노동조합, 세무당국, 감독기관 등 이해관계자들에게 보고한다. 그러나 교회회계정보의 생산주체는 교회마다 차이가 있지만 일반적으로 제직회에서 선출한 회계집사다. 교회의 회계집사는 제직회에서 위탁한 교인들의 헌금을 수납하고 예산의 범위 안에서 적절하게 지출함으로써 교회의 사업계획이 효과적으로 차질 없이 진행되도록 지원하고, 그 결과를 당회, 제직회, 공동의회에 보고한다.

기업의 주인은 그 기업에 자금을 출자한 주주들이지만, 교회의 주인은 하나님이다.

기업의 경영자는 주인인 주주들이 출자한 자금의 투자가치를 높이기 위하여 자신의 권한과 책임으로 최선을 다하여 기업을 경영하고 그 결과를 보고하지만, 교회의 회계책임자는 기업의 경영자와 같이 교회 활동에 대한 권한과 책임을 가지고 직접 일을 지시하고 경영하여 자신의 책임 하에 그 결과를 보고하는 것이 아니다. 교회 회계책임자는 교인들이 하나님 앞에 믿음으로 바친 헌금을 수입으로 계수하고, 교회의 각 부서가 자체적으로 계획하고 교회가 인정한 일들을 헌금을 사용하여 추진한 결과를 종합하여 보고하는 것이다.

각 부서에서는 교회 헌금을 사용하여 계획한 일들을 최선을 다하여 추진하지만, 그들은 하나님이 도와주셔야 계획한 목표를 달성할 수 있다는 것을 알기 때문에 언제나 하나님 앞에 기도하고 헌신하면서 맡은 일을 감당한다. 교회는 기업과 같이 이해관계가 깊은 주주들이 출자한 자금이나 채권자들이 제공한 자금으로 일을 추진하는 것이 아니다. 교회는 앞으로 성도들이 하나님 앞에 바칠 헌금으로 계획한 사업을 추진하기 때문에 하나님의 일을 하는 데는 교인들의 기도와 헌신과 헌금이 필요하다. 기업의 경영성과가 경영자의 능력을 나타내는 회계정보라면, 교회에서 교인들이 이루어놓은 성과는 하나님이 베풀어주신 은혜와 교인들의 믿음과 기도의 결과를 나타내는 회계정보다.

제2절 교회회계정보의 예배적 기능

1. 교회예산의 예배적 기능
(1) 교회예산은 하나님 앞에서의 약속이며 헌신이다.

교회예산은 교회의 모든 지체들이 다음 연도에 해 나갈 하나님의 일을 화폐단위로 나타낸 것이다. 교회예산은 하나님 앞에서의 약속이며 헌신의 결단이다. 그러므로 온 교인들이 기도하며 한 해 동안 해야 할 일을 계획하고, 그 일을 효과적으로 추진하기 위한 예산을 편성한다. 그리고 편성된 예산을 제단 앞에 올려놓고 온 교인이 함께 하나님께서 이루어주시기를 소망하며 믿음으로 헌신의 예배를 드릴 때 풍성한 열매를 거둘 수 있다. 왜냐하면 하나님께서는 하나님을 사랑하는 성도들의 손길을 통하여 하나님의 일을 이루어나가시기 때문이다. 누구의 손길을 통하여 누구에게 복을 주셔서 하나님 앞에 약속한 계획과 예산이 이루어지느냐 하는 문제는 어디까지나 하나님의 영역이다.

그러나 안타깝게도 많은 교회들이 예산을 편성하여 당회와 제직회와 공동의회의 통과절차를 너무나 형식적으로 거친다. 온 교인들의 기도가 담겨 있지 않은 예산, 하나님 앞에 헌신의 마음과 다짐이 없는 예산을 편성하였을 때, 그 예산에 하나님의 은혜가 부어지기를 기대하기 어렵다. 기도와 헌신의 마음과 다짐이 없이 작성된 예산을 제직회와 공동의회에 내어놓고 그저 형식적으로 통과시켜봐야 교회와 성도들에게 무슨 유익이 있겠는가! 많은 교회들이 교회 예산을 편성하고 제직회와 공동의회에 내어놓고 통과절차를 거칠 때, 그 예산에 대한 문제제기와 다툼과 시비와 논란이 있지 않을까 걱정한다. 현실적으로 생각해 보면 어떻게 해서든 거쳐야 하는 절차이므로 말썽 없이 빠르게 예산을 통과시키는 것이 예산으로 인하여 말썽과 다툼이 일어나는 것보다 더 유익할지 모른다. 그러나 교회의 존재 이유가 이 땅에서 하나님의 일을 이루어나가는 것이라면, 교회가 한 해 동안 할 일이 담겨 있는 예산을 하나님 앞에 올려놓고 온 교인들이 기도와 헌신을 다짐하며 하나님이 이루어주실 것을 믿음으로 바라보며 예배를 드리고 온 교인들은 아멘으로 이 예산을 받아들일 때, 이 예산을 통하여 하나님의 역사가 이루어질 것이다.

출애굽기 35장에서 40장까지는 하나님의 백성, 이스라엘 공동체가 성막을 짓고 법궤를 만들고 성소에 들여놓을 상과 등대와 분향할 단을 만들고 번제단과 물두멍을 만들고 제사장의 옷을 만들고 뜰을 조성하는 등의 일을 어떻게 시작하고 어떻게 진행하고 어떤 결과가 나타났는지를 상세하게 말해 주고 있다.

모세가 하나님으로부터 회막을 짓고 그 속에서 쓸 모든 것과 거룩한 옷을 만들라는 하나님의 명령을 받고, 모세는 먼저 온 회중을 모으고 그들이 헌신해야 할 하나님의 일과 필요한 물질을 전하였다. 그리고 온 회중들 가운데 마음에 감동을 받은 사람들이 기쁜 마음으로 자원하여 필요한 예물을 드리고 그 예물로 하나님이 명령하신 일을 이루어나갔다. 이 장면을 우리들이 좀 더 쉽게 이해할 수 있도록 다시 풀어서 전개를 해 보자.

　모세는 하나님으로부터 이스라엘 백성들이 해야 할 일들을 말씀으로 받고, 하나님께서 모세에게 명령하신 그 일과 그 일을 이루는 데 필요한 물질에 대한 상세한 내역을 살펴서 회중들에게 알렸을 것이다. 그리고 모세로부터 하나님의 말씀을 듣고 물러갔던 회중들은 그 말씀과 하나님의 일에 필요한 물질들을 앞에 놓고 생각하고 기도하였을 것이며, 그 가운데 마음이 감동된 사람들이 자원하여 하나님께 기쁜 마음으로 드렸으며, 하나님은 그 예물을 기쁘게 받으셨다.

　그리고 그 다음 장면이 우리를 감동시킨다. 이 당시 이스라엘 백성들의 형편을 보면 노예생활을 하던 애굽에서 갓 탈출하여 황량한 광야를 지나 가나안 땅을 바라보고 나가는 중이라 정착할 땅이나 집이 있는 것도 아니고 일정한 생산물이 있어 넉넉한 생활을 하는 것도 아니라는 것을 알 수 있다. 그러나 그들이 하나님의 말씀에 얼마나 감동되고 하나님의 일을 하는 것이 얼마나 기뻤으면 이스라엘 백성들이 아침마다 자원하는 예물을 끊임없이 가져오므로 성막 일을 하는 사람들이 그 하는 일을 중지하고 모세에게 와서 백성들이 가져오는 예물이 너무 많아 쓰기에 넘친다고 호소를 하고, 급기야 모세가 이스라엘 백성들에게 예물 가져오는 것을 그치라고 말리는 일까지 벌어진다. 하나님의 일에 성령의 감동과 기쁨이 수반될 때 차고 넘치는 역사가 일어나는 것이다. 이와 같이 이스라엘 백성들은 넘치는 기쁨과 감동으로 크고 아름다운 역사를 마치고 하나님 앞에 봉헌할 수 있었다.

이 말씀을 현실에 적용해 보면 하나님의 일을 시작하는 단계에서는 교회가 기도하면서 다음 해에 추진할 사업계획과 예산을 수립해야 한다. 그리고 온 교인들을 모아 그 계획과 예산을 상세히 설명하고 온 교인들은 그 일을 위하여 기도하고 생각하는 것이다. 다음으로 일을 추진하는 단계에서는 자원하는 자와 마음에 감동된 자들이 필요한 물질을 헌금하고 일을 맡은 부서에서는 계획된 일을 세워진 예산으로 추진하는 것이다. 끝으로 일을 끝내고 결산하는 단계는 교회가 1년 동안 추진한 일의 결과를 하나님 앞에 내어놓고 봉헌하며 온 교인들이 감사하며 함께 기쁨을 나누는 것이다.

여기서는 교회예산의 예배적 기능을 설명하고 있으므로, 교회 예산과 관련하여 좀 더 살펴보자. 새해가 시작되기 전에 교회에서는 새해의 사업계획을 수립하고 예산을 편성한다. 하나님의 일을 담은 교회의 예산은 기도하며 헌신하는 마음으로 편성하고, 편성된 예산은 온 교인이 한 마음으로 제단 위에 올려놓고 예배를 드리며 헌신을 약속한다. 재단에 올려놓은 그 예산을 하나님이 기쁘게 받으시고 성령님의 역사로 온 성도들이 충만하게 감동을 받을 때 그 백성들은 자원하는 마음으로 헌금하고 기도하고 헌신하며 그 일을 즐겁게 이루어갈 것이다. 그때 비로소 그들이 섬기는 제단과 그들이 하는 일손 위에 하나님의 축복이 충만하게 임할 것이다.

(2) 교회예산은 교회의 비전이요 성도들의 꿈이다.

우리나라 산에는 도토리나무가 많다. 먹을거리가 없어 배를 곯던 시절에는 산에서 도토리를 주어다가 묵을 만들어 먹으며 밥 대신으로 배를 채우던 시절도 있었다. 그런 향수가 남아 있어서 그런지 아직도 가을만 되면 도토리를 주으러 산을 헤집고 다니는 사람들이 많다. 가을에 산을 오르다보면 어떤 사람들은 배낭을 가득 채울 정도로 많이 주워 온다. 그래서 요즈음에는 다람쥐 같은 산에 사는 짐승들이 겨울에 먹고 살 수 있도록 도토리를 줍지 말고 그대로 두자는 캠페인도 벌인다. 이처럼 도토리는 어느 산에서나 흔하게 발견되는 보잘 것 없는 열매다.

그러나 그 도토리도 꿈을 가지고 있다. 이 산 저 산에 아무렇게나 굴러다니는 도토리지만 그 속에 생명의 싹을 품고 있기 때문에 도토리는 떡갈나무로 새롭게 태어나는 꿈을 가지고 있다. 비록 도토리가 척박한 산골짜기에 아무렇게나 굴러다녀도 도토리는 떡갈나무로 새롭게 태어나겠다는 꿈을 절대로 잊어버리지 않는다. 도토리가 지닌 생명의 싹이 하나님의 은혜로 적당한 토양에서 비와 햇볕을 받으면 뿌리가 내리고 싹이 돋아 떡갈나무로 자란다. 제대로 자라게 되면 높이가 20m 직경이 70cm 정도 되는 커다란 나무로 자라 헤아릴 수 없이 많은 도토리를 생산한다.

예수 그리스도를 믿고 구원받은 성도들은 새로운 생명을 지닌 거룩한 하나님의 사람들이다. 생명의 싹을 지닌 도토리가 떡갈나무로 자라 수많은 도토리를 생산하겠다는 꿈을 품고 있듯이, 영원한 생명을 품고 있는 성도들은 아버지 되시는 하나님이 주시는 아름다운 꿈을 지니고 있으며, 자신이 처하여 있는 환경이 어떠하든지 아버지 하나님의 은혜로 그 꿈을 이루고 열매를 맺어나가기를 소원한다.

교회의 예산은 성도들이 품고 있는 꿈을 나타낸 것이며, 성도들의 꿈을 모아 하나님 앞에 드린 거룩한 예물이고 교회의 비전이다. 교회는 그 비전을 실현하기 위하여 하나님의 은혜를 구하며, 성도들은 그 꿈을 이루기 위하여 기도하며 헌신한다. 도토리가 하나님이 주시는 비와 햇볕으로 그 꿈을 이루어가듯이, 성도들은 하나님의 은혜로 그 꿈을 이루어나가고, 교회는 성도들의 기도와 헌신을 통하여 그 비전을 실현해 나간다. 이렇듯 교회 예산에는 교회의 비전과 성도들의 꿈이 담겨 있어야 한다.

2. 교회결산의 예배적 기능
(1) 교회결산에 여호와의 영광이 임하신다.

'교회 결산의 예배적 기능'을 이야기하기 전에 먼저 앞에 나온 '교회 예산의 예배적 기능'에서 언급한 대로 모세가 하나님으로부터 회막을 짓고 그 속에서 쓸 모든 것과 거룩한 옷을 만들라는 하나님의 명령을 받고 그 모든 것을 다 이룬 후에 어떤 상황이 전개되고 있는지를 출애굽기 40장의 말씀을 가지고 살펴보자. 모세가 하나님께서 명령하신 모든 일을 이스라엘 백성들과 함께 마치니 구름이 회막에 덮이고 여호와의 영광이 성막에 충만하였으며, 낮에는 여호와의 구름이 성막 위에 있고 밤에는 불이 그 구름 가운데 있는 것을 이스라엘의 온 족속이 행진하는 가운데 눈으로 볼 수 있었다.

이스라엘 백성들이 여호와께서 그들의 장막 가운데서 그들과 함께 계시겠다는 하나님의 말씀에 큰 은혜와 위로와 감동을 받고, 하나님이 명령하신 모든 것을 만드는데 필요한 것을 기쁜 마음으로 자원하여 드리되 쓰고도 남을 만큼 넉넉히 드리고, 여호와께로부터 지혜를 얻은 자와 마음에 원하는 자들이 성소의 모든 것을 만들어 역사를 마쳤을 때, 하나님은 그들이 바친 물질과 헌신과 땀과 수고를 당연한 것으로 여기시거나 그냥 흐지부지 지나치지 않으셨다. 이스라엘 백성들은 그들이 만들어 봉헌한 성막과 성소와 그 가운데 있는 모든 것에 여호와의 영광이 충만한 것을 보았고, 여호와 하나님이 그들의 삶 가운데 함께 하시고 그들의 걸음을 인도하시는 것을 눈으로 보고 몸으로 체험하면서 충만한 은혜와 기쁨을 누릴 수 있었다.

하나님의 일을 이루어가는 오늘날의 교회도 마찬가지다. 하나님 앞에 계획하고 약속한 한 해의 일과 예산을 하나님이 명령하신 것으로 믿고 기도와 땀과 수고와 헌신으로 모든 것을 마친 후에 그 결실을 하나님의 제단 위에 예물로 올려놓고 감사의 예배를 드릴 때, 그 예물 위에 여호와의 영광이 충만하게 임하는 것을 눈으로 보게 될 것이다. 그리고 그 결실을 이루기 위해 기도하고 헌신할 때마다 베풀어주신 위로와 힘과 능력을 기억하며 한 해의 결실을 제단 위에 올려놓고 감사와 찬송과 영광을 드리는 교인들 한 사람 한 사람의 심령에 하나님의 충만한 은혜가 넘칠 것이다. 그리고 그들은 하나님이 그들의 삶 가운데 함께하시고 역사하시며 걸음을 인도하시는 것을 몸으로 체험하며 눈으로 볼 수 있을 것이다. 하나님의 은혜를 체험하며 그 영광을 눈으로 본 성도들은 여호와 하나님을 바라볼 때마다 넘치는 기쁨으로 이렇게 찬양할 것이다. "내가 주의 영광과 권능을 보기 위하여 이와 같이 성소에서 주를 바라보았나이다. 주의 인자하심이 생명보다 나으므로 내 입술이 주를 찬양할 것이라, 이러므로 나의 평생에 주를 송축하며 주의 이름으로 말미암아 나의 손을 들리이다."(시 63:2-4)

(2) 교회결산으로 축제의 예배를 드려야 한다.

교회회계원리에 따라 작성된 결산은 온 교인들이 한 해 동안 믿음과 기도와 헌신으로 이루어놓은 아름다운 결실이요 하나님 앞에 드릴 귀한 예물이다. 따라서 교회는 하나님께서 지난 한 해 동안 베풀어주신 은혜의 결과인 교회회계의 결산을 의미 없이 형식적인 절차에 따라 흘려보내서는 안 된다. 교회회계의 결산은 하나님의 제단 위에 올려놓고 온 교인들이 지난해를 돌이켜보며 하나님께서 베풀어주신 은혜에 감사하며 함께 기뻐하며 축제의 예배를 드려야 할 소중한 예물이 되어야 한다. 그리고 교회에서 맡겨준 일을 추진한 위원회는 위원회별로, 그 일을 현장에서 이루어나간 부서는 부서별로 주님의 은혜로 한 해 동안 거두어들인 아름다운 결실을 하나님 앞에 내어놓고 감사하며 함께 기뻐하며 서로를 격려할 수 있는 아름다운 축제가 있어야 한다. 대부분의 교회들이 한 해 동안 할 일들을 정해 놓고 교인들의 기도와 헌신을 열심히 강조하지만, 교인들의 기도와 헌신으로 이루어놓은 결실에 대해서 너무나도 소홀히 지나쳐버리고 있어 하나님이 주신 엄청난 은혜를 교인들이 누리지 못한다. 이것을 교회헌금의 수입부문과 지출부문에서 한 가지씩 예로 들어 설명해 보자.

(3) 먼저 수입결산부문에서 십일조를 예로 들어보자.

십일조는 온 교인들이 하나님으로부터 한 해 동안 받은 물질에 대하여 십의 일을 드리는 예물을 말한다. 십일조는 모든 교인들이 하나님께서 이스라엘 백성들에게 "너는 마땅히 매년 토지소산의 십일조를 드릴 것이며"(신 14:22)라고 명령하신 말씀에 순종하여 모든 것을 하나님이 주신 것으로 믿고 많이 받은 자는 많이 받은 것에서 적게 받은 자는 적게 받은 것에서 십의 일을 하나님의 제단 앞에 올려놓은 것이다. 그러므로 교회회계의 수입부문에서 나타난 십일조의 결산은 온 성도들이 지난 한 해 동안 하나님께서 주신 물질의 축복을 돌이켜보며 감사할 수 있는 자료가 되어야 한다. 많은 교회들이 설교 시간에 십일조를 하면 축복을 받는다고 힘주어 강조한다. 하지만 정작 교인들이 믿음으로 드린 십일조의 결실에 대해서 교인들과 함께 기뻐하며 하나님께 감사의 예배를 드리는 교회는 찾아보기 힘들다. 한 해의 결실을 주님의 제단 앞에 올려놓을 때, 어렵고 힘들고 고달픈 삶 가운데서도 감사하는 마음으로 정성껏 하나님 앞에 십일조를 드린 성도들에게는 지난 한 해를 돌이켜보며 하나님께 감사드리는 축제의 시간이 될 것이다. 그 축제를 통하여 여호와 하나님의 영광이 온 교회를 덮을 것이며, 온 성도들의 심령 속에는 하나님의 위로와 성령의 기쁨이 충만하게 임할 것이다.

(4) 지출부서 중에서 꽃꽂이를 담당하는 부서를 예로 들어보자.

꽃꽂이를 담당하는 부서는 교회 예배를 아름답게 드릴 수 있는 환경을 조성하여 '하나님을 기쁘시게 사람을 즐겁게' 하기 위해 매주 강단과 교회 주위에 정성껏 준비한 꽃꽂이를 올려놓는다. 꽃꽂이를 담당하는 부서에서는 교회에서 책정한 넉넉하지 않은 예산을 받아들고 온 부원들이 모여 하나님 앞에 아름다운 작품으로 헌신할 것을 다짐하며 한 해를 시작했을 것이다. 그리고 그들은 하나님이 주신 지혜와 재능으로 이번 주일에는 어떤 작품을 하나님 앞에 바칠 것인지 기도하며 머리를 모을 것이다. 그들은 계획한 작품을 만들기 위하여 비가 오나 눈이 오나 더우나 추우나 토요일 새벽부터 꽃 도매시장에 나가 적은 예산을 이리 쪼개고 저리 쪼개어 싱싱하고 마음에 드는 꽃을 사기 위해 열심히 돌아다닐 것이다. 그리고 그들은 구입한 꽃을 가지고 마음을 다하고 지혜를 다하여 아름다운 꽃꽂이 작품을 만들어 제단 앞에 올려놓을 것이다. 그들이 만들어 제단 앞에 바친 꽃꽂이 작품은 세상의 꽃꽂이 전문가들이 만들어놓은 작품과는 전혀 다른 것이다. 꽃꽂이 부원들이 만들어 하나님 앞에 올린 작품에는 그들의 믿음이 들어 있고 기도가 들어 있고, 바쁜 가운데서도 쪼개어 드린 시간이 들어 있고, 땀과 정성이 들어 있지만, 세상의 꽃꽂이 전문가들이 만든 작품에는 그 작품이 아무리 아름다워도 그런 것이 없다. 하나님 앞에 올린 꽃꽂이는 세상의 어느 꽃꽂이보다 소중한 작품이요, 전능하신 창조주 하나님이 기쁘게 받으실 향기로운 예물이다.

꽃꽂이 부원들은 한 해의 결산을 앞에 놓고 그렇게도 적은 예산으로 주님의 제단 앞에 향기로운 예물을 매주 빠짐없이 바칠 수 있도록 은혜를 베풀어주신 하나님 앞에 감사할 수 있는 기쁨을 누릴 수 있어야 한다. 시편 150:3-5절의 말씀과 같이 교회는 그들로 하여금 한 해 동안 꽃꽂이를 예물로 받으시고 기쁨을 주신 여호와 아버지 하나님을 찬양하며 춤추며 즐거워할 수 있도록 해야 한다.

> "나팔 소리로 찬양하며 비파와 수금으로 찬양할지어다,
> 소고 치며 춤추어 찬양하며 현악과 통소로 찬양할지어다,
> 큰 소리 나는 제금으로 찬양하며 높은 소리 나는 제금으로 찬양할지어다"

지난해의 결실은 새해에 하나님과 함께 교회가 이루어나갈 꿈을 설계할 수 있는 소중한 정보다. 한 해의 결산은 교회와 각 위원회와 각 부서가 주님의 제단 앞에 올려놓을 귀한 예물일 뿐만 아니라 다가오는 새해에 온 교인들이 함께 이루어나갈 아름다운 꿈과 더 큰 비전을 설계할

수 있는 소중한 자료가 되어야 한다.

제3절 교회와 회계정보의 역할

1. 담임목사와 당회에 대한 회계정보의 역할

　기업의 경영자들은 기업의 한정된 자원을 효율적으로 활용하여 기업의 가치를 높이는 것을 목적으로 의사결정을 할 때 회계정보를 이용한다. 그들은 회계정보를 이용하여 새로운 해의 매출목표와 목표이익을 설정하고 이것을 달성하기 위하여 사업부문별로 목표 매출액과 이익을 나누고 한정된 자원을 적절히 배분한다. 이에 따라 기업의 전 직원들은 목표 달성을 위하여 움직이며 최선을 다한다. 기업에서의 회계정보는 사람의 지혜와 노력으로 생산되는 것이지만 돈이라는 것을 매개로 사람을 움직여나가는 힘이 있다.

　그러나 오늘날 교회회계가 생산하여 교인들에게 제공하는 회계정보에는 힘이 없다. 하나님이 주신 지혜로 만들어진 예산임에도 성도들을 움직이는 힘이 없으며, 하나님의 은혜로 한 해 동안 이루어놓은 결산을 앞에 놓고도 성도들의 마음에 감사와 기쁨이 없고 그저 덤덤하기만 하다. 기업은 이익을 만들어내는 조직이지만 교회는 생명을 창출하는 공동체다. 어찌하여 교회가 만들어놓은 회계정보가 기업이 만든 회계정보보다 힘이 없게 되었는지 깊이 생각해 볼 필요가 있다.

　교회를 책임지고 있는 담임 목사와 당회는 회계정보를 하나님 앞에 내어놓고 심각하게 고민할 필요가 있다. 하나님 앞에서 기도하며 하나님께서 주신 지혜로 만든 회계정보는 살아 있어야 한다. 새해를 바라보며 하나님이 주신 지혜로 만들어놓은 예산을 제단 앞에 올려놓을 때 전능하신 창조주 여호와 하나님께서 이루어주실 것을 믿고 온 성도들이 기도와 헌신을 다짐해야 한다. 한 해 동안 성도들의 기도와 헌신으로 결실을 맺은 교회회계의 결산은 하나님께 영광 돌릴 수 있는 귀중한 예물이며, 성도들에게는 하나님이 베풀어주신 은혜의 열매다.

담임목사와 당회는 교회예산이 교회의 비전이요 성도들의 꿈이 되고 하나님 앞에서 한 약속이며 헌신이 되도록 해야 한다. 성도는 교회의 비전을 바라보고 꿈을 품는다. 성도는 고난의 삶 가운데서도 꿈이 있어야 교회를 세우고, 꿈이 있어야 그 꿈을 좇아가며 하나님과 함께 그 꿈을 이루어나간다. 미국을 개척한 청교도들이 비전을 가지고 미지의 땅 미국으로 건너갔으나 새로운 환경에 적응하지 못하여 한동안 힘들고 고달픈 삶을 살았다. 그러나 그들은 고달픈 생활을 하면서도 하나님이 주시는 비전과 꿈을 가지고 있었기에 미래를 바라보며 교회를 세우고 하나님의 말씀에 따라 새로운 세계를 개척할 수 있었다.

교회는 온 교인들이 감사하는 마음으로 교회회계의 결산을 제단 앞에 올려놓고 축제의 예배를 드리도록 해야 한다. 교회회계의 결산을 통하여 하나님이 영광을 받으시고 풍성한 은혜로 충만하게 하실 때, 교회 공동체가 하나의 공동체로 온전히 회복될 수 있으며, 성도들은 주님의 몸 된 교회의 지체로서 인식을 새롭게 하게 될 것이다. 그리고 교회의 각 지체들은 함께 하나님의 일을 이루어나가고 함께 그 결과를 기뻐하게 될 것이다. 이럴 때 비로소 온 교인들은 다가오는 새해를 바라보며 더 큰 비전을 세우고, 새로운 꿈을 품고, 즐거운 마음으로 새해의 예산을 만들고, 스스로 자신의 역할을 생각하고 기도하고 헌신할 것이다.

2. 제직회와 회계정보의 역할

제직회는 교회의 비전에 따라 준비된 예산을 목적에 맞도록 계획하고 집행하며 하나님의 일을 실질적으로 이루어나가는 핵심적인 조직이다. 제직회는 교회의 비전을 효과적으로 달성하기 위하여 예배위원회, 선교위원회, 전도위원회, 교육위원회, 새신자위원회, 사회위원회, 총무위원회, 재정위원회와 같은 여러 위원회를 만들고 각 위원회마다 설치목적에 맞게 담당할 일을 부여한다. 그리고 각 위원회 밑에는 부여받은 일을 직접 담당해 나갈 부서들을 조직한다. 따라서 제직회에서 조직한 각 위원회와 부서가 교회로부터 부여받은 일을 힘 있게 감당해 나갈 때 교회의 비전은 이루어지고 그 비전과 함께 부원들의 꿈이 실현되는 것이다.

각 위원회와 부서에는 제직들이 그 중심에 서 있다. 제직들이 앞장서서 기도하고 헌신하며 부원들을 섬기며 부원들을 한 마음으로 묶어 맡은 일을 해 나갈 때 그 부서는 살아 있는 부서가 된다. 맡은 일을 해 나가기에 턱 없이 부족한 예산이지만 제직들이 중심이 되어 그 예산을 앞에 놓고 온 부원들이 기도하며 헌신할 때, 그 부서는 삼십 배, 육십 배, 백 배의 풍성한 결실을 수확할 수 있는 살아 있는 부서가 될 것이다. 그들은 한 해의 결산을 제단 앞에 올려놓고 하나님께 영광을 돌릴 것이며, 그 일을 이룰 수 있도록 그들의 삶 가운데서 역사하신 하나님의 은혜에 감사드릴 것이다.

제직들의 기도와 헌신과 섬김이 없는 부서는 살아 있는 것 같으나 죽은 부서나 마찬가지다. 교회예산을 기도와 헌신 없이 소홀히 사용하는 부서는 그 결실에 열매가 적다. 그들이 거둔 열매에는 생명의 싹이 들어 있지 않아 하나님의 제단 앞에 내어놓을 것이 없다. 지난 한 해 동안의 결산을 앞에 두고도 감동이 없으며 그들의 삶 가운데서 그 일을 이루도록 역사하신 하나님의 은혜를 누릴 수가 없다. 하나님이 주신 지혜와 능력으로 작성한 교회예산을 제직들이 믿음으로 받고 기도와 헌신을 다짐할 때, 그 회계정보는 제직들을 움직이게 하고 온 부원들을 하나가 되게 하여 살아 있는 부서, 살아 있는 위원회가 되게 할 것이며, 교회는 그들의 손길을 통하여 생명의 열매를 풍성하게 거둘 수 있을 것이다.

3. 공동의회와 회계정보의 역할

공동의회는 세례 받은 교인들, 교회에 대한 책임과 권리를 행사할 수 있는 교인들로 구성되어 있다. 교회의 중요한 일들은 최종적으로 공동의회에서 결정한다. 따라서 교회의 예산과 결산도 공동의회에서 확정된다. 교회가 다가올 한 해 동안 무슨 일을 할 것인지 그리고 그 일을 하는 데 얼마의 예산이 필요한지를 승인하며, 지난 한 해 동안 교회가 주어진 예산의 범위 안에서 무슨 일을 하였는지를 보고받고 그 내용을 확인하고 결의한다.

교회법에 따른 절차상의 과정을 살펴보면 교회 예산을 공동의회가 의결하는 것은 공동의회가 그 예산을 감당하겠다고 승인하는 것을 의미하며, 교회 결산을 공동의회가 의결하는 것은 공동의회가 결정한 예산의 사용에 대한 정당성을 인정하는 것이다. 공동의회가 단순히 형식적인 절차만을 담당하는 조직으로 생각하고 운영한다면, 신앙적인 눈으로 볼 때 그 교회의 공동의회는 죽은 조직이다. 그 조직에는 생명력이 없다.

교회의 공동의회는 기업의 주주총회와 본질적으로 다르다. 기업의 주주총회는 기업의 주인인 주주들이 모인 조직이지만, 교회의 공동의회는 교회의 주인이신 주님의 종들이 모인 곳이다. 따라서 기업에서 주주총회가 경영자에게 보고를 받는 것과 교회에서 공동의회가 결산보고를 받는 것은 그 목적과 성격이 전혀 다르다. 기업의 경영자가 주주총회에 결산서를 보고하는 것은 경영자의 경영방침에 따라 전 직원들이 이루어놓은 경영성과를 보고하고 그 성과에 대한 보상을 받기 위한 것이다. 그러나 교회에서 공동의회가 결산서를 보고받는 것은 교회의 주인의 자격으로 받는 것이 아니고 교회의 주인이신 주님의 종들이 모여 주님이 맡겨주신 일을 감당하기 위해 한 해 동안 이렇게 헌금을 하였으며, 드린 헌금으로 맡은 일을 성실히 감당하여 이와 같은 결실을 거두었다는 것을 하나님 앞에 올려놓고 모두 함께 하나님께 감사와 찬송과 영광을 드린다는 것을 의미한다.

교회는 주님이 머리가 되시고 성도들이 그 지체를 이루고 있는 생명체다. 따라서 믿음의 성도들로 구성된 공동의회는 살아 있는 조직이 되어야 한다. 공동의회가 교회 예산을 앞에 놓고 교회의 비전을 이루어주실 하나님의 역사를 기대하고 기도하며 헌신하기로 다짐한다면 하나님께서는 그 비전을 이루도록 능력과 힘을 주실 것이다. 공동의회가 한 해 동안 온 교인들이 기도와 헌신과 땀과 섬김으로 이루어놓은 교회 결산을 앞에 놓고 그 일을 이루도록 은혜를 베풀어주신 하나님께 감사와 찬송과 영광을 돌릴 때 살아 있는 조직이 될 수 있다. 이와 같은 공동의회는 새로운 비전을 품을 수 있고 공동의회를 구성하고 있는 성도들은 새로운 꿈을 가지고 즐거운 마음으로 교회 일을 감당해 나갈 것이다. 믿음으로 만들어진 회계정보는 공동의회를 살아서 움직이게 만든다.

제 4 절 교회회계의 사회적 기능

　세상은 가진 자와 가지지 못한 자로 나눌 수 있다. 돈을 가진 자와 가지지 못한 자, 권력을 가진 자와 가지지 못한 자, 명예를 가진 자와 가지지 못한 자, 믿음을 가진 자와 가지지 못한 자, 사랑을 가진 자와 가지지 못한 자, 지식을 가진 자와 가지지 못한 자 그리고 구원을 받은 자와 받지 못한 자로 나눌 수 있다. 가진 자와 가지지 못한 자의 간격이 크게 벌어진 상태를 '양극화'라 부른다. 양극화가 심한 사회에서는 가진 자들이 가진 것에 만족하지 못하고 더 가지려고 발버둥치고, 가지지 못한 사람들은 가진 자들을 바라보며 엄청난 불행을 느끼게 된다. 불행을 느끼는 사람들이 점점 많아지면 많아질수록 사회가 불안정해지고 심할 경우 극심한 소용돌이 속에 휘말리게 된다. 이와 같은 사회에서는 가진 자나 가지지 못한 자들 모두 불행하게 될 수밖에 없다.

　교회회계는 하나님이 맡겨주신 다양한 일들을 하게 하지만 그 중에서 양극화의 벽을 무너뜨리는 역할도 한다. 가진 자들이 가지지 못한 자들에게 나누어주는 일을 하게 한다. 영원한 생명을 가진 자들이 가지지 못한 자들에게 생명을 나누어주도록 한다. 하나님의 사랑을 넘치도록 가진 자들이 가지지 못한 자들에게 그 사랑을 나누어주게 한다. 하나님이 주신 은혜로 많은 재물을 가지게 된 자들이 가난한 사람들에게 가진 재물을 나누어주도록 한다. 의술을 가진 자들이 병든 사람들을 돌보게 하고, 권력과 명예를 가진 자들이 겸손한 마음으로 힘없고 연약한 사람들을 섬기게 한다. 교회회계는 하나님의 은혜로 변화된 사람들이 가진 것으로 베풀도록 한다. 지극히 높은 곳에서 지극히 낮은 곳으로 오셔서 섬기신 주님의 뒤를 따라 섬길 수 있는 곳으로 달려가게 한다.

교회회계는 가진 자와 가지지 못한 자들이 벽을 허물고 함께 나누며 어우러질 수 있게 한다. 사랑을 나누며, 기도를 나누며, 물질을 나누며, 재능을 나누며, 지식을 나누며 서로서로 어우러져 세워주는 일을 하도록 한다. 기쁜 일이 있을 때 함께 기뻐하고 슬픈 일이 있을 때는 함께 슬퍼하도록 한다. 교회회계는 막힌 것을 무너뜨리고 어우러지는 역할을 하게 함으로써 교회를 밝고 활기차게 만들고 생명이 충만하도록 한다.

우리 사회가 양극화로 병들어가고 있듯이, 교회도 벽이 생기고 소통이 되지 않으면 동맥경화증에 걸린 환자와 같이 병들어간다. 가진 자들이 가지지 못한 자들과 거리를 두고 멸시하고 가지지 못한 자들이 가진 자들을 싫어하고 회피하는 교회는 이미 교회로서의 기능을 상실하고 병들어가고 있는 교회다. 병든 사람이 정상적인 생활을 하지 못하듯이, 병든 교회도 정상적인 활동을 하지 못한다. 사회가 병들어갈지라도 교회가 말씀 가운데 바로서고 하나님이 주신 사랑과 생명으로 충만하게 되어 있으면 병든 사회를 치유할 수 있다. 그러나 교회가 병들어가면 그 사회, 그 나라는 희망이 없다. 교회의 각 지체들이 교회회계를 통하여 마음과 뜻이 하나가 되어 비전과 꿈을 함께 실현시켜나갈 때 사랑이 충만하고 생명력이 넘치는 교회가 될 것이며, 나아가 우리 사회의 양극화 문제뿐만 아니라 고질적인 병들이 치료되고 건강한 사회로 회복될 수 있을 것이다.

제5절 교회회계와 내부감사제도

　　기업회계가 이해관계자들에게 유용한 정보가 되기 위해서는 회계정보의 진실성이 우선적으로 확보되어야 한다. 기업의 최고경영자들은 자신들의 경영성과가 언제나 좋게 나오기를 바란다. 경영성과가 나빠지면 주주총회에서 인정을 받지 못해 최고경영자의 자리를 내어놓아야 하고, 자리를 계속 차지할 수 있더라도 연봉이나 성과급이 줄어든다. 기업의 상태가 나빠지면 기업이 필요한 돈을 외부에서 빌려오기가 어려워질 뿐만 아니라 빌려오더라도 이자를 많이 주어야 한다. 그러므로 경영자들은 경영성과가 나빠지면 회계정보를 가공하고 꾸며서라도 좋은 결과를 나타내고 싶어 한다.

　　경영자들이 이러한 유혹을 이기지 못하여 회계정보를 왜곡시킬 경우에는 기업을 둘러싸고 있는 많은 이해관계자들이 엄청난 손해를 볼 수 있다. 그러므로 정부에서는 기업회계의 신뢰성을 확보하기 위하여 준법감시인제도, 내부감사제도, 외부감사제도와 같은 여러 가지 장치를 이중 삼중으로 마련하고 있다. 회계정보의 신뢰성을 확보하기 위한 효과적인 장치가 마련되어 있으면 경영자들이 회계정보를 왜곡시켜 부당한 이익을 얻으려는 생각을 사전에 차단할 수 있을 뿐만 아니라, 사후에도 문제를 조기에 발견하여 이해관계자들의 피해를 최소화시킬 수 있다.

　　그러나 교회는 기업과 다르다. 기업의 경영자들은 회계정보의 결과에 따라 자신들의 이해관계가 첨예하게 걸려 있기 때문에 회계정보를 조작하고 싶은 욕망이 쉽게 일어날 수 있다. 그러나 교회의 회계담당자는 교회회계의 결과가 자신의 이해관계에 영향을 주는 것이 아니므로 회계정보를 조작할 이유가 없다. 다만 교회회계도 현금의 수입과 지출을 다루기 때문에 오류나 실수가 있을 수 있고, 교회 헌금을 급한 일이 있어 개인적인 목적으로 사용한다든지, 때로는 갑자기 돈이 필요하여 교회 돈을 유용한다든지 하는 경우가 있을 수 있다. 교회회계에서 이와 같은 불미스러운 일이 일어나면 교인들에게 많은 상처를 주고 신앙적으로도 시험에 들게 할 수 있다. 그러므로 교회회계에서도 교인들에게 회계정보에 대한 신뢰성을 확인시켜주기 위하여 '내부감사제도'를 두고 있다.

교회에서 임명된 감사는 교회회계에 대한 감사뿐만 아니라 전반적인 교회 일에 대한 감사를 할 수 있다. 교회예산을 사용하고 있는 부서의 회계장부에 대한 감사뿐만 아니라 증빙서류의 확인 및 보관, 잔여예산의 확인 등을 통하여 회계정보에 대한 진실성을 확보한다. 아울러 각 부서에서 추진하고 있는 사업을 감사하여 보다 효과적인 방법을 강구하도록 조언하고 다음 해에 교회의 정책을 수립할 때 반영할 수 있도록 한다.

교회에는 회계에 대한 지식이 없어 교회회계의 내부감사제도를 이해하지 못하는 교인들이 의외로 많다. 감사가 주어진 권한에 따라 회계장부와 관련된 증빙서류를 살펴보고 잘못된 부분을 시정하도록 요구하거나 부족한 부분을 보충하도록 요구하면 자신들을 믿지 못하여 그러는 것으로 오해하고 불쾌하게 생각하는 경우가 있다. 교회 일을 한다고 봉급을 주는 것도 아니고 오직 예수 그리스도를 믿는 믿음으로 시간과 물질을 드리고 기도와 헌신으로 봉사하는데, 얼마 되지 않은 예산을 왜 장부에 기록하고 쓰지 않느냐, 사용한 증빙서류는 왜 없느냐고 따지는 것이 불쾌하다는 것이다. 사람을 믿고 일을 맡겨야지 왜 의심하면서 일을 맡기느냐는 것이다.

　선진국과 후진국을 구별하는 특징 중 하나가 국민들의 정직성과 신실함이다. 선진국일수록 국민들이 정직하고 후진국일수록 거짓말을 많이 한다. 후진국일수록 부정과 부패가 심하다. 그런데 이상하게도 정직한 문화가 성숙한 선진국일수록 감사제도가 체계화되고 보편화되어 있다. 회계정보에 대한 신뢰성을 확보하는 감사제도는 교인들 개인에 대한 문제가 아니고 교회 전체적인 시스템의 문제다. 감사시스템이 잘 되어 있으면 회계처리의 오류나 착오를 사전에 발견해 시정할 수 있을 뿐 아니라 돈 때문에 일어나는 불미스러운 일들이 일어나지 않도록 사전에 예방할 수 있다. 그러므로 교인들은 교회의 회계감사가 자신들 개인을 대상으로 감사하는 것이 아니라는 것을 이해하고 적극적으로 감사에 협조하여 교회 안에 정직하고 신실한 문화가 자연스럽게 형성되도록 해야 한다. 특히 교회회계에서 정직하지 못한 일이 발생하게 되면 개인의 신앙에도 상처가 될 뿐만 아니라 교인들 간에도 불신이 형성되고 사회적으로도 비난거리가 되어 하나님의 영광을 크게 가리게 된다.

2장
교회회계의 개념체계

제1절 교회회계보고의 목적

교회회계가 재무제표를 보고하는 목적은 먼저 당회가 교회의 정책을 수립하고 평가하는 데 필요한 정보를 제공하는 데 있다. 당회는 교회회계가 보고하는 재무정보를 이용하여 교회가 앞으로 추진해야 할 정책방향을 결정한다. 교회의 헌금은 한정되어 있다. 당회는 이 한정된 헌금으로 교회가 이루고자 하는 비전을 교인들에게 제시해야 한다. 교회가 특별한 목적이 있을 때는 목적을 두고 온 교인들이 합심하여 기도하며 특별헌금을 할 수 있지만, 통상적으로는 예상되는 헌금수입의 범위 내에서 사업을 추진한다. 당회는 먼 앞날을 바라보며 한정된 헌금으로 교회가 하고자 하는 일을 가장 효과적으로 추진할 수 있도록 정책의 방향을 결정해야 한다. 당회가 결정한 정책이 바로 그 교회가 이루고자 하는 비전이며, 예산을 수립할 때 가장 우선적으로 반영하게 된다.

다음으로 교회회계는 재무제표를 제직회에 보고함으로써 교회예산을 수립하는 데 이용하도록 한다. 제직회는 금년도 사업활동의 결과를 나타내는 재무제표의 내용을 근거로 당회에서 결정한 정책방향을 최대한 반영하여 새해의 예산을 편성한다. 그리고 매달 또는 분기별로 교회의 실정에 맞게 회계로부터 추진한 실적을 보고받아 연초에 세웠던 사업이 계획대로 추진되고 있는지 살펴보고 점검한다. 제직회는 회계정보를 통하여 함께 기도할 제목을 찾고, 합력하여 이루어나갈 일을 찾고, 함께 헌신할 일을 결정한다.

교회회계는 공동의회에 재무제표를 보고함으로써 공동의회가 교회의 비전과 교회가 추진해야 할 사업을 알 수 있도록 한다. 교회회계는 공동의회가 교회의 비전과 사업을 이해하고 이 비전과 사업을 위하여 기도하며 함께 참여하여 이루어나갈 수 있도록 구체적인 정보를 제공한다. 그리고 연말이 되면 한 해 동안 이루어놓은 실적을 살펴보고 하나님께서 베풀어주신 은혜에 감사하며 새해를 맞을 준비를 한다.

　이와 같이 교회회계는 회계정보를 생산하여 보고함으로써 당회와 제직회와 공동의회가 의사소통을 원활히 할 수 있게 하여 온 교회가 동일한 비전을 품게 하고 함께 그 비전을 이루어갈 수 있도록 하는 역할을 한다. 교회회계가 제시하는 예산과 결산 보고서를 통해 온 교회가 합심하여 기도할 제목을 선정하고 함께 합력하여 이루어나갈 일을 찾을 수 있도록 한다. 이와 같이 교회회계는 온 성도가 하나 되어 미래를 바라보며 전진할 수 있도록 한다.

제2절 교회회계의 기본 공준

　'공준'이란 어떤 이론을 전개하는 데 기초가 되는 원리를 말한다. 어떤 이론에서 주장하는 '공준'이 인정되지 않으면 그 이론은 이론으로서의 가치를 상실하고 설 자리를 잃게 된다. 예를 들자면 기하학에서 '나란한 두 평행선은 영원히 서로 만나지 않는다'라는 공준이 부정되면 이 공준 위에 세워진 모든 논리는 근거를 상실하게 되고 이 논리 위에 세워진 기하학은 이론으로서 그 설 자리를 잃게 되는 것이다.

　'공준'은 특별한 증명을 하지 않아도 원리로 인정된다. 그러나 만약 어떤 사람이 나와서 '나란한 두 평행선이 영원히 만나지 않는다는 것을 어떻게 아느냐, 영원히 그 두 평행선을 따라 가보았느냐, 내가 생각하기에는 영원히 따라 가보면 언젠가는 서로 만날 수도 있다'고 주장하는 사람이 있더라도 '나란한 두 평행선은 영원히 서로 만나지 않는다'는 공준을 기하학에서 인정한다는 것이다. 왜냐하면 '영원히'라는 말은 사람의 영역에 속한 말이 아니라 하나님의 영역에 속한 말이기 때문이다. 사람은 영원히 살 수도 없고 영원히 존재할 수도 없기 때문이다.

　기업회계가 이론으로 정립되는 데 '기업회계의 공준'이 있듯이, 교회회계도 이론으로 정립되려면 '교회회계의 공준'이 설정되어야 한다. 교회회계의 공준에는 교회실체의 공준, 믿음의 역사 공준, 현금주의 공준, 기간별보고 공준 등이 있다.

1. 교회실체의 공준

　교회회계에서 '교회실체의 공준'을 설명하기 전에 이해를 돕기 위하여 먼저 부모나 부부를 중심으로 이루어지는 '가정의 실체'와 기업회계의 공준의 하나인 '기업실체'에 대하여 살펴보고자 한다.

(1) '가정의 실체'에 대한 이해

　사랑하는 남녀가 결혼을 하게 되면 '가정'을 이루게 된다. 그리고 대부분의 사람들은 부모가 있는 가정이 있든지, 아내와 자식이 있는 가정이 있든지 '가정'이 있다. 이와 같은 '가정'은 하나님이 사람을 창조할 때부터 존재하고 있었지만, 막상 '가정'이 무엇이냐고 물으면 명확하게 대답할 수 있는 사람이 많지 않다. 사람을 중심으로 가정에 대하여 정의하는 사람은 "가정은 부부, 자식, 부모 형제가 함께 살고 있는 공동체다."라고 대답할 것이다. 물질을 중심으로 생각하는 사람은 "가정은 내가 처자식과 함께 살고 있는 집이다."라고 대답할 것이며, 또 어떤 사람은 "내가 먹고 자고 쉴 수 있는 곳이다."라고 대답할 것이다. 이렇게 대답이 일정하지 않는 이유는 '가정'이란 눈에 보이거나 손에 잡히는 것이 아니기 때문이다. 그럼에도 불구하고 누구나 '가정'이 존재하고 있다는 사실 즉 '가정의 실체'를 부인하는 사람은 없다. 가정학은 이와 같이 실체로 존재하는 '가정'을 대상으로 하는 학문이다.

(2) '기업실체의 공준'에 대한 이해

'기업실체의 공준'이란 기업을 소유하고 있는 주인이 있더라도 그 기업을 소유주와 독립된 별개의 실체로 본다는 것이다. 따라서 기업의 모든 회계처리는 그 기업자체의 경제적 활동의 결과를 대상으로 하며, 기업활동과 관련이 없는 소유주나 경영자나 종업원들의 개인적인 경제적인 행위는 기업실체와는 상관이 없으므로 기업회계의 대상이 아니다. 이해를 돕기 위하여 쉬운 예를 들어보자.

만약 어떤 기업을 소유하고 있는 사장이 가족들에게 회사가 소유하고 있는 승용차를 한 대씩 사용하도록 하고 있다고 하자. '기업실체'의 관점에서 보면 그 승용차는 사장 개인의 것이 아니라 '기업실체'의 것이다. 사장은 기업에서의 직위를 이용하여 기업 소유의 승용차를 기업의 경제적인 활동과는 전혀 관련이 없는 가족들에게 임의로 사용하도록 하고 있는 것이다. 비유하자면 그 사장은 '기업실체' 소유의 승용차를 도둑질하여 주인 몰래 가족들이 타고 다니도록 한 것과 같은 것이다.

기업회계가 오랜 기간에 걸쳐 뿌리를 내리고 '기업실체의 공준'이 기업 문화로 성숙된 미국의 경우와 우리나라의 기업문화를 비교해 보면 너무나도 많은 차이가 나는 것을 알 수 있다. 미국 기업의 종업원들은 근무시간 중에는 사적인 일을 하지 않는다. 개인적인 일로 친구가 찾아와서 업무를 한 시간 동안 하지 않고 친구와 함께 보냈음에도 정해진 퇴근시간에 회사를 나선다면 '기업실체'의 관점에서 그 직원은 회사의 시간을 한 시간 도둑질한 것이 된다. 우리나라의 경우 대부분의 기업에서 직원들이 아무런 생각 없이 무심코 근무시간 중에 사적인 일을 보거나, 개인적인 일로 전화통화를 오랫동안 하거나, 회사의 복사용지를 개인적인 일로 사용하는 경우를 흔히 볼 수 있다. '기업실체'의 관점에서 보면 근무시간 중에 사적인 일을 보는 것이나, 개인적인 용도로 회사의 복사용지를 사용하는 것이나, 회사 전화를 사적인 용무로 사용하는 것은 모두 회사의 시간과 복사용지와 전화요금을 도둑질하는 것이다.

이와 같은 일이 작은 일로 보일지 모르지만 '기업실체의 공준'에 대한 인식이 없으면 이런 문화가 그 사회에 깊이 뿌리를 내리게 되고, 이로 인하여 엄청난 재앙이 초래될 수도 있다. IMF 사태 당시 도산한 대우그룹의 예를 들어 기업을 지배하고 있는 사람이 '기업실체의 공준'을 무시하고 기업을 경영하였을 때 어떤 문제가 발생하는지 살펴보자. 대우그룹은 1967년 31세의 김우중 회장이 자본금 1만 달러(현재 환율로 1,100만 원정도)를 가지고 직원 5명과 함께 조그마한 직물회사로 시작하여, 1999년도에는 무역, 중공업, 조선업, 건설업, 호텔, 자동차, 전자, 금융 등 30개에 이르는 대기업과 300개의 해외지사와 25만 명의 종업원을 거느리고 연간 매출액이 100억 달러에 달하는 세계적인 재벌그룹으로 성장하였다. 이와 같은 거대한 기업그룹이 IMF 사태가 몰아치자 자금 부족으로 부도가 났고 그룹은 해체되고 기업들은 정리되고 이에 따라 수많은 직원들이 직장을 잃었으며, 대우그룹의 기업에 투자하였던 투자자들과 돈을 빌려줬던 채권자들이 엄청난 손실을 보았으며, 심지어는 가정이 파탄나고 투자한 사람들은 삶의 의욕을 잃고 자살하는 경우도 있었다. 거기다가 대우그룹의 대기업들과 관련이 있는 하청기업들이 부도가 나서 무너지고, 대우그룹과 거래하던 금융회사들은 부실이 심해져 어떤 은행들은 문을 닫고 다른 은행에 합병되기도 하였으며, 이에 따라 또 수많은 직원들이 직장을 잃었다. 한마디로 표현하자면 온 나라가 난장판이 되었다.

대우그룹이 이 지경이 되기까지 은행이나 감독당국이나 정부에서 왜 몰랐을까? 대우그룹이 망한 데는 여러 가지 이유가 있겠지만 그 중에서 핵심적인 이유는 김우중 회장이 '분식회계'를 하였기 때문이다. '분식'이란 '화장을 한다'는 뜻이다. 얼굴이 못생긴 여인이 화장을 잘하면 예쁘게 보이듯이, '분식'이란 실제와 다르게 사실을 숨기고 거짓으로 꾸미는 것을 말한다. 따라서 '분식회계'란 의도적으로 기업의 자산이나 이익을 조작하여 회계정보를 사실과 다르게 만들어 이해관계자들을 속이는 것을 말한다.

대우그룹의 경우 김우중 회장이 '기업실체의 공준'을 무시하고 그 기업들을 자신의 개인 소유로 인식하고 오랜 기간 동안 '기업실체'의 재무제표를 자신의 의도대로 꾸미고 조작하여 있는 그대로 나타내지 않고 수익성이 좋은 건전한 회사로 보이도록 하였다. 1997년 말부터 시작된 IMF사태의 여파로 건전한 회사로 보이던 대우그룹에 엄청난 규모의 자금부족 사태가 발생하자 금융회사들이 대우그룹의 실상에 대하여 의심을 하고 자금 공급을 중단하기 시작하였으며, 이로 인하여 공룡과 같은 거대한 대우그룹이 도산하게 되었다. 만약 김우중 회장이 기업을 실체로 인정하고 자신의 의도대로 오랜 기간 동안 '회계분식'을 하지 않았다면, 금융회사와 같은 이해관계자들이 대우그룹의 '기업실체'에 대한 실상을 정확히 판단하고 적절한 조치를 취할 수 있었을 것이며 그룹 자체에서도 이에 대하여 대비하였을 것이므로 갑작스럽게 그룹이 통째로 도산하는 사태는 발생하지 않았을 것이다.

대우그룹의 도산으로 인하여 김우중 회장은 형사처벌을 받았고, 이해관계자들은 엄청난 상처를 입었다. 김우중 회장이 없는 자산을 있는 것처럼 부풀린 규모가 20조원, 금융회사에서 사기 대출을 받아 사용한 금액이 9조2천억 원, 해외로 빼돌린 외화가 32억 달러(약 4조 원)에 달한다고 한다. '기업실체'의 기준으로 보면 김우중 회장은 엄청난 돈을 도둑질했으며 금융회사에 사기를 치고 돈을 가져다 임의로 사용하였다. 그럼에도 불구하고 김우중 회장은 이런 일이 벌어진 데 대하여 책임을 지지 않고 해외로 도피하여 6년 가까이 은둔생활을 하다가 격앙된 분위기가 누그러지자 2005년 6월 귀국하여 재판을 받았다.

재판 결과 선고 내용을 보면 분식회계 및 사기대출, 횡령 및 국외재산도피 혐의로 징역 8년 6개월, 벌금 1천만 원, 추징금 17조9천253억 원의 형을 받았다. 법원의 판결에 따라 추징금을 회수하려고 김우중 회장의 재산을 조사한 결과 개인 소유의 재산은 전혀 찾을 수 없었고, 부인과 자식들의 명의로 된 재산밖에 없는 것으로 나타나 국가에서는 한 푼도 회수할 수 없었다. 그러나 이와 같이 엄청난 일을 저지르고도 그동안 우리나라 경제에 기여한 바가 크다고 광복절과 같은 국가 경축일만 되면 대통령특별사면으로 복권되어야 한다는 의견이 나온다. 이와 같은 경우의 사면은 '기업실체'가 사회문화로 뿌리 내린 미국과 같은 선진국에서는 있을 수 없는 일이다. 왜냐하면 '기업실체'의 문화가 뿌리내린 나라에서는 '분식회계'에 의한 범죄를 가장 중대한 죄로 다스리기 때문이다.

'기업실체의 공준'에 의하면 김우중 회장이 '기업실체'로부터 엄청난 자금을 도둑질함으로 인하여 그룹이 도산되고, 수많은 사람들의 삶과 가정이 파괴되고, 국가마저 부도가 날 위기에 처하여 온 국민들이 금모으기 운동에 발 벗고 나서지 않으면 안 될 만큼 엄청난 죄악을 저지른 것이다.

이와 같이 '기업실체의 공준'은 기업회계이론의 기초가 될 뿐만 아니라, 기업문화 내지 그 사회의 전반적인 문화에 영향을 미치는 현실적인 기준이다. '기업실체의 공준'이 한 나라의 문화로 올바로 정착되지 않으면 정치, 경제, 사회의 모든 분야에서 부정과 부패가 만연하게 되고 남의 것을 도둑질하며 살아도 아무런 양심의 가책이 없는 진흙탕 문화가 조성될 수 있다.

(3) 교회실체의 공준에 대한 이해
◆ '교회실체 공준'의 의미

기업문화와 교회문화가 차이가 있지만 교회회계에서 '교회실체의 공준'이 뿌리를 내리지 못하면 기업과 관련되어 발생하는 문제와 비교할 수 없을 정도의 심각한 문제가 발생할 수 있다.

'교회실체의 공준'이란 예수 믿고 부자가 된 어떤 성도가 자신의 돈으로 교회를 세웠더라도 그 교회는 설립자의 교회가 아니며, 교회를 세운 그 성도와 독립된 하나의 실체라는 것이다. 교회를 현실적으로 움직여나가는 담임목사, 당회, 위원회, 부서와 같은 조직이 있더라도 교회는 그들의 것이 아니며 별개의 독립적인 실체로 본다는 것이다. '교회실체의 공준'은 기업에서 주장하는 '기업실체의 공준'보다 훨씬 더 명확하다. 교회는 교회를 세운 사람의 소유도 아니고 당회나 제직회나 공동의회의 소유도 아니다. 교회는 그 자체가 독립적으로 존재하는 하나의 실체다.

성경은 교회의 실체에 대하여 교회는 예수 그리스도의 몸이고 주님은 교회의 머리가 되신다고 말씀하고 있다. 기업은 기업의 투자자들이 그들의 돈으로 세웠지만, 교회는 성자 하나님이신 예수 그리스도의 고난과 피와 생명으로 세운 살아 있는 실체다. 기업실체의 존재 목적이 투자한 사람들이 원하는 이익을 창출하는 것이라면, 교회실체의 목적은 예수 그리스도께서 원하시는 생명을 창출하는 것이다. 기업의 경영자나 종업원들은 기업의 이익창출을 위하여 일을 하고 그것에 대한 보상을 대가로 받는다. 반면에, 교회의 일을 감당하는 사람들은 생명을 창출하기 위하여 일을 하며 일에 대한 대가를 바라는 것이 아니라 오히려 자신의 물질로 섬기고 헌신하며 즐거운 마음으로 일을 한다. 교회실체를 위하여 헌신적으로 일을 하는 성도들은 성부와 성자와 성령 하나님이 나 같은 죄인을 구원하기 위하여 어떤 일을 하셨는지 너무나도 잘 안다. 그들은 '교회실체'를 중심으로 일을 할 때 하나님을 바라본다. 그들은 하나님이 주시는 지혜와 힘과 능력으로 일을 하고, 그 일을 통하여 하나님이 주시는 은혜와 기쁨과 평강을 누린다.

◆ **교회실체의 참된 일꾼인 성도들의 특징**

① 성도는 십자가를 붙잡고 헌신한다.

교회실체의 구성원인 성도들은 어찌하여 나 같은 것을 구원하기 위해 성자 하나님이 지극히 높은 곳, 한없이 영광스러운 그 곳에서 자신이 만드신 피조물들의 세상에, 그중에서도 가장 낮고 낮은 곳으로 와서 피조물들로부터 희롱을 당하시고 채찍질을 당하시고 십자가를 지시고 죽으셨는지를 안다. 왜 성자 하나님이신 예수 그리스도께서 십자가에 달려 하나님으로부터 저주받은 자가 되셨는지 알고 있다. 그분은 본질상 성부 하나님과 똑같은 영원한 분이시고 전지전능하신 분이시고 영광을 세세토록 받으실 하나님이심에도 어찌하여 낮고 낮은 곳으로 와서 성부 하나님으로부터 저주를 받으셨는지, 그리고 그 저주를 기꺼이 받아들이셨는지 참된 성도는 알고 있다.

그들은 자신들의 죄가 얼마나 무거웠던지 성자 하나님이신 예수 그리스도께서 십자가에 달려 그 죄의 무게를 견디기가 힘겨워 "엘리 엘리 라마 사박다니", '나의 하나님 나의 하나님 어찌하여 나를 버리셨나이까'라고 부르짖고 계신 것을 보았기 때문에 그 은혜에 감격하여 감사하며 헌신하는 것이다. 그들이 스스로 교회의 어렵고 힘든 일을 헌신적으로 감당하면서도 즐거워하는 것은, 그들이 넘어질 때 붙잡아 일으켜주시고, 외로울 때 위로해 주시고, 실족하여 기가 막힐 웅덩이와 수렁에 빠져 절망 가운데 있을 때 끌어올려 주시고 그들의 발을 반석 위에 세워 더욱 견고하게 하신 분이 '교회실체'의 머리가 되신 주님이라는 것을 알기 때문에 말없이 기꺼이 헌신한다.

그들은 힘들고 괴로워 하나님을 향하여 기도할 때 십자가에 달리신 주님께서 하나님을 향하여 '나의 하나님 나의 하나님 어찌하여 나를 버리셨나이까'라 부르짖으며 함께 간청하고 계신다는 것을 알기 때문에 그들이 하는 일이 힘이 들어도 헌신한다. 그리고 그들은 '교회실체'의 몸이신 예수 그리스도께서 교회의 지체가 되는 그들에게 하나님을 '아버지'라 부를 수 있도록 '아버지'라는 이름을 주시고 정작 독생자 되시는 예수 그리스도께서는 아버지를 아버지라 부르지도 못하고 십자가에 달려 죽으셨다는 것을 알기 때문에 감사하는 마음으로 헌신한다. 그들은 이 은혜에 감격하여 자신들의 십자가를 지고 목숨을 다하여 교회가 맡겨준 양들을 섬기며 헌신하는 것이다.

② 성도는 하나님의 사랑을 먹으며 일을 한다.

'교회실체'를 위하여 일하는 참된 일꾼들은 성부 하나님이 독생자를 십자가의 제물로 아낌없이 내어놓으시고 나 같은 죄인을 아들로서 맞이하셨다는 것을 알기 때문에 헌신한다. 그들은 아버지 품으로 돌아오기까지 스스로 저지른 죄악으로 인해 아버지 가슴에 못을 박았고, 아버지 가슴을 찢으며 살았고, 아버지 앞에서 얼마나 패역한 짓을 하며 아버지를 슬프게 하며 살았는지, 그럼에도 불구하고 '아직도 상거가 먼 데'서 돌아오기를 날마다 기다리고 계셨던 분이 하나님 아버지라는 사실을 알기 때문에 아버지가 기뻐하시는 일에 헌신한다. 아버지 품으로 돌아왔을 때 그들은 다시 한 번 놀란다. 아버지께서 이 패역한 자식을 반가이 맞으시고 잔치를 베푸시고 거기다가 언젠가 돌아올 아들을 위하여 미리 좋은 옷과 반지와 신을 만들어놓고 기다리셨다는 것을 알고 그 아들은 얼마나 놀라고 얼마나 감격하였는지 모른다. 교회의 일꾼들은 크고 넓으신 아버지의 사랑에 매인 바 되어 그 사랑을 가슴에 품고 일을 하는 사람들이다. 그들은 기업의 일꾼들 같이 대가를 바라고 일을 하는 사람들이 아니라 하나님의 사랑을 먹으며 일하는 사람들이다.

③ 성도는 성령님과 함께 일을 한다.

교회의 일꾼들은 성령 하나님의 도우심으로 일을 한다. 그들은 기업의 일은 사람의 지식과 힘과 능력으로 할 수 있지만 교회의 일은 성령님과 함께 성령님께서 주시는 지혜와 힘과 능력으로만 할 수 있다는 것을 안다. 그래서 그들은 교회가 맡긴 일을 할 때 언제나 기도로 시작하고, 기도로 추진하고, 기도로 일을 마친다. 기업에서 유능한 사람으로 인정받는 사람이라고 해서 교회에서도 주님의 마음에 들도록 일을 잘 하는 것은 아니다. 기업이나 사회에서 아주 일을 잘하고 유능하다고 자타가 인정하는 사람이 교회에서는 두 손을 놓고 구경만 하거나 한 사람도 전도를 못하는 예는 흔하다. 그러나 가방끈이 짧아 배운 것은 적지만 1000명 이상 전도하여 교인들을 놀라게 하는 주님의 일꾼들이 있다. 전도를 잘 하는 사람들의 특징은 죽어가는 영혼을 사랑하는 마음이 특심하여 그들의 이름을 새벽마다 제단 위에 올려놓고 그들이 마음의 문을 열고 복음을 받아들이도록 성령님께서 역사하여 달라고 눈물로 기도하는 것이다. 나는 새벽 기도를 마치고 나올 때마다 오랜 시간 동안 두 손을 모으고 있는 그분들의 모습을 보고 '교회실체'의 머리가 되시는 주님께서 얼마나 그분들을 사랑하시고 그분들이 얼마나 주님을 사랑하는지를 느끼곤 한다. 나는 그들이 모은 두 손 위에 성령님께서 함께하시고 충만하게 역사하고 계시다는 것을 그들이 거두어들이는 열매를 보고 안다.

◆ '교회실체의 공준'의 적용

'교회실체의 공준'에 의하면 교회 헌금은 담임목사나 당회나 제직회나 공동의회의 소유가 아니라 주님의 몸 된 '교회실체'의 소유다. 예수를 믿지 않는 사람들은 말할 것도 없고 심지어 교인들 가운데서도 교회 헌금을 주인 없는 돈으로 알고 마음대로 사용해도 되는 줄로 생각하는 분들이 있다. 어떤 부서에서 교회로부터 예산을 배정받았으면, 그 예산을 사용할 때 그 돈이 '교회실체'의 것 즉 주님의 것이라는 사실을 인식하고 사용해야 한다. 교회에서 사적인 용무로 교회 전화를 사용하는 것은 '교회실체'의 관점에서 보면 주님의 것을 개인적으로 사용하는 것이 된다. 개인적인 용도로 복사기를 사용하거나 차량을 사용하는 것도 마찬가지로 주님의 것을 개인적으로 유용하는 것이다. '기업실체의 공준'조차도 뿌리를 내리지 못한 우리나라 문화에서 이런 주장을 하면 이런 말을 들은 교인들은 섭섭하게 생각하고 교회가 사랑이 없다고 떠나는 분들도 있을 것이다. '가이사의 것은 가이사의 것이고 주님의 것은 주님의 것'인데도 말이다. '교회의 것도 내 것이요, 내 것도 내 것'인 사상에 깊이 젖어 있는 문화 속에서는 은혜가 되어야 할 것이 은혜가 되지 못하고, 은혜가 되지 말아야 할 것들을 은혜라고 생각하고 그 생각에 따라 행동하게 된다. '교회실체의 공준'을 현실적인 교회활동의 사례를 들어 설명해 보자.

먼저 새신자부를 예로 들어보자. 연초가 되면 교회에서 새신자부에 예산을 배정한다. 새신자부에서는 교회에 처음 나오는 새신자들이 우리 교회에서 주님을 영접하고 믿음의 뿌리를 내리고 하나의 지체로서 한 가족으로서 함께 주님을 섬기며 신앙생활을 잘 할 수 있도록 교회로부터 배정받은 예산을 사용해야 한다. 이러한 목적을 달성하기 위하여 새신자부에서는 배정받은 예산으로 새신자 환영모임을 가지기도 하고, 새신자의 양육을 담당하는 양육위원들이 새신자와 함께 대화를 나눌 수 있는 공간도 마련하고, 차와 간식을 대접하고, 기념품을 나누어주기도 한다. 기업의 직원들이 일을 할 때 기업을 대신하여 일하듯이, 새신자 부원들이 새신자를 환영할 때는 교회 즉 주님을 대신하여 환영하는 것이다.

새신자와 대화를 나눌 때는 교회를 대신하여, 주님을 대신하여 주님의 심정으로 대화를 나누어야 한다. 길 잃은 양을 찾고 너무너무 기뻐하시는 주님의 심정으로 새신자를 영접해야 한다. 새신자를 보기만 해도, 너무나 기뻐서 어찌할 줄 모르는 심정으로 그를 맞이해야 한다.

새신자와 대화를 할 때도 대화 가운데 주님이 임재하여 역사하시기를 간절히 기도하고 대화를 나누어야 한다. 주님을 섬기는 마음으로 새신자와 대화해야 한다.

새신자에게 전해주는 기념품도 세상의 기념품과는 달라야 한다. 그 기념품에는 사랑이 담겨 있어야 하고, 기도가 담겨 있어야 하고, 우리 주님의 마음이 담겨 있어야 한다. 예산이 책정되어 있고 교회가 기념품을 전달하라고 하니까 새신자가 기념으로 간직할 만한 것인지 깊이 생각해 보지도 않고 편리한 대로 대충 구입하여 기념품의 의미에 대하여 설명하지도 않고 그냥 전해주는 것은 세상 모임에서 받는 기념품과 다를 것이 없다. 새신자에게 기념품을 전달할 때는 '교회실체'의 주인이신 주님을 대신하여 주님의 사랑과 형제자매로서의 따뜻한 마음을 담아 전해해야 한다. 그럴 때 그 새신자는 사랑을 느끼고 따뜻한 마음을 받아들이게 될 것이며, 그 교회의 성도들이 좋아지고 교회에 나오고 싶은 마음이 생길 것이다. '교회실체'적인 관점에서 보면 형식적으로 기념품을 전해 주는 새신자 양육위원은 '교회실체'를 대신하여 일을 하는 것이 아니라 자기 마음대로 일을 하는 것이다.

'교회실체의 공준'은 교인들이 교회활동을 할 때 그 중심이 되는 역할을 한다. 눈에 보이지 않지만 '교회실체'를 인정하고, 교회의 한 지체로서 주님께서 맡겨주신 일을 믿음으로 하는 것이다. 주님께서 나를 통해 일하시도록 맡기는 믿음의 행위는 '교회실체의 공준'에서 시작된다.

2. 믿음의 역사의 공준

(1) 노자의 '도덕경': 인위(人爲)의 세계와 무위(無爲)의 세계

'도덕경'은 BC 6세기경 중국 주나라 때 노자가 쓴 책으로 그 내용이 깊고 넓다. 노자는 도덕경에서 세상을 '유위의 세계'와 '무위의 세계'로 나누어 이야기하고 있다. '유위의 세계'란 사람들이 인위적으로 만들어 놓은 '인위의 세계'이고, '무위의 세계'는 '자연의 세계'다.

노자는 도덕경에서 이 세상이 온통 혼란스럽고 고통을 겪는 것은 이 세상이 사람들이 인위적으로 만들어놓은 '인위의 세계'이기 때문이라 주장한다. '인위의 세계'에서는 사람들은 자신의 이익만을 탐하고 지배계층은 다른 사람을 억압하고 무절제한 생활을 하므로 세상에 화합과 평안을 가져오지 못한다. 노자는 도덕경에서 이런 문제를 해결하는 방안으로 '도'를 주장한다. 도덕경에서 말하고 있는 '도'는 이해하기 어렵고 신비주의적인 의미를 갖고 있기 때문에 매우 다양하게 해석될 수 있으나 개략적으로 이해하자면 다음과 같이 설명할 수 있다.

본질적으로 '도'는 '무위'로 이루어져 있으며, '무위'는 자연스러운 상태 즉 모든 일이 본성대로 흘러가도록 간섭하지 않고 내버려두는 것을 말한다. 다시 말하면 사람이 인위적으로 무엇을 하지 않고 내버려 두면 모든 것이 자연스럽게 이루어진다는 것이다. 그렇게 하면 '도'가 도전을 받지 않고 도전하지도 않으면서 자연스럽게 흘러갈 수 있기 때문에 이 세상에서 혼란은 끝나고 싸움도 끝나고 불화도 사라지고 화합과 평안을 가져올 수 있다는 것이다. 국가의 통치자들이 백성들에게 이러한 '도'를 가르치면 모든 불평불만의 원인이 제거되고 나라를 지극히 평온하게 다스릴 수 있다고 한다. 이런 관점에서 노자의 '도'는 유교윤

리의 특징인 추상적 도덕주의와 형식적인 예의에 바탕을 둔 사회적 행동주의도 경멸한다. 이런 일화가 전해지고 있다. 젊었을 때부터 이름을 날리고 있던 공자가 당대의 쟁쟁한 인재들을 제자로 거느리고 길을 가는데 늙은 노자가 밭을 갈고 있었다. 노자의 명성을 잘 알고 있는 공자가 노자에게 제자를 보내어 나라를 평온하게 하고 부강하게 만들려면 어떻게 하면 되겠느냐고 물어보게 하였다. 노자가 그 제자에게 대답하기를 너희 선생과 같은 사람들이 세상에 없어야 나라가 평온하게 된다고 대답하였다 한다.

최초의 사람 아담과 하와가 하나님 앞에 죄를 범한 이후에는 생령으로 창조되었던 사람들의 영이 죽은 영이 되었고 모든 사람의 심령에 탐욕과 교만한 마음이 들어차 있어 사람이 만들어가는 '인위의 세계'에서는 하나님의 역사를 기대할 수 없다. '인위의 세계'에서는 오직 사람의 힘과 능력과 지혜로 일을 하고 그 결과를 서로 가지려고 다투기 때문에 언제나 불완전하고 탐욕적이고 파괴적이다.

그러므로 노자의 '도'에서 주장하는 '무위의 세계'는 이 세상에서는 이룰 수 없는 세계다. 노자는 본질적으로 사람이 죄인이라는 사실을 간과하고 있다. 하나님이 세상을 창조하시고 하나님의 형상대로 사람을 만든 후에 그 사람을 사랑하여 특별히 에덴동산을 만들어 거기 살게 하시고 언제라도 하나님을 만날 수 있었던 그 상태에서는 노자의 '도'가 이루어질 수 있겠지만, 사람이 죄를 범하여 탐욕이 그의 심령을 지배하고 있는 현재의 상태에서는 '무위의 세계'로 돌아갈 수가 없다. 노자가 주장하는 '무위의 세계'로 돌아가려면, 사람이 죄를 회개하고 새로운 생명으로 거듭나야 한다. '무위의 세계'는 예수 그리스도를 믿고 구원받은 사람들이 만들어갈 수 있는 세계다.

노자가 이상적인 세계로 주장하는 '무위의 세계'도 하나님이 예수 믿고 구원받은 하나님의 백성들에게 허락하신 '하나님의 나라'와는 비교할 수 없다. 왜냐하면 '무위의 세계'인 자연도 사람이 하나님께 범죄함으로 인하여 죄가 세상에 들어온 이후에는 하나님으로부터 저주를 받아 가시덤불과 엉겅퀴를 내고 '썩어짐의 종노릇'을 하고 있는 상태가 되었기 때문에 그곳으로 돌아가도 역시 고통과 슬픔과 불안과 공포가 있을 수밖에 없다. 그러므로 성경은 피조물인 자연도 하나님의 아들들이 나타나 그들과 함께 온전히 회복되기를 고대하고 있다고 말씀하고 있는 것이다. "피조물이 고대하는 바는 하나님의 아들들이 나타나는 것이니, 피조물이 허무한 데 굴복하는 것은 자기 뜻이 아니요 오직 굴복하게 하시는 이로 말미암음이라, 그 바라는 것은 피조물도 썩어짐의 종노릇 한 데서 해방되어 하나님의 자녀들의 영광의 자유에 이르는 것이니라, 피조물이 다 이제까지 함께 탄식하며 함께 고통을 겪고 있는 것을 우리가 아느니라"(롬 8:19-22)

그러나 예수 그리스도를 믿고 구원받은 하나님의 백성들에게 허락하신 '하나님의 나라'는 거룩하신 창조주 하나님이 자비와 인자와 사랑으로 통치하시므로 저주도 없고 불평도 없고 눈물도 없다. '하나님의 나라'는 예수 믿고 구원받은 하나님의 백성들이 하나님을 아버지라 부르며 그 아버지께서 그들을 거느리고 다스리는 세계다. 성경은 '하나님의 나라'를 이렇게 말씀하고 있다. "(하나님이)모든 눈물을 그 눈에서 닦아주시니 다시는 사망이 없고 애통하는 것이나 곡하는 것이나 아픈 것이 다시 있지 아니하리니 처음 것들이 다 지나갔음이러라"(계 21:4)

인간의 비참함을 안타까워하며 '무위의 나라'를 주장하던 노자가 성경을 만날 수 있었다면 틀림없이 예수를 믿었을 것이다. 그리고 그가 바라던 '무위의 나라'에 대한 주장을 거두어들이고 사람들에게 예수 믿고 구원받아 하나님이 만드신 '신 위의 세계' 즉 '하나님의 나라'를 이 땅에서 이루어나가자고 주장하였을 것이다. 이 땅에 '하나님의 나라'가 이루어질 때 비로소 노자가 바라는 화합과 평안의 세계가 도래할 수 있기 때문이다. 교회는 하나님의 백성들이 '믿음의 역사'를 통하여 '하나님의 나라'를 이 땅에서 이루어나가는 곳이다.

(2) '믿음의 역사 공준'에 대한 이해

기업회계의 모든 결과는 기업실체를 중심으로 경영자와 종업원들의 지혜와 능력과 노력으로 이루어진 것이다. 그러나 교회회계의 모든 결과는 교회실체를 중심으로 일하는 교인들의 믿음으로 이루어진 것이다. 교회회계의 예산이 믿음으로 세워졌으며, 주어진 예산으로 일을 하는 것도 '믿음의 역사'를 바라보며 하는 것이고, 교회회계의 결산도 '믿음의 역사'로 이루어진 것이다. '믿음의 역사'에 대한 이해와 체험이 없으면 하나님의 능력을 알 수 없고 나아가 교회회계를 이해할 수 없다.

교회회계는 태초에 하나님이 천지를 창조하셨다는 믿음과 우리를 구원하기 위하여 십자가에 달려 죽으신 예수 그리스도께서 살아 계신 하나님의 아들이라는 고백과 성령 하나님이 우리와 함께하시며 하나님의 일을 이루어나가신다는 믿음의 기반 위에 세워진 것이다. 기업회계의 결실은 '이익'이라는 숫자로 확실하게 손에 잡히는 것이지만, 교회회계의 결실은 딱히 손에 잡히는 것이 아니다. '믿음의 역사'를 이해하지 못하는 세상 사람들의 눈으로는 교회회계의 예산은 꿈 같은 숫자로 보일 것이고, 교회결산으로 이루어진 결실은 손에 잡히는 것이 없는 허망한 것으로 보일 수 있다. 그러나 '믿음의 역사'를 체험을 통하여 알고 있는 성도들은 교회회계의 예산은 전능하신 하나님이 채워주실 것으로 확신하는 숫자이며, 교회회계의 결산은 기도와 헌신과 믿음으로 이루어낸 결실이라는 것을 알고 있으며, 그 결과로 얻은 것은 천하를 주고도 바꿀 수 없는 귀한 생명들이라는 것을 알고 있다. 교회회계는 '믿음의 역사'를 바탕으로 세워지고, 그 위에서 성도들의 기도와 헌신으로 이루어지는 것이다.

(3) 교회회계의 예산은 '믿음의 역사'를 바라보며 세운 것이다.

교회는 '하나님 나라'를 이 땅에 이루기 위하여 일을 하고, 그 일에 필요한 예산을 '믿음의 역사'를 바라보며 세운다. 기업에서는 주주들의 투자와 채권자들로부터 차입한 자원으로 계획을 세우고 사업을 추진한다. 그러나 교회는 미리 마련한 자원이 없다. 하나님께서 채워주실 것을 믿고 예산을 세우고 하나님의 일을 시작한다. 교인들이 금년에 얼마를 헌금하였으니 다음 해에도 얼마를 헌금할 것이라 예상을 하고 계획을 수립하고 예산을 세우지만, 그 예산은 누가 얼마를 헌금하겠다고 약속한 것도 아니고 국가와 같이 강제로 징수할 수 있는 것도 아니다. 세상의 눈으로 가늠하고 인간의 머리와 지식으로 따지고 계산하기에 길들여져온 사람들에게는 불안하기가 그지없다.

이와 같이 교회예산을 세상 사람들의 눈으로 바라보면 근거 없이 모래 위에 세워진 것 같이 보이겠지만, 믿음의 눈으로 바라보는 사람들에게는 반석보다 더 든든한 기반이 되시는 전능하신 하나님의 약속 위에 세워진 것으로 보인다. 그래서 교인들은 예산을 세우기 전에 하나님 앞에 기도하고, 예산을 세운 후에도 하나님께서 이루어주시기를 바라며 기도한다.

교회예산에 '믿음의 역사'가 일어난다는 것은 예산을 이루어나갈 교인들의 삶에 '믿음의 역사'가 일어난다는 것을 의미한다. 참된 믿음의 사람들은 교회예산이 쪼그라들 때 자신들의 삶도 쪼그라들며, 교회예산이 풍성할 때 자신들의 삶도 풍성하게 이루어진다는 것을 안다. 그래서 믿음의 사람들은 교회예산을 위해서 기도한다. 하나님은 하나님의 일을 이루시기 위하여 교회가 세운 예산을 약속대로 채워주신다. 그리고 교회예산을 채울 수 있도록 헌금하는 교인들의 삶을 축복하신다. 교회예산은 이미 가지고 있는 것으로 이루는 것이 아니라 하나님께서 믿음의 사람들의 삶을 통하여 주실 것으로 믿고 세우는 것이다.

(4) 교회회계의 결산은 '믿음의 역사'로 이루어진 것이다.

기업에서 결산을 하는 이유는 1년 동안 그 기업이 활동한 결과 돈을 얼마나 벌었는지 알기 위해서다. 그러므로 결산의 결과는 눈으로 볼 수 있고, 그 결과에 따라 경영자와 직원들에게 돌아가는 보상의 크기가 달라진다. 돈을 많이 벌었을 때는 승진도 쉽게 되고 봉급도 올라가고 상여금도 두둑이 받게 된다. 그러나 기업이 돈을 벌지 못하고 손실을 내면 분위기가 험악해진다. 경영자가 바뀌기도 하고 직원들이 직장을 잃기도 하고, 때로는 기업이 문을 닫거나 다른 기업으로 팔리기도 한다.

그러나 교회회계에서 결산을 하는 이유는 다르다. 교회의 결산은 한 해 동안 교인들이 얼마나 믿음으로 살았고, 얼마나 맡은 일을 믿음으로 하였는지, 그리고 하나님이 얼마나 그들의 삶에 복을 주셨고 그들은 얼마나 하나님의 은혜에 감사하며 맡겨주신 일을 어떻게 하며 살았는지를 나타낸다. 교회회계의 결산은 교인들의 기도와 헌신으로 이루어진 믿음의 결과다.

교회는 한 해 동안 교인들의 삶을 통하여 하나님이 채워주신 수입결산을 앞에 놓고 하나님 앞에 감사의 예배를 드린다. 수입결산은 교인들의 믿음의 결과요 삶의 결과요 하나님이 베풀어주신 은혜의 결과이기 때문이다. 교인들은 수입결산을 앞에 놓고 지난 한 해 동안 하나님이 베풀어주신 은혜를 헤아려보며 감사한다. 삶의 굽이굽이마다 하나님 앞에 간구한 기도제목들은 무엇이었는지, 기도의 제목마다 하나님이 베풀어 주신 은혜가 무엇이었는지 헤아려본다. 그리고 그 은혜를 제단 앞에 올려놓고 감사의 제사를 드린다.

교회는 지출결산을 통하여 지난 한 해 동안 하나님이 어떤 일을 이루어주셨는지 헤아려보며 하나님 앞에 감사드린다. 한 해를 맞이하였을 때 위원회는 위원회별로 부서는 부서별로 교회에서 허락한 적은 예산을 앞에 놓고 하나님께서 함께해 주셔야 그들이 맡은 일을 감당할 수 있다는 것을 알고 전 부원들이 합심하여 기도하며 헌신을 다짐하였을 것이다. 헌금을 지출할 때마다 그들이 맡은 일을 하나님 앞에 올려놓고 기도했을 것이며, 하나님께서 그들의 기도를 들으시고 응답하시고 역사하시어 기도의 결실을 거둘 때마다 감사하였을 것이다. 위원회는 위원회별로, 부서는 부서별로 지출결산을 앞에 놓고 지난 한 해를 돌이켜보며 맡겨주신 일을 하나님의 일로 믿고 기도하고 헌신하고 감사하게 하신 주님께 영광을 돌릴 수 있어야 한다. 그리고 지출결산을 통하여 새해에 이루어나갈 새로운 꿈을 세우고 설계할 수 있어야 한다.

(5) 전도부의 사례로 '믿음의 역사의 공준'에 대하여 알아보자.

전도부는 교회의 핵심부서 중 하나다. 왜냐하면 전도부에서 하는 일이 죽어가는 영혼을 구원하는 일이고, 예수 그리스도께서 이 일을 위하여 이 땅에 오셨고, 이 일을 위하여 십자가의 고난을 받으셨으며, 이 일을 위하여 몸 된 교회를 세웠기 때문이다.

전도부는 교회에서 허락한 새해의 예산을 앞에 놓고 구체적이고 실천적인 전도계획을 수립한다. 전도부가 하고자 하는 일에 비하여 턱도 없이 부족한 예산을 앞에 두고 하나님이 역사하실 것을 믿음으로 바라보며 온 부원들이 기도하고 헌신할 것을 다짐한다. 전도부의 부원들은 생명의 구원은 사람의 힘으로 이루어지는 것이 아니라 하나님의 능력으로 이루어진다는 것을 알기 때문에 '믿음의 역사'를 기대하며 더울 때나 추울 때나 전도지를 들고 나선다. 아무리 많은 선물을 주어도 믿을 생각을 하지 않던 완고한 사람을 새벽재단 위에 올려놓고 눈물로 기도하며 간구한 결과 어느 날 갑자기 예수를 믿겠다고 약속하고 교회에 나왔을 때 그들은 하나님 앞에 이렇게 고백할 것이다. "전능하신 하나님 아버지, 이 죄인을 불쌍히 여기시고 기도를 들어주시고 한 영혼을 구원하게 하시니 감사합니다. 이 영광을 홀로 받아주시옵소서."

기업에서 영업을 하는 직원들은 봉급을 받는 대가로 일을 하지만, 교회에서 전도를 하는 전도부 부원들은 할당받은 교회예산이 얼마나 부족하다는 것을 알기 때문에 자신들의 돈을 써가며 즐거운 마음으로 전도한다. 기업의 직원들은 그들이 노력하여 거두어 들인 결실에 대한 대가가 적으면 불평을 하지만, 전도부의 부원들은 전도의 결실이 적으면 그들의 기도와 눈물과 헌신이 부족한 것으로 생각한다. 기업의 직원들은 그들이 일한 결실의 대가로 승진하고 연봉이 인상되고 특별상여금을 두둑이 받는 것과 같은 세상적인 것으로 기뻐한다. 하지만 전도부의 부원들은 기도와 헌신으로 전도의 열매를 풍성하게 거두었을 때 하나님께서 주시는 위로와 기쁨으로 충만함을 얻는다. 그들은 그들과 함께하시고 기도를 들어주시고 그들의 눈에서 눈물을 씻어주시고 힘들어 할 때 위로해 주시고 그들의 삶을 풍성한 것으로 채워주시는 분이 하나님 아버지라는 사실을 알고 있다. 그들이 '믿음의 역사'로 얻은 결실의 대가는 세상 사람들이 바라는 대가와는 비교할 수 없이 고귀하고 소중한 것들이며 영원한 것들이다.

노원구 월계동에 있는 장석교회에는 전도를 천 명이상 하면 그분의 족적을 동판으로 떠서 교회 벽에 붙여놓고 그분의 기도와 땀과 헌신을 기념하고 있다. 2010년 1월 현재 다섯 분의 권사님이 천 명 이상을 전도하였고 그 중에서 어떤 권사님은 이천 명 가까이 전도하고 있다. 나는 두 명을 전도하는 데 2년이 걸렸는데 그분들은 도대체 어떻게 전도를 하였기에 상상을 초월할 정도로 많은 사람들에게 전도할 수 있었는지 궁금하여 그분들 중에서 제일 먼저 천 명을 전도하고 지금은 이천 명 가까이 전도하고 있는 권사님에게 전도의 비법을 조용히 여쭤보았다. 그 권사님은 전도의 결실은 오직 '믿음의 역사'로 이루어진다는 것이다. 믿음으로 기도하고 믿음으로 섬기며 헌신하고 믿음으로 전할 때 전도는 결실을 맺게 된다는 것이다. '믿음의 역사'로 거두어들인 전도의 결실을 재단 앞에 올려놓고 하나님께 감사의 제사를 드릴 때 강물과 같이 심령 속에 밀려드는 하나님의 은혜와 위로와 기쁨은 세상의 어떤 것과도 바꿀 수 없는 것이라 한다.

3. 현금주의 공준

기업회계에서는 어떤 거래가 일어났을 때 그 거래를 어느 시점에 거래가 일어난 것으로 보고 회계처리를 하느냐, 그리고 어느 시점에 수익이나 비용으로 인식하느냐를 결정하는 것이 대단히 중요하다.

예를 들자면 어떤 기업에서 복사기 한 대를 2천만 원에 외상으로 구입하였다면 회계처리를 하여야 하는데 어느 시점에 회계처리를 해야 하는지를 결정해야 한다. 복사기 대금은 지불하지 않았지만 그 복사기를 받았으니까 받은 시점에서 회계처리를 해야 한다는 주장이 있는가 하면, 복사기는 받았지만 복사기 대금을 아직 지불하지 않았으니까 회계처리를 하지 않고 있다가 그 복사기 대금을 현금으로 지불하였을 때 회계처리를 해야 한다는 주장이 있다. 회계학에서는 전자를 '발생주의 회계', 후자를 '현금주의 회계'라 부른다.

또 다른 예를 들어보자. 어떤 기업에서 10년 정도 사용할 수 있는 대형버스 한 대를 1억 원에 현금으로 구입하였다 치자. 이 기업에서는 매년 말을 기준으로 결산을 하는데, 결산을 할 때 이 버스를 구입하고 지급한 1억 원에 대하여 얼마를 비용으로 처리하여야 하는지가 문제가 된다. 발생주의 회계에서는 그 버스를 10년 동안 사용할 수 있으니 구입대금 1억 원을 10년으로 나누어 1년 동안의 비용을 천만 원으로 처리해야 한다고 주장하고, 현금주의 회계에서는 그 버스 대금 1억 원이 현금으로 이미 나갔으니 복잡하게 10년 동안 나누어서 비용으로 처리하지 말고 구입한 연도에 한꺼번에 1억 원을 비용으로 처리해야 한다고 주장한다.

이와 같이 '발생주의 회계'란 어떤 거래를 회계처리할 때 현금이 나가거나 들어온 시점을 기준으로 하는 것이 아니라 그 거래가 발생한 시점, 예를 들면 물건을 인도해 준 시점을 기준으로 회계처리를 하는 것이다. 반면 '현금주의 회계'란 어떤 거래가 일어났을 때 그 거래의 대가로 현금이 나가거나 들어온 시점을 기준으로 회계처리를 하는 것이다.

이 두 가지 회계기준에는 각각 장단점이 있다. 대체로 '발생주의' 회계는 연도별 이익의 규모를 합리적으로 결정하는 데 매우 적합하고, '현금주의'회계는 현금의 수입과 지출을 관리하는 데 유용하다. 따라서 경영성과인 이익을 중요시하는 기업에서는 '발생주의 회계'를 채택하고, 이익의 개념이 없고 현금의 수입과 지출을 합리적으로 관리하기를 원하는 교회는 '현금주의 회계'를 적용하는 것이 적합하다.

이에 따라 현재 대부분의 교회에서는 '현금주의'를 기준으로 회계처리를 하고 있다. 따라서 교회회계에서는 '외상'이라는 용어가 없고, 자동차나 건물과 같은 고정자산의 가치가 시간이 지남에 따라 감소되더라도 그것을 비용으로 처리하는 '감가상각'의 개념이 없다. 특별한 경우 예를 들자면 교회건축과 같이 거액의 자금이 필요한 경우 교회에서 교인들에게 건축헌금을 작정하게 하는 경우가 있는데, 이 경우에도 '현금주의 회계'를 채택하고 있는 교회회계에서는 교인들이 헌금을 작정하였더라도 그 작정한 헌금을 수입으로 처리하지 않는다. 교회회계에서는 현금 수입부에 '외상 헌금'이라는 과목이 없다. 다만 교인들이 작정한 헌금은 잊어버리지 않도록 비망록에 기록하여 별도로 관리한다. 이와 같이 교회회계는 '현금주의 회계'를 채택하고 있기 때문에 오로지 현금이 들어오고 현금이 나간 사실을 기준으로 회계처리를 한다.

4. 기간별 보고의 공준

회계정보의 '기간별 보고'란 회계정보를 보고하는 기간이 매월, 3개월, 6개월 또는 1년 등으로 일정해야 하며, 보고기간도 가급적 짧아야 한다는 것이다. 보고하는 기간이 일정하지 않으면 회계정보를 비교할 수 없고, 보고하는 기간이 길어지면 정보의 쓰임새가 적어진다. 전자를

'비교성'이라 하고, 후자를 '적시성'이라 한다.

정보의 '비교성'에 대하여 좀 더 살펴보자.

사람들의 인식구조는 사물을 상대적으로 비교할 때 가치를 더 잘 평가할 수 있도록 되어 있다. 어떤 사람의 키가 크다는 것은 그 사람의 키와 자신의 키를 비교하거나 보통 사람의 평균키와 상대적으로 비교하여 인식한 말이다. 키가 제법 큰 사람도 거인들의 세상에 가면 키가 작게 보이고, 키가 작은 사람도 난쟁이들의 세상에 가면 키가 크게 보인다. 우리나라의 경제발전이 세계가 주목할 만큼 빠르게 성장했는데도 우리나라 사람들의 행복지수가 세계에서 가장 가난한 나라 중의 하나인 방글라데시 사람들의 행복지수보다 떨어지는 이유는 사람의 가치관이 상대적으로 비교하여 평가하는데 익숙해 있기 때문이다. 가정의 살림살이가 더 좋아졌다 또는 더 나빠졌다고 말할 수 있는 것은 지난해의 살림살이나 지난달의 살림살이와 상대적으로 비교하기 때문에 가능하다. 회계정보에서도 마찬가지다. 회계정보를 상대적으로 비교할 수 있어야 그 회사가 더 성장하였다든지 더 나빠졌다든지 용이하게 평가를 할 수 있다. 회계정보를 3개월 6개월 또는 1년 등과 같이 일정한 기간별로 보고하는 이유도 그 회계정보를 상대적으로 비교하여 평가할 수 있어야 회계정보의 유용성이 높아지기 때문이다.

다음으로 정보의 '적시성'에 대해 좀 더 알아보자.

생선회를 좋아하는 사람은 살아 있는 생선을 즉석에서 회를 떠서 먹는 것을 좋아하지 회를 뜬 지 며칠이 지난 회는 좋아하지 않는다. 주부들이 식료품을 살 때 유통기간을 보고 사는 것은 유통기간이 지난 것은 먹을 만한 가치가 적기 때문이다. 조간신문을 보는데 발행된 날 아침에 신문이 배달되지 않고 하루 늦게 배달되면 싫어한다. 왜냐하면 하루 늦게 배달된 신문이 담고 있는 정보는 새로운 정보로서의 가치가 떨어지기 때문이다. 회계정보의 경우도 마찬가지다. 회계정보가 생산된 지 오래 되면 그 정보는 정보로서의 가치가 적어지게 된다. 회계정보를 이용하는 사람들이 원하는 적절한 시기에 그 정보를 제공할 수 있어야 회계정보의 유용성이 높아지는 것이다. 회계정보를 1년마다 제공하면 연중에 그 회사의 정보를 필요로 하는 사람에게는 그 정보가 유용하지 않다. 그러므로 회계정보의 유용성을 높이기 위하여 회계정보를 제공하는 기간이 점차 단축되고 있다. 증권시장에 상장되어 있는 기업의 경우 과거에는 회계정보를 1년마다 보고하도록 되어 있었는데, 그것을 6개월마다 보고하는 것으로 단축하였다가 지금은 3개월마다 보고하도록 하고 있다.

교회회계정보의 경우도 마찬가지다. 교회실정에 따라 회계보고 기간이 다소 차이가 날 수 있지만 대체로 1개월, 3개월, 6개월, 또는 1년마다 당회나 제직회 또는 공동의회에 회계보고를 한다. 회계보고를 하는 기간이 너무 짧으면 교회의 활동상황을 빠른 시간 안에 알 수 있는 효과는 있으나 일이 번잡하게 되고 보고자체가 형식화될 우려가 있으며, 회계보고를 하는 기간이 길어지면 교회의 활동상황을 제때에 알 수 없어 기도의 제목을 놓칠 수 있을 뿐만 아니라 때로는 교회 일에 무관심해질 수가 있다. 회계정보가 하나님과 교인들, 교회와 교인들 간의 의사소통의 도구로 유용하게 쓰이기 위해서는 보고기간을 교회 실정에 맞게 적절하게 조정할 필요가 있다.

제3절 교회회계 정보의 질적 기준

회계정보의 '질적 기준'이란 회계정보를 이용하는 사람들이 의사결정을 할 때 유용한 정보를 이용할 수 있도록 회계정보가 갖춰야 할 질적인 속성이다. 회계정보의 '질적 기준'을 쉽게 이해하기 위하여 구입한 우산을 예로 들어보자. 나는 지난해 여름 어느 날 전철에서 내려 친구들과 약속한 식당으로 가려고 전철역 입구를 나서려는데 갑자기 비가 쏟아지기 시작하였다. 한참을 기다렸는데도 비는 여전히 내리고 있었다. 그런데 마침 보니 우산을 파는 사람이 있어 하나를 사들고 약속한 장소로 갔다. 그런데 문제는 집으로 돌아갈 때 일어났다. 우산을 펴는데 갑자기 우산대가 쑥 빠지는 것이었다. 나는 화가 나서 그 우산이 혹시나 중국산이 아닌지 살펴보았다. 그 우산은 역시 중국산이었다. 나는 그 다음부터는 어떤 물건을 구입하더라도 제조한 나라가 어디인지 살펴보고 산다. 중국산이면 무조건 사지 않는다. 왜냐하면 중국산은 질이 나빠 내가 매입하고자 하는 물건의 '질적 기준'을 충족시켜주지 못하기 때문이다.

회계정보도 마찬가지다. 회계정보의 '질'이 낮으면 이해 관계자들이 그 정보를 이용하지 않을 것이며, '질'이 높으면 그 정보를 믿고 유용하게 이용할 것이다. '질적 기준'이 낮은 회계정보는 그 정보를 이용하는 사람들에게 때로는 막대한 손실을 주기도 한다. '질적 기준'이 낮은 회계정보를 이용하여 투자를 하였는데 그 정보 때문에 손해를 본 사람은 다시는 그 정보를 이용하지 않을 것이다. 그러므로 회계학에서는 회계정보를 이용하는 사람들이 그 회계정보를 유용하게 활용할 수 있도록 회계정보의 '질적 기준'을 마련하고 회계정보를 생산하는 모든 사람들이 이 '질적 기준'을 지키도록 하고 있다.

회계정보가 그 정보를 이용하는 사람들에게 유용한 정보가 되기 위하여 갖추어야 할 '질적 기준'에는 ①이해 가능성 ②목적적합성 ③신뢰성 ④비교 가능성 ⑤제약요인 등이 있다.

1. 이해 가능성(understandability)

'이해 가능성'이란 회계정보를 이용하는 사람들이 그 정보를 쉽게 이해할 수 있어야 한다는 것이다. 회계정보를 이용하는 사람들이 알 수도 없는 용어를 사용하여 정보를 생산하면 아무도 그 정보를 이용하지 않을 것이다. 정보는 가급적 많은 사람들이 전달하고자 하는 내용을 이해할 수 있도록 생산되어야 한다. 그러나 모든 사람이 이해할 수 있도록 만들어야 한다는 의미는 아니다.

기업회계정보의 경우에는 기업의 경영활동이나 경제상황, 기업회계 등에 대한 일정수준의 지식이 있는 사람들이 이해할 수 있는 수준이면 적절하다고 본다. 만약 기업에 대한 지식이 전혀 없는 사람이 회계정보를 보고 이해할 수 없다고 불평해도 그런 사람까지 이해할 수 있도록 정보를 만들 필요는 없다. 기업에 대한 지식이 없는 사람은 회계정보를 유용하게 이용할 수 없을 뿐만 아니라, 이용해서도 안 된다. 왜냐하면 회계정보를 이용하여 주식투자나 채권매입 등의 의사결정을 하는데는 대가가 따르기 때문이다. 증권시장에 이런 속설이 있다. 기업에 대한 지식이 별로 없는 아주머니들이 장바구니를 들고 주식투자로 돈을 벌겠다고 주식시장에 나타나면, 가지고 있는 주식을 모두 팔아 치우고 그 시장에서 떠날 때가 되었다는 것이다.

교회회계의 경우에는 교회의 제반 활동이나 성도들의 신앙생활, 교회회계 등에 대한 일정한 수준의 지식이 있는 사람들이 이해할 수 있는 정도의 회계정보를 생산하면 적절하다. 만약 교회에 대한 지식이 전혀 없는 사람이 교회회계정보를 보고 이해할 수 없다고 불평해도 그런 사람까지 이해할 수 있도록 정보를 만들 필요가 없다. 십일조가 무슨 뜻이며 감사헌금은 왜 하며 절기헌금을 왜 드리는지, 그리고 예배는 무엇이며 선교와 전도는 왜 하는지 알지도 못하고 이해하려고도 하지 않는 사람에게까지 교회회계정보가 유용성이 있어야 한다는 것은 아니다. 그들이 교회회계정보를 유용하게 이용하려면 먼저 예수 그리스도를 믿고 신앙교육을 받고 교회활동에 참여해야 한다. 이런 과정을 거치지 않은 사람은 교회회계에 대해 말할 자격이 없기 때문이다.

때로는 반기독교적인 사람들이 교회가 그 많은 헌금을 거두어서 무엇을 하느냐고 교회활동에 대해 비판하는 경우가 있다. 교회회계의 '질적 기준'에서 보면, 교회는 그런 사람들에게까지 교회회계정보를 이해할 수 있도록 만들 필요는 없다. 그들이 교회활동을 비판하려면 먼저 그들이 예수를 믿어야 하고 소정의 신앙교육을 받고 교회활동에 참여해야 한다. 그런 후에 그들이 교회회계정보를 보게 되면 회계정보 속에 녹아들어 있는 교인들의 기도와 눈물과 땀과 헌신과 열정을 발견하게 될 것이다. 그리고 비로소 그들은 교회회계가 생산한 정보를 통하여 전능하신 하나님이 이루어나가시는 '믿음의 역사'를 알게 될 것이다.

2. 목적적합성(relevance)
(1) 기업회계의 경우

기업회계의 경우 '목적적합성'이란 회계정보를 유용하게 이용하기 위해서는 그 정보의 생산 목적을 달성하는데 적합한 가치를 가지고 있어야 한다는 것이다. '목적적합성'을 판단하는 기준으로는 회계정보가 미래를 예측할 수 있는 '예측 가치'가 있어야 한다는 것과, 회계정보를 이용하여 과거에 결정한 일이 적정하였는지 확인할 수 있거나, 적정하지 않다면 그 결정을 수정할 수 있는 '피드백(feedback) 가치'가 있어야 한다는 것이다.

◆ 회계정보의 '예측가치'

회계정보의 '예측가치'란 어떤 기업의 회계정보가 그 정보를 이용하는 사람들이 그 기업이 앞으로 어떻게 될 것인지 미리 예측하는 데 활용될 수 있는 능력을 말한다. 예를 들자면 어떤 기업의 주식에 투자하려는 사람이 그 기업의 회계정보를 분석해 보았을 때, 그 기업이 앞으로 어떻게 될 것인지 예상을 할 수 있어야 그 회계정보가 '예측가치'가 있다고 한다. 물론 그 사람이 현재 이용하고 있는 회계정보는 그 기업의 미래에 대한 정보가 아니라 이미 지나간 과거의 정보이므로 미래를 정확하게 나타내는 것이 아니다. 그러나 회계정보가 '예측가치'가 있으려면 그 정보가 과거 정보일지라도 그 정보를 비교분석해 보면 그 기업의 미래를 어느 정도 예측할 수 있어야 한다. 그렇지만 예측이란 언제나 틀릴 수 있는 가능성을 내포하고 있기 때문에 미래를 백퍼센트 정확하게 예측할 수 있는 있다는 것을 의미하는 것은 아니다.

◆ 회계정보의 '피드백 가치'

회계정보의 '피드백 가치'란 과거에 어떤 기업의 미래를 기대하고 투자를 하였던 사람이 그 기업이 발표한 최근의 회계정보를 보고 자신의 투자결정이 옳았는지, 아니면 잘못되었는지 확인하고, 잘 되었다면 계속 투자하고 잘못되었다면 손해를 보더라도 투자자금을 회수할 수 있도록 하는 능력을 말한다. 예를 들자면, 주식에 투자하기를 원하는 투자자가 어떤 기업이 앞으로 이익이 많이 날 것으로 기대하고 그 기업의 주식을 매입한 경우, 그 기업이 최근에 발표한 회계정보를 보았을 때 자신이 기대한 이상으로 이익이 더 많이 났으면 주가가 오를 것이라 판단할 것이고, 기대한 수준 이하로 이익이 적게 났거나 손실이 났으면 주가는 떨어질 것이라 생각할 것이다. 따라서 그 투자자는 최근에 발표된 회계정보를 보고 그 내용에 따라 주식을 계속 보유할 것인지 아니면 처분할 것인지를 결정하게 되는데 이것을 회계정보의 '피드백 가치'라 한다.

(2) 교회회계의 경우

교회회계의 경우 '목적적합성'이란 교회회계정보가 그 교회의 앞으로의 활동을 예측할 수 있는 '예측 가치'가 있어야 하고, 지난해에 계획하였던 일을 제대로 하였는지를 확인하고 앞으로의 계획을 수정할 수 있는 '피드백 가치'가 있어야 한다는 것이다.

◆ 교회회계의 '예측 가치'

교회회계에서 '예측 가치'란 교회회계정보를 이용하는 사람들이 회계정보를 보고 이 교회가 어떤 비전을 가지고 있으며, 그 비전을 이루기 위하여 어떤 활동을 하고 있으며, 그 활동의 결과에 대하여 하나님이 어떻게 역사하실 것인지를 예측할 수 있어야 한다는 것이다. 예를 들자면 어떤 교회에 관심을 가지고 있는 사람이 그 교회의 회계정보를 보았을 때 그 교회가 교육에 대한 비전을 가지고 있는지, 국내선교의 비전을 가지고 있는지, 해외선교의 비전을 가지고 있는지 등을 알 수 있어야 하고, 그 비전을 이루기 위하여 총 예산 중에서 어느 정도를 배정하고 있는지, 그리고 구체적인 활동내용은 무엇인지, 그리고 전체를 아울러 헤아려볼 때 그 비전을 이루어갈 수 있을 것인지를 알 수 있어야 한다는 것이다. 교인들이 교회의 비전을 알고, 그 비전을 이루기 위하여 어떤 활동을 해야 하고, 그 비전을 이루었을 때 우리 주님이 얼마나 기뻐할 것인지를 알아야 주님을 사랑하는 성도들이 그 비전을 자신들의 꿈으로 삼고 그 꿈을 이루기 위하여 기도하며 헌신할 것이다. 교회회계정보가 나타내고 있는 비전과 교인들이 가슴에 담고 있는 꿈은 구체적이어야 한다. 두루뭉술하게 대충 나타내면 그 비전은 나의 비전이 되지 않고 그 비전 속에서 나의 꿈을 찾을 수가 없다.

해외선교의 비전을 가지고 있는 어떤 교회의 경우를 예로 들어 '예측 가치'가 어떤 것인지 살펴보자. 이 교회는 인도네시아를 거점으로 회교 국가들에 복음을 전하는 비전을 가지고 있다. 이 교회는 인도네시아에 신학교를 세우고 그 신학교에서 인도네시아 현지인들에게 신학을 공부시켜 목사로 양성하여 복음을 전하도록 할 계획이다. 이 비전을 이루기 위하여 1단계로 신학교를 세울 부지를 매입하고, 2단계로 신학교 건물을 세우고 신학교 인가를 받고, 3단계로 신학생들을 모집하고, 전 학생들을 장학생으로 학교 기숙사에서 숙식을 하면서 공부를 마치도록 하고, 4단계로 졸업생들에게 목사 안수를 하여 목회활동을 활발하게 할 수 있도록 지원한다. 이 교회 교인들의 꿈은 인도네시아 땅에 이 교회가 양성한 현지인 목사들이 교회를 하나하나 세워나가도록 하는 것이다. 이 교회의 교인들은 하나님이 함께하시며 역사하실 때 이와 같은 해외선교에 대한 교회의 비전과 이 비전 속에서 자신들이 품고 있는 꿈이 이루어질 수 있다는 믿음을 가지고 기도하며 헌신할 것이다.

　미래를 바라보며 이루어갈 비전을 가지고 있지 않는 교회는 교인들을 방황하게 만들고, 교회의 비전 속에서 자신의 꿈을 세우고 헌신하지 않는 교인들은 그 심령에 생명력이 없다. 그러므로 교회가 제공하는 회계정보는 그 교회의 비전을 발견할 수 있는 '예측 가치'가 있어야 하며, 교인들은 그 회계정보 속에서 자신들의 꿈을 찾고 그 꿈을 이루기 위해 헌신하는 믿음을 가질 수 있어야 한다.

◆ 교회회계의 '피드백 가치'

　교회회계정보의 '피드백 가치'란 회계정보가 나타내고 있는 비전과 그 비전 속에서 자신의 꿈을 발견하고 그 꿈을 이루기 위하여 기도하고 헌신한 교인들이 교회회계정보의 결산을 보고 교회의 비전과 자신들의 꿈이 예상한 대로 이루어지고 있는지를 확인할 수 있어야 하고, 교회의 비전과 자신들의 꿈이 예상한 대로 이루어지고 있지 않다면 처음의 계획을 수정할 수 있어야 한다는 것이다. 자신들의 기도와 헌신으로 교회의 비전이 이루어지고 있고 자신들의 꿈이 실현되어가고 있다는 것을 확인한 교인들은 그 사실을 제단 앞에 올려놓고 먼저 하나님께 감사를 드릴 것이며 그들의 심령이 하나님이 주시는 은혜와 기쁨으로 충만하여 처음의 계획을 더욱 힘 있게 추진할 것이다. 그러나 만약 교회의 비전과 자신들의 꿈이 예상한 대로 이루어지지 않고 있다면, 앞으로 어떻게 하여야 그 비전과 꿈을 이루어갈 수 있는지 처음의 계획을 다시 점검하고 문제점을 파악하고 찾아낸 문제들을 하나님 앞에 내어놓고 자신들의 부족하였던 점을 회개하고 기도하며 그 계획을 수정하고 보완하여 이루어질 수 있도록 할 것이다.

앞에서 예로 든 해외선교의 비전을 가지고 있는 어떤 교회의 예를 들어 '피드백 가치'를 설명해 보자. 교회회계정보의 결산을 앞에 놓고 살펴본 결과 교회에서 추진하고 있는 비전이 신학교 설립 부지를 매입하는 1단계부터 예상대로 추진되고 있다면 이 일을 위하여 기도하며 헌신한 교인들은 지나간 한 해를 돌이켜보며 그들의 기도를 들어주시고 헌신할 수 있도록 축복해 주신 하나님께 감사를 드리며 하나님이 주시는 은혜와 기쁨을 함께 누릴 것이다. 그리고 그들은 교회의 비전을 이루어갈 수 있도록 역사하시는 하나님의 능력을 체험하고, 그들의 꿈을 하나님께서 이루어주실 것을 믿음의 눈으로 바라보며 더욱더 힘써 기도하고 헌신하며 더욱 힘차게 그 계획을 추진해 갈 것이다. 그러나 만약 신학교 부지를 매입하는 1단계 계획부터 예상대로 추진되지 않고 있다면, 헌금이 부족한 것인지, 땅 값이 갑자기 올라서 그런지, 부지를 매입하는 데 장애가 생겨서 그런 것인지 등과 같이 어떤 문제가 있는지를 파악하고 그 문제를 앞에 놓고 하나님께 기도할 것이며, 당초의 계획을 수정할 필요가 있을 때는 수정해 가며 추진해 갈 것이다. 교회가 제공하는 회계정보에 '피드백 가치'가 있을 때 이것이 가능한 것이다.

3. 신뢰성(reliability)
(1) '신뢰성'의 중요성

'신뢰성'의 문제는 기업회계뿐만 아니라 국가 대 국가 간의 문제, 정부와 국민 간의 문제, 조직과 구성원 간의 문제 등 사람이 관련되어 있는 모든 곳에서 중요한 요소로 작용한다. 만약 어떤 나라가 '신뢰성'이 없다면 나라들 사이에서 신용을 잃을 것이며, 정부가 '신뢰성'이 없다면 그 정부는 다음 선거에서 교체될 것이며, 조직이 '신뢰성'이 없으면 그 구성원들에게 믿음을 줄 수 없기 때문에 그 조직은 힘없는 조직으로 전락하여 서서히 사라져갈 것이다.

국가가 '신뢰성'을 잃으면 국민들이 어떤 고통을 당하는지 1997년 말 외환위기로 인해 IMF(국제통화기금)사태를 경험한 우리는 너무나도 잘 알고 있다. 그 당시 태국을 시발점으로 외환위기문제가 발생하자 세계 각국은 동남아시아 여러 나라의 외환보유고를 주시하였다. 그 당시 우리나라 정부는 보유하고 있는 외환보유액이 1,000억 달러 정도라고 공식적으로 발표했었다. 그러나 실제 외환보유액은 200억 달러도 안되었으며, 심지어 어떤 학자들은 40억 달러에 불과하였다고 말한다. 국가가 거짓말을 한 것이다. 그때부터 우리나라 은행이나 기업에 돈을 빌려준 외국 금융회사들이 앞다투어 돈을 회수하기 시작하였으며, 우리 정부는 부족한 외환보유액을 채우기 위해 세계 여러 나라에 뛰어 다니며 돈을 구걸하며 다녔다.

그러나 '신뢰성'을 잃은 국가에 누가 돈을 빌려주겠는가? 나라가 부도날 정도로 다급해진 정부는 할 수 없이 IMF에 손을 내밀 수밖에 없었고, 돈을 빌려준 IMF는 우리나라 경제를 진단한 후 은행과 기업의 체질을 강화해야 이 위기를 극복할 수 있다는 결론을 내렸다. 그래서 IMF는 돈을 빌려주는 대가로 은행과 기업의 강력한 구조조정을 요구했다. IMF사태로 말미암아 당시 많은 은행과 기업들이 문을 닫았으며, 살아남은 은행과 기업들도 국민들의 세금인 공적자금을 지원받는 대가로 혹독한 구조조정을 할 수밖에 없었다. 그 결과 실업자는 쏟아져 나오고 중산층이 무너져 빈곤층으로 전락하고, 부의 양극화가 심화되는 등 온 나라가 소용돌이 속에 휘말리고 국민들은 불안과 고통에 시달렸다. '신뢰성'을 잃어버리면 이와 같이 엄청난 대가를 치르게 된다.

(2) 기업회계의 '신뢰성'

　기업의 경우에도 마찬가지다. 기업에서 발표하는 회계정보가 '신뢰성'이 없으면 그 기업은 은행으로부터 돈을 빌릴 수 없고, 투자자들은 투자를 하지 않을 것이며, 채권자들은 투자한 자금을 회수할 것이며, 거래처는 신용거래를 하지 않을 것이므로 그 기업은 무너질 수밖에 없다. 기업이 생산한 회계정보가 '신뢰성'이 있을 때 그 기업의 이해관계자들이 회계정보를 이용하여 그 기업의 상태를 파악하고 그 결과에 따라 돈을 빌려주기도 하고 투자를 하기도 한다.

　회계정보에 '신뢰성'이 없으면 기업의 신용에 치명적인 손실을 가져다 줄 뿐만 아니라 회계정보를 이용하는 사람들에게도 막대한 피해를 주게 되고, 나아가 국가적으로도 경제발전에 지장을 초래하게 된다. 따라서 국가에서는 기업회계정보의 '신뢰성'을 확인할 수 있도록 공인회계사제도를 두고 있다. 공인회계사는 어떤 회사의 회계정보를 감사하여 그 회계정보의 '신뢰성'을 공적으로 확인해 준다. 내가 미국에서 회계학을 공부할 때 '회계감사과목'을 강의하는 교수께서 공인회계사는 목숨을 걸고 회계정보의 '신뢰성'을 확인해야 한다고 주장하며 자기가 공인회계사로 근무할 때 겪었던 경험 한 가지를 들려주었는데 그 이야기가 아직도 인상 깊게 남아 있다.

　그 교수가 젊은 시절 회계법인에서 공인회계사로 근무할 때 동료 공인회계사들과 함께 화학연료를 생산하는 어떤 기업에 대한 회계감사를 한 일이 있었다. 그 교수가 담당한 분야는 그 기업이 보유한 화학연료의 재고조사를 하는 일이었다. 그는 화학연료의 재고를 조사하기 위하여 높이가 20m가 넘는 곳에 설치된 화학연료저장 탱크까지 사다리를 타고 올라가야 했다. 한겨울이라 손은 얼고 바람은 세차게 부는데 그 높은 곳까지 올라가 재고조사를 하느라 죽을 뻔 하였다 한다. 만약 춥고 바람 분다고 재고조사를 소홀히 하여, 없는 화학연료 재고를 마치 있는 것처럼 작성한 재무제표를 공인회계사가 '적정'하다고 공시하였을 경우, '신뢰성'이 없는 그 회계정보를 믿고 이용하는 수많은 투자자와 채권자들이 막대한 피해를 볼 수 있다. 이로 인하여 증권시장은 충격을 받아 위축되고 해당기업은 자금을 공급받지 못하여 도산할 수도 있으며, '신뢰성' 없는 재무제표를 생산한 기업의 경영자와 그 재무제표를 '적정'하다고 인정해 준 공인회계사는 손해배상의 책임을 지게 될 것이다. 그러므로 공인회계사는 기업이 생산한 재무제표의 '신뢰성'을 높이기 위하여 목숨을 걸고 맡은 일을 감당해야 한다는 것이다.

(3) 교회회계의 '신뢰성'

교회회계의 경우 회계정보의 '신뢰성'이 어떤 의미에서는 기업회계의 경우보다 더 중요하다. 왜냐하면 교회회계가 '신뢰성'을 상실하면 회계정보가 유용하게 이용되지 못할 뿐만 아니라 믿음 위에 세워진 교회의 존재기반 자체가 상실될 수도 있기 때문이다. 하나님을 믿는 성도들이 모인 교회가 생산하는 회계정보이지만, 그 회계정보의 '신뢰성'을 강조하는 이유는 교회회계에서도 신뢰할 수 없는 회계정보가 존재할 수 있기 때문이다. 실제 교회회계가 제직회와 공동의회에 보고한 회계정보와 크게 다르다는 것이 밝혀진다면 교인들은 실망하여 헌금을 하고 싶은 마음을 잃게 될 뿐 아니라 신앙에 깊은 상처를 입게 될 것이다. 교회 헌금이 개인적인 용도로 유용된 것이 밝혀져 교회 안에 내분이 일어나고 교회가 소용돌이에 휩싸여 엄청난 어려움을 겪는 사례를 우리 주변에서도 흔히 볼 수 있다. 기업회계의 '신뢰성'이 상실되면 그 기업과 이해관계자들이 물질적으로 어려움을 겪게 되지만, 교회회계가 '신뢰성'을 상실하게 되면 주님의 몸 된 교회가 상처를 입고 천하보다 귀한 생명들이 교회를 떠나고 신앙을 잃어버리는 엄청난 일이 벌어질 수 있다. 그러므로 교회회계는 '신뢰성' 있는 회계정보를 생산하여 보고하여야 한다. 교회가 신뢰할 수 있는 정보를 생산할 때, 비로소 교인들은 믿음의 눈으로 교회를 바라보고 그 회계정보를 통하여 하나님의 일을 이루어갈 것이다.

◆ **신뢰성이 있는 회계담당자의 선정**

회계정보는 사람이 만든다. 하나님이 사람을 창조하신 후에 하나님은 그 사람을 믿고 에덴동산을 맡겼다. 그러나 사람은 하나님의 말씀을 믿지 않고 피조물인 뱀의 말을 믿고 순종하여 하나님과의 신뢰관계를 깨뜨리고 죄를 범하였다. 죄가 사람에게 들어온 후 사람은 탐욕으로 인하여 사람과의 관계에서도 신뢰를 깨뜨린다. 하나님과의 관계가 단절된 사람은 본질적으로 죄의 유혹에서 벗어날 수가 없다. 그래서 사람들은 다른 사람과 거래를 할 경우에 그 사람의 '신뢰성'을 알려고 노력한다. 특히 다른 사람의 돈을 맡아 관리하는 금융업의 경우에는 '신뢰성'이 없으면 문을 닫아야 한다. 금융업은 사람이 한다. 그러므로 금융업을 하는 사람의 '신뢰성'은 아주 중요하다.

오래전의 이야기지만 세계 금융업을 선도하던 당시 영국에서는 금융업에 종사하는 사람의 신뢰성을 평가하는데 그 사람의 복장까지도 참고하였다. 금융업에 종사하는 사람은 옷을 입어도 무거운 색상의 옷을 입어야 하고 양말을 신어도 검은색이나 회색 계통의 양말을 신어야 믿을 만하다고 인정받는다. 만약 그 사람이 밝고 가벼운 색상의 옷을 입거나 희고 붉은 색깔과 같이 튀는 색상의 양말이나 구두를 신을 경우 그 사람을 믿을 수 없는 사람으로 평가하고 신용을 바탕으로 하는 금융업에 부적합한 사람으로 간주하였다. 그래서 금융업에 종사하던 내가 국제금융세미나에 참석하기 위하여 영국으로 출장을 가야할 일이 생겼을 때, 영국 사무소에 근무하고 있던 동료직원들이 영국에서 내가 입을 옷이나 양말, 넥타이 등에 대하여 미리 알려준 일이 있었다. 사람이 '신뢰성'이 없으면 그 사람이 하는 일을 믿을 수가 없다는 것이다. 회계정보를 만든 사람이 신뢰성이 없으면 그 회계정보를 신뢰하기가 어렵다.

따라서 교회에서는 회계정보를 생산하는 회계담당자를 임명할 때 다른 직분자의 임명보다 더 각별히 신경을 쓴다. 회계담당자를 선정할 때 담당할 사람의 믿음을 최우선적으로 보겠지만 아울러 그 사람의 정직성과 신뢰성과 전문성을 함께 살펴보아야 한다. 회계담당자가 성실하게 회계를 잘 감당할 수 있을 때, 그 사람이 생산한 회계정보도 교인들이 신뢰하게 되는 것이다. 남을 속이거나 욕심이 지나치거나 성실하지 못한 사람에게 교회회계를 맡기면 그 사람이 생산한 회계정보의 '신뢰성'이 떨어지게 된다. 회계정보의 '신뢰성'이 떨어지면 그 회계정보는 교인들에게 교회의 비전을 제시하는 힘을 잃게 되고 교인들이 그 비전 속에서 가꾸어야 할 꿈을 찾을 수 없게 된다. '신뢰성'이 떨어진 정보는 교회에 많은 해악을 주므로 쓰레기보다 못하다.

교회공동체에서 하나님의 역사로 이루어진 교회회계정보를 담당하는 회계담당자가 하나님 앞에 범죄할 때 그 사람뿐만 아니라 그 공동체 전체가 하나님의 진노로 어려움을 겪게 된다. 그러므로 교회마다 회계담당자를 선정할 때는 아주 세심한 주의를 기울인다. 오늘날 대부분의 교회에서 회계담당자를 임명할 때 초대교회의 전통을 이어받아 안수집사들 중에서 선정한다. 초대교회의 안수집사 선정조건은 요즈음보다 훨씬 더 엄격하였다. 디모데전서 3장에 집사의 조건을 다음과 같이 말씀하고 있다. 정중하고 거짓말 하지 아니하고 깨끗한 양심을 가지고 있고 술을 즐기지 아니하고 사람을 구타하지 않고 관용하며 다투지 아니하며 돈을 사랑하지 아니하며 자기 집을 잘 다스리고 새신자도 안 되며 교회 밖에서도 평이 좋은 자라야 집사(안수집사를 말함)가 될 수 있다고 말씀하고 있다. 이와 같이 회계를 담당하는 집사를 선정할 때 믿음이 좋은 자라고 간단하게 말하지 않고 조건을 구체적으로 일일이 나열하여 까다롭게 하는 이유는 회계담당자의 '신뢰성'이 교회에 미치는 영향이 매우 크기 때문이다.

◆ 교회회계정보의 '신뢰성'을 높이기 위한 견제시스템과 감사제도

교회는 교회회계정보의 '신뢰성'을 높이기 위해 회계 담당자도 잘 뽑아야 하지만 '신뢰성'을 유지할 수 있는 견제시스템과 감사제도도 확립해야 한다. 견제시스템은 회계정보의 신뢰성을 사전적으로 확보하는 장치며, 감사제도는 사후적으로 '신뢰성'을 유지시키는 장치다.

회계정보의 '신뢰성'을 유지하기 위한 견제시스템이란 헌금을 수납하거나 이동하거나 처리할 때 단독으로 취급해서는 안 되며 언제나 2인 이상이 함께 취급하도록 하고, 당일 헌금수납의 결과는 내부결제 과정을 거쳐 당일 확인하고, 장부상의 현금 잔고와 은행 예금통장의 잔액을 결제과정에서 반드시 확인하는 것과 같은 시스템을 말한다. 회계에 관한 이론을 모르는 사람들은 이와 같은 견제시스템에 대하여 회계를 담당하는 성도들 간에 불신을 조장하는 것으로 생각하고 불쾌하게 생각하는 사람들이 가끔 있다. 그러나 적어도 회계담당자들은 이 견제시

스템이 오히려 교인들 간에 불필요한 불신을 사전에 차단시키고 하나님 앞에서나 사람들 앞에서 자신들을 보호하는 기능이 있음을 이해해야 한다.

출애굽기 7장에는 이스라엘 백성들이 하나님의 역사로 여리고성을 무너뜨렸을 때 획득한 모든 물건을 하나님께 바쳐 여호와의 곳간에 들이도록 되어있었으나, 갈미의 아들 아간이 그 물건들 중에서 '시날산의 아름다운 외투 한 벌과 은 이백 세겔과 오십 세겔 중의 금덩이 하나'를 탐내어 몰래 취하여 자신의 장막 가운데 땅 속에 감추어둔 사건에 대한 이야기가 있다. 이 사건으로 이스라엘 백성들은 여리고성보다 훨씬 작은 아이성을 칠 때 크게 패하여 서른여섯 명쯤 죽고 쫓겨 도망하는 일이 발생한다. 이 일로 인하여 이스라엘 백성들의 마음이 녹아 물같이 되었고 주변 가나안 사람들의 사기가 올라 이스라엘 백성들을 둘러싸고 쳐서 멸할 것 같은 분위기가 조성되었다. 이스라엘 백성들이 그 원인을 찾은 결과 아간이 하나님 앞에 바친 것을 도적질하여 하나님이 그들과 함께 하지 않았기 때문임을 알았다.

이스라엘 백성들은 하나님의 명령대로 아간과 그의 모든 가족과 소유를 아골 골짜기로 끌고 가서 돌로 치고 불살라 그 위에 돌무더기를 쌓았고 이 후로 여호와께서 극렬했던 분노를 그쳤으며 그들은 다시 하나님의 도우심을 입어 가나안 땅을 정복해 나갈 수 있었다. 이 사건을 통하여 우리는 교회회계에 대한 중요한 교훈을 얻을 수 있다. 하나님의 백성들이 개인적으로 도적질하는 것은 그 개인이 대가를 치르면 된다. 그러나 하나님 앞에 바친 헌금을 맡은 교회회계담당자가 그 헌금을 도적질하면 그 사람의 개인적인 문제로 한정되지 않는다. 먼저 교회 공동체가 파괴되고, 다음으로 그 가족이 파멸되고, 최종적으로는 그 자신이 멸망하는 무서운 결과를 초래하게 된다. 교회회계의 견제시스템은 이런 모든 불미스러운 일들을 사전에 예방하는 역할을 하므로 모든 교인들이 자연스럽게 받아들이고 인정해야 한다.

반면에 감사제도는 회계정보의 '신뢰성'을 사후적으로 유지시켜주는 제도다. 교회의 감사가 하는 일은 크게 대별하여 업무감사와 회계감사로 나눌 수 있다. 업무감사는 각 부서가 교회의 사업계획에서 벗어남이 없이 교회예산을 사용하여 일하고 있는지를 확인하고 크게 벗어날 경우 시정하도록 하는 감사다. 회계감사는 교회헌금의 수입과 지출과 현금잔고에 대하여 감사하는 것이다. 예를 들자면 불시에 회계에서 관리하고 있는 회계장부상의 현금 잔고가 일자별로 은행의 통장잔고와 정확하게 일치하는지를 확인하고, 현금의 사용내역과 영수증이 일치하는지, 그리고 적정하게 사용되었는지를 확인하고 고쳐야 할 점이 있으면 시정하도록 하고 보완하여야 할 점이 있으면 사후적으로라도 보완하도록 하여 회계정보의 '신뢰성'이 유지될 수 있도록 하는 것이다. 감사가 성실하게 역할을 잘 감당할 때 감사가 확인한 회계정보는 교인들로부터 '신뢰성'을 얻을 수 있기 때문에 어떤 의미에서는 감사는 회계담당자들이 한 일에 대하여 믿을 수 있다는 보증을 해 주는 것이라 볼 수 있다.

이와 같이 교회회계제도에 견제시스템과 감사제도를 도입하는 이유는 사람을 불신하여서라기보다 교회회계의 '신뢰성'을 확보할 수 있는 환경을 사전적으로 마련하는 한편, 사후적으로 '신뢰성'을 확인해 줌으로써 회계를 담당하는 성도들을 보호하고 그들이 생산한 정보의 신뢰성을 객관적으로 인정해 주고자 하는 데 있다.

4. 비교가능성(comparability)

'비교가능성'이란 무엇이 더 많다 더 적다, 또는 더 좋아졌다 더 나빠졌다고 판단하려면 상대적인 평가기준이 있어야 한다는 것이다. 예를 들어보자. 철이는 초등학교 1학년인데 키가 98cm이다. 이 정보만 가지고는 철이의 키가 어떻다는 것인지 알 수 없다. 철이의 키가 얼마나 자랐는지를 알려면 철이의 키가 작년 말보다 2cm가 더 자랐다든지, 지난달보다 1cm 더 컸다든지, 철이 본인의 키를 시기별로 상대적으로 비교해야 한다. 그리고 철이의 키가 그 나이에 비해 큰 키인지 작은 키인지를 알려면 철이와 같은 나이의 아이들의 키와 비교하든지, 철이와 같은 반 아이들 중에서 철이가 큰 편인지 작은 편인지, 그리고 그 반 아이들의 평균키는 얼마인지 등의 정보를 알아야 알 수 있다. 또 철이의 키를 잴 때는 같은 조건에서 키를 재야 한다. 작년에는 신발을 벗고 키를 재고, 금년에는 신발을 신고 키를 재면, 작년과 금년의 키를 비교할 수 없다. 작년에 신발을 벗고 키를 쟀으면 금년에도 신발을 벗고 키를 재야 작년보다 금년에 키가 얼마나 자랐는지 알 수 있다. 이와 같이 '비교가능성'이란 어떤 정보가 유용한 정보가 되려면 상대적으로 비교할 수 있어야 하고, 또 같은 조건하에서 비교할 수 있어야 한다는 것이다.

(1) 기업회계정보의 '비교가능성'

기업회계에서 '비교가능성'이란 회계정보가 유용한 정보가 되려면 상대적으로 평가할 수 있어야 한다는 것이다. '어떤 기업의 이익이 100억 원이 났다'라는 정보만 가지고는 그 기업의 이익이 어떻다는 것을 이야기할 수 없다. 이 기업의 이익이 많이 났는지 적게 났는지를 알려면 전년도 이익 60억 원보다 40억 원이 더 증가되었다든지, 지난 달보다 이익이 10억 원 증가되었다든지 시기별로 비교해 보아야 쉽게 알 수 있다. 그리고 이익 100억 원이 기업들 사이에서 많은 것인지 적은 것인지를 알려면 비슷한 규모의 경쟁업체의 이익과 비교하든지 같은 업종의 기업들의 평균 이익과 비교해 보아야 알 수 있다. 만약 이 기업과 경쟁관계에 있는 비슷한 규모의 기업의 이익이 200억 원이라든지, 같은 업종의 기업들의 평균 이익이 150억 원이라면 이 기업의 이익 100억 원은 상대적으로 적게 난 편이다. 또 이 기업의 이익을 비교할 때는 같은 조건하에서 비교해야 한다. 작년도 이익은 법인세를 차감한 것이고 금년도의 이익은 법인세를 차감하기 전의 이익이라면 작년도 이익과 금년도 이익을 서로 비교할 수 없다. 작년도 이익이 법인세를 차감한 이익이라면 금년도 이익도 법인세를 차감한 이익이어야 비교할 수 있다.

이와 같이 기업회계정보의 '비교가능성'은 그 기업 내에서 기간별로 비교할 수 있어야 하고, 또 다른 기업과도 비교할 수 있어야 한다는 것이며, 이런 비교가 가능하려면 같은 조건에서 비교해야 한다.

(2) 교회회계정보의 '비교가능성'

기업회계정보와 마찬가지로 교회회계정보도 '비교가능성'이 있어야 한다. 다만 교회회계정보는 기업회계정보와 성격이 다르므로 그 성격에 맞게 '비교가능성'이 있어야 한다.

교회회계정보는 먼저 금년도 예산과 그 예산의 수입 및 사용실적을 월별, 분기별, 반기별 또는 연간 서로 비교할 수 있어야 한다. 예산 대비 실적을 기간별로 비교할 수 있어야 당초 교인들이 비전을 품고 기도하며 꿈꾼 계획들이 어떻게 진척되고 있는지 알 수 있고, 그 내용에 따라 교회의 비전과 자신들의 꿈이 이루어지도록 구체적으로 기도할 수 있다.

다음으로 교회회계의 실적을 연도별로 비교할 수 있어야 한다. 연도별로 실적과 그 내용을 비교할 수 있어야 교회가 얼마나 양적으로 질적으로 성장하였는지를 알 수 있다. 교인들은 비교할 수 있는 정보에서 기도의 결실을 확인할 수 있고, 그 결실에 대한 감사의 조건을 찾을 수 있으며, 함께 기도할 제목을 발견할 수 있다. 그리고 이런 과정을 통하여 온 교인들이 모두 주님 안에서 하나라는 것을 확인할 수 있다. 교회회계정보를 비교할 수 없으면 회계정보에 대한 의미를 발견할 수 없어 교회는 교회대로, 성도들은 성도들대로 서로 무관심한 상태가 되고 일을 추진하는 데 힘이 없는 교회가 되기 쉽다.

연도별 실적을 비교할 때는 비교 항목들의 내용과 조건이 동일하여야 한다. 예를 들자면 전년도 감사헌금 실적에는 일반 감사헌금, 추수감사헌금, 부활절감사헌금 등의 감사헌금이 모두 포함되어 있고, 금년도 감사헌금에는 일반 감사헌금만이 포함되고 추수감사헌금이나 부활절감사헌금이 제외되어 있다면 전년도와 금년도의 감사헌금을 서로 비교할 수 없다. 감사헌금의 내용이 전년도와 금년도가 일치될 때 서로 비교할 수 있으며, 이렇게 비교한 내용을 살펴보면 교인들의 삶에 감사의 조건들이 얼마나 풍성하게 나타나고 있는지 파악할 수 있다.

제 4 절 교회회계정보의 한계

1. 믿음의 역사를 완전하게 반영하지 못한다

기업활동의 결과는 기업회계로 명확하게 나타낼 수 있다. 왜냐하면 기업의 모든 활동은 돈으로 측정할 수 있고 그 결과도 돈으로 나타낼 수 있기 때문이다. 그러나 교회활동의 결과는 회계정보로 충분히 나타낼 수 없다. 기업에서와 마찬가지로 교회활동을 할 때도 돈을 사용하지만 기업과 달리 교회활동은 돈보다 오히려 그 일을 담당하고 있는 교인들의 기도와 헌신이 앞서야 한다. 기도와 헌신이 수반된 교회활동에는 믿음의 역사가 일어난다. 믿음의 역사가 일어날 때, 절망하고 좌절한 사람이 소망을 가지고 힘차게 일어서기도 하며, 슬픔과 고통으로 괴로워하는 사람이 위로와 평안을 얻기도 하고, 병든 자가 고침을 받기도 하고, 가난한 자가 부자가 되기도 하고, 무명한 자가 유명한 자가 되기도 하고, 걸레 같은 인생이 거룩한 하나님의 백성이 되기도 한다. 교회활동의 결과는 눈으로 볼 수 있는 것보다 눈으로 볼 수 없는 것이 더 많다. 교회회계정보에는 이와 같이 믿음의 역사로 이루어진 결과를 주석란에 설명의 형식으로 최대한 반영하려고 하지만 완전히 반영하기는 어렵다.

2. 기도와 헌신의 내용을 충분히 반영하지 못한다

교회활동에는 교회예산이 배정된다. 어떤 부서에서 계획하고 있는 활동을 시작할 때 그 활동을 위하여 자연스럽게 예산이 사용되지만, 그 부서에서는 계획에 따라 활동을 시작하기 전에 기도할 것이며 계획을 추진할 때도 기도하고 헌신할 것이며 활동을 마친 후에도 감사하며 기도할 것이다. 교회회계는 교회활동을 하기 위하여 배정된 예산과 사용실적을 금액으로 나타내고 필요한 경우 그동안 활동한 내용을 주석으로 기록하지만, 그 활동을 추진하는 동안 하나님 앞에 드린 기도와 헌신의 내용까지 충분히 반영하지는 못한다.

교회회계의 재무제표

기업회계의 결과로 작성된 재무제표에는 재무상태표, 손익계산서, 현금흐름표, 자본변동표와 주석의 다섯 가지가 있다. 이중에서 재무상태표는 기업의 자산과 부채 및 자본을 나타내고, 손익계산서는 수익과 비용을 대비시켜 경영성과를 이익으로 나타낸다. 그리고 현금흐름표는 그 기업이 현금을 어디서 조달하여 어떻게 사용하였는지를 나타내며, 자본변동표는 기업의 소유주의 자본이 어떤 요인에 의하여 어떻게 변동하였는지를 나타내고, 주석은 재무제표에 표시된 항목에 대한 설명, 금액의 세부내역과 여러 가지 추가적인 정보를 별지에 기술한다.

그러나 교회회계의 결과로 작성되는 재무제표에는 예산 대비 현금흐름표, 재무상태표와 주석의 세 가지가 있다. 기업회계의 재무제표 중에서 손익계산서와 자본변동표가 빠진다. 왜냐하면 교회회계에는 손익계산서가 나타내는 수익, 비용, 손실과 이익의 개념이 없고, 자본변동표가 나타내는 기업 소유주의 자본의 개념이 없기 때문이다.

제1절 예산대비 현금흐름표

1. 예산대비 현금흐름표의 의미

예산대비 현금흐름표란 한 해 동안의 교회의 사업계획을 항목별로 구분하여 각 항목마다 배정된 예산액과 그 예산에 대한 수입 및 사용실적을 대비하여 나타낸 재무제표를 말한다. 현금흐름표는 현금이 들어오는 수입부와 현금이 나가는 지출부로 크게 나누어진다.

2. 교회예산의 결정

교회예산의 결정과정을 절차상으로 살펴보면 일반적으로 당회에서 선출한 예산위원회가 정책당회에서 결정한 정책목표를 반영하여 예산안을 작성하고, 그 예산안은 제직회와 공동의회의 의결을 거쳐 확정된다.

정책당회가 결정하는 정책목표는 교회의 비전을 나타낸 것이다. 따라서 정책당회는 교회가 이루어나가야 할 비전을 가지고 있어야 하고 그 비전을 이룰 수 있는 실천적인 방안을 알고 있어야 한다. 그리고 그 비전을 교인들과 함께 공유하여야 한다.

정책당회에서 결정한 교회의 비전에 대하여 먼저 제직회가 이해하고 함께 공유하여야 하며, 다음으로 공동의회가 알아야 한다. 그리고 각 구역장들을 통하여 구역별 모임마다 그 비전을 놓고 기도할 수 있도록 해야 하고, 교회활동을 담당하는 각 부서마다 그 비전을 구체적으로 이루기 위하여 기도하며 헌신할 수 있도록 해야 한다. 왜냐하면 교인들은 교회의 비전을 바라보고 그 비전 속에서 자신들의 꿈을 품게 되고 그 비전과 꿈을 이루기 위하여 기도하고 헌신할 때 하나님의 역사를 기대할 수 있기 때문이다.

3. 수입부: 믿음으로 드린 예물

수입부는 한 해 동안의 교회의 헌금수입에 대한 예산과 실적을 항목별로 대비하여 나타낸다. 수입부의 주요 항목에는 십일조, 감사헌금, 주일헌금과 같은 경상헌금과 추수감사헌금, 성탄절헌금, 부활절헌금 등의 절기헌금과 부흥회헌금, 특별선교헌금, 교회건축헌금 등의 특별헌금이 있다.

4. 지출부: 교회활동의 결실

지출부는 한 해 동안의 교회의 헌금 지출에 대한 예산과 그 예산의 사용실적을 항목별로 대비하여 나타낸다. 교회는 그 활동을 원활히 하기 위하여 활동의 성격별로 위원회를 구성하고, 그 위원회의 활동을 나누어 그 활동을 담당할 부서를 조직한다. 교회의 지출예산도 각 위원회 소속 부서별로 배정되며 지출도 부서별로 이루어진다. 교회의 조직은 교회의 규모에 따라 그리고 교회의 운영방침에 따라 달라질 수 있다. 어떤 교회는 위원회의 조직이 없으며, 어떤 교회는 부서조차 없는 교회도 있다. 교회조직의 측면에서 만들 수 있는 위원회의 종류로는 예배위원회, 선교위원회, 전도위원회, 교육위원회, 새신자위원회, 사회위원회, 외국인선교위원회, 총무위원회, 재정위원회, 교회건축위원회 등이 있으며 교회의 규모와 비전과 교회실정에 따라 위원회를 늘리거나 줄일 수 있다.

특히 지출부의 각 위원회는 위원회별로 구체적인 비전을 가지고 있어야 한다. 그 비전에 따라 그 비전을 이루어갈 부서를 조직하고 그 부서들은 부서 자체의 꿈을 가지고 그 꿈을 이루기 위하여 활동한다. 각 위원회가 자체의 비전을 이루기 위하여 부서들의 활동을 점검하고 도와주고, 각 부서들은 그들의 활동을 위원회에 보고하고, 위원회는 그 위원회 소속의 각 부서별 활동의 결과를 당회에 보고함으로써 전 교회가 유기적으로 하나가 되어 움직이게 된다. 이와 같이 교회의 각 지체가 유기적으로 하나가 되어 교회의 비전을 위하여 활발하게 움직이고 함께 기도하고 헌신할 때 교회의 비전이 이루어지게 된다.

제2절 재무상태표

　기업회계의 재무상태표는 일정한 시점 현재(예: 2010년 12월 31일 현재) 그 기업의 재무상태 즉 그 기업이 소유하고 있는 모든 자산과 그 기업이 갚아야 할 모든 부채와 주주들의 권한을 나타내는 자본에 대한 정보를 제공하는 재무제표다. 다시 말해서 그 기업이 어디에서 어떻게 자금을 조달하여, 어떻게 그 자금을 운용하고 있는지를 나타내는 보고서다.
　그러나 교회회계는 기업회계와 달리 자본과 이익의 개념이 없고, 현금주의에 따라 회계처리를 한다. 따라서 교회회계의 재무상태표가 제공하는 정보는 기업회계의 경우와 다르다. 교회회계의 재무상태표도 기업회계의 경우와 마찬가지로 일정한 시점 현재(예: 2010년 12월 31일 현재) 교회가 소유하고 있는 재무상태를 나타내지만, 제공하는 정보는 교회가 소유하고 있는 자산과 상환하여야 할 부채에 대한 현황 정도로 극히 제한적이다.

1. 자산: 교회활동에 활용할 자원
(1) 재무상태표상에 나타나는 자산의 범위

　자산은 교회가 소유하고 있는 토지, 건물, 차량, 임차보증금, 집기, 비품, 소모품 등을 말한다. 기업에서는 자산이 수익을 창출하는 자원이 되기 때문에 기업이 소유하고 있는 모든 자산을 재무상태표에 기록하여야 한다. 왜냐하면 기업의 주주들의 최대의 관심사가 그 기업이 보유하고 있는 자산을 운용하여 얼마의 이익을 창출하였는지 그리고 앞으로 얼마의 이익을 창출할 수 있을 것인지를 아는 것이기 때문이다.
　그러나 교회는 이익을 추구하는 조직이 아니기 때문에 교회회계가 제공해 주는 자산에 대한 정보의 범위도 기업의 경우와 다를 수밖에 없다. 왜냐하면 교회회계에서 재무정보에 관심이 있는 사람들은 교인들이며, 교인들은 섬기는 교회가 예배를 드리고, 가르치고, 섬기는 등 교회활동을 하는데 사용할 수 있는 자산을 어느 정도 보유하고 있는지 알고 싶어하므로 재무상태표에서도 교회가 보유하고 있는 주요 자산의 현황에 관한 정보를 제공한다. 그러므로 기업회계에서 나타내는 자산의 범위보다 훨씬 제한적일 수밖에 없다.

따라서 교회회계에서 제공해 주는 재무상태에 관한 정보도 교인들의 필요와 교회 자산의 관리를 위하여 교회의 실정에 맞게 정보의 내용을 적절히 조정할 필요가 있다. 왜냐하면 교회가 보유하고 있는 자산의 경우 토지, 건물, 집기 등과 같이 1년 이상 사용할 수 있는 것에서부터 소모품과 같이 얼마 사용하지 못하는 것에 이르기까지 다양하기 때문에 교회의 실정에 맞게 적정한 수준에서 정보를 제공할 필요가 있다. 왜냐하면 교회가 소유하고 있는 모든 자산을 상세히 파악하여 정확하게 정보를 제공하는 데는 시간과 비용이 들어가고 실효성도 적기 때문이다.

(2) 교회 자산의 표시 금액

교회회계의 재무상태표에 표시되는 자산의 금액은 매입금액(건축을 한 경우는 건축비용)이나 이 매입금액에서 시간이 지남에 따라 가치가 감소한 분(회계학에서는 감가상각비라 함)을 차감한 금액으로 나타낸다. 자산은 종류에 따라 시간이 지남에 따라 가치가 감소하는 자산이 있는가 하면, 가치가 전혀 감소하지 않고 상황에 따라 오히려 가치가 증가하는 자산이 있다. 자산 중에서 토지와 같은 경우는 가치가 감소하기 보다는 오히려 증가하는 자산에 속하고, 그 이외의 모든 자산은 시간이 지남에 따라 가치가 감소한다. 회계학적으로는 재무상태표에 나타나는 자산의 금액은 토지와 건축 중인 자산을 제외한 모든 자산에 대하여 그 자산의 매입금액에서 감가상각비를 차감한 금액으로 나타낸다. 예를 들자면 교회건물을 100억 원에 건축(토지는 제외)하였는데 이 건물을 50년 동안 사용할 수 있다면 단순하게 생각해서 이 건물의 가치는 매년 2억 원씩(100억 원을 50년으로 나눈 금액) 줄어든다고 볼 수 있다. 이 건물을 지은 지 25년이 지나면 재무상태표에 표시되는 건물의 가액은 그 절반인 50억 원이어야 이 건물에 대한 정보를 비교적 정확하게 나타낼 수 있다.

그러나 이와 같이 교회 자산의 금액을 매입금액에서 감가상각비를 차감하고 재무상태표에 나타내는 방법은 정보의 정확성이라는 측면에서는 타당하나, 현실적으로는 적용하기가 어렵고 실익이 적다. 먼저 감가상각비를 산출하려면 자산마다 그 자산을 얼마 동안 사용할 수 있을지(내용연수라 함)를 알아야 하고, 사용이 끝난 후 남아 있는 그 자산의 가치(잔존가액)를 알아야 한다. 그리고 그 자산의 감가상각을 매년 같은 금액으로 상각할 것인지, 초기에는 감가상각을 많이 하고 뒤로 갈수록 적게 할 것인지, 아니면 사용량에 비례하여 감가상각을 할 것인지 등과 같이 감가상각방법을 결정하여야 한다. 이와 같이 교회의 모든 자산에 대하여 감가상각비를 산출하는 데는 회계전문가들이 필요하며 따라서 시간과 비용이 많이 들어간다.

그리고 교회 자산에 대하여 감가상각비를 차감한 정보를 제공하여도 그 정보를 이용하는 데 따른 효용성이 적다. 이윤을 추구하는 기업의 경우에는 자산을 이용함으로써 발생되는 가치감소분을 산출하여 감가상각비라는 비용으로 계산하여 넣어야 이익을 정확하게 산출할 수 있기 때문에 감가상각비의 산출이 절대적으로 필요하지만, 교회의 경우는 이익을 추구하는 곳이 아니기 때문에 감가상각비를 알아야 할 실익이 적다.

따라서 재무상태표 상에 표시되는 교회 자산의 금액은 매입가액으로 하되, 그 자산에 대한 추가적인 정보(예: 매입연도, 교체시기 등)를 주석에 표시해 그 자산을 폐기할 때를 대비할 수 있도록 하는 정도로 자산의 금액과 그 자산에 대한 정보를 나타내는 것이 적절하다고 생각된다.

(3) 교회 자산의 특수성

교회의 자산이 일반기업의 자산과 세상적인 기준으로 비교해 보면 같아 보이지만 신앙적으로 보면 전혀 다르다.

① 자산의 매입 자금의 원천과 보유하고자 하는 동기가 다르다.

기업 자산의 매입 자금은 그 기업으로부터 이익을 얻기 위하여 투자자나 채권자들이 제공하는 것이지만, 교회 자산의 매입 자금은 하나님의 뜻에 순종하여 섬기며 헌신하려는 교인들의 헌금으로 이루어진 것이다. 기업이 자산을 보유하고자 하는 동기는 그 자산을 운용하여 될수록 많은 이익을 창출하여 경영자를 포함한 직원들에게 혜택을 주고 그 기업의 주인인 주주들에게 그 이익을 나누어 주기 위한 것이다. 그러나 교회가 자산을 보유하는 동기는 하나님 앞에 예배를 드리고 기도를 드리고 찬양을 드리며 섬기고 헌신하며 하나님이 원하시는 일을 하기 위해서다. 그러므로 교회가 보유하고 있는 자산은 그 규모가 클수록 교인들의 봉사와 헌신을 더 많이 필요로 한다.

② 자산의 용도가 다르다.

　기업의 자산은 부를 생산하고 이익을 창출하므로 자산의 가치가 감소된 부분만큼 비용으로 처리하여 기업 내부에 남아 있도록 하고 있어, 그 자산이 수명이 다 되어 폐기 되더라도 새로운 자산을 다시 매입할 자금이 자체적으로 충당된다.

　그러나 교회 자산은 아무런 대가 없이 누구든지 와서 예배를 드리고 말씀을 들으며 찬송을 드리고 기도하는 장소로 사용되기 때문에 시간이 지날수록 일방적으로 가치가 감소될 뿐이다. 교회는 돈 없이 값없이 영원한 것을 먹을 수 있는 곳이기 때문에 교회의 자산은 교회를 찾는 사람 누구에게나 대가 없이 서비스를 제공하므로, 오직 이익을 추구하는 기업의 자산과는 본질적으로 다르다. 이 문제에 대하여 하나님은 돈을 버는 일에 몰두하며 살아가는 세상 사람들이 상상할 수 없는 말씀을 하고 있다. "오호라 너희 모든 목마른 자들아 물로 나아오라 돈 없는 자도 오라 너희는 와서 사 먹되 돈 없이, 값없이 와서 포도주와 젖을 사라"(사 55:1) 모든 교회 자산은 하나님의 백성들이 하나님 앞에 드린 것이므로, 하나님의 뜻에 따라 사용된다. 그러므로 교회 자산은 세상 사람들이 소유하고 있는 자산과 다르며 그 이름을 별도로 구별하여 부른다. 교회 건물을 세상 사람들이 소유하고 있는 건물과 구별하여 성전이라 부르고 교회에서 사용하는 비품을 성구라 부른다.

③ 교회 자산에 대한 세금부과 문제

　국가나 지방자치단체가 어떤 자산에 대하여 그 자산의 소유자에게 세금을 부과하는 이유는 자산의 소유자가 그 자산으로부터 서비스를 제공받거나 그 자산으로 인하여 이득을 얻기 때문이다. 개인이 주택에 대하여 세금을 내는 것은 그 주택으로부터 서비스를 제공받고 있기 때문이며, 기업이 소유하고 있는 건물에 대하여 세금을 내는 것은 그 건물을 이용하여 이익을 창출하고 있기 때문이다.

그러나 교회의 경우는 전혀 다르다. 교회가 서비스를 제공하는 대상은 불특정 다수인이다. 교회는 아무런 대가 없이 누구라도 와서 예배를 드리며 기도를 드리고 찬송을 부르며, 메마른 영혼이 위로와 평안을 얻는 곳이며, 가난한 사람들을 구제하며, 병든 사람을 치료하며, 고통받는 사람들이 안식을 얻는 곳이며, 이 나라와 이 민족의 안녕을 위하여 날마다 하나님 앞에 부르짖으며 기도하는 곳이다. 이와 같은 역할을 국가가 할 수 있는가? 교회는 국가가 마땅히 해야 할 일이지만 할 수도 없고 하지도 못하는 일을 하고 있는 곳이다. 이런 의미에서 국가는 교회로부터 세금을 징수할 이유가 없으며, 오히려 교회가 이런 역할을 원만하게 잘 감당할 수 있도록 지원할 필요가 있다.

2. 부채: 교회가 상환해야 할 의무

부채는 교회가 하나님 앞에 계획한 일을 추진하는 과정에서 부족한 자금을 외부로부터 차입한 자금이며 교인들의 헌금으로 상환해야 할 채무다. 교회회계는 현금주의가 원칙이기 때문에 헌금이 들어온 범위 안에서 지출이 이루어지는 것이 타당하다. 그러나 교회 건축과 같이 거액의 자금이 소요되는 공사에서는 교회가 한꺼번에 거액의 자금을 마련할 수 없기 때문에 교회 실정에 맞게 건축비용 중에서 일부를 외부로부터 차입하여 사용하고 점차 상환해 나가는 경우가 생긴다. 교회가 만약 부채를 가지고 있다면 대부분의 이유는 교회 건축 때문이다.

제 3 절 주석(footnote): 보충적인 설명

주석은 재무제표에 표시된 항목에 관한 상세한 설명이나, 표시된 금액의 세부내역이나, 재무제표에 표시되지 않은 추가적인 정보를 첨부된 별지에 설명하거나 도표로 기술한 것을 말한다. 주석은 재무제표를 이용하는 사람들에게 질적인 정보를 추가로 제공함으로써 재무제표를 이해하는데 많은 도움을 준다.

교회회계의 경우에도 주석이 있어야 구체적인 활동상황을 이해할 수 있다. 예를 들자면 해외선교의 경우 현금흐름표상에 나타나 있는 금액만으로는 해외선교에 대하여 잘 알 수 없다. 해외선교에 관한 주석에 해당 선교국가, 파견된 선교사, 주요 선교활동, 선교하는데 따른 어려움, 향후 전망, 기도 제목 등 선교와 직접적으로 관련된 내용뿐만 아니라, 그 나라의 정치, 경제, 사회, 문화, 지리적 여건 등 간접적인 정보까지 수록해야 한다. 주석에 기록된 해외선교 현황을 보고 거기서 교인들이 감동을 받을 때 해외선교는 관심 있는 교인들의 꿈이 되고 해외선교에 대한 열정과 기도와 헌신을 기대할 수 있을 것이다.

4장

재무제표의 구성요소

제 1 절 현금흐름표의 구성요소

1. 현금수입 부문
(1) 왜 헌금을 항목별로 구별하여 드려야 하는가?

교회예산의 수입원으로서 헌금이 갖는 본질적인 의미는 무엇인가. 헌금은 하나님 앞에 예배를 드릴 때 제단에 올리는 예물이다. 헌금의 의미를 이해하려면 구약시대의 제사와 제사 때에 드리는 제물에 대하여 살펴볼 필요가 있다.

◆ **구약시대의 제사**

이스라엘 백성들이 자신들의 죄를 하나님 앞에 회개하거나 하나님의 은혜에 감사를 드릴 때 제사를 드렸으며, 제사의 종류에 따라 드리는 제물이나 예물이 달랐다. 레위기에는 하나님 앞에 드리는 제사의 정신에 따라 번제, 소제, 화목제, 속죄제, 속건제의 5대 제사로 구분하여 드릴 것을 말씀하고 있고, 제사를 드리는 방법에 따라 화제, 요제, 거제, 전제 등 네 가지 방법으로 제사를 드린다. 여기서는 먼저 네 가지 제사 방법에 대하여 알아보자.

화제는 제물을 불에 태워서 드리는 제사로 번제, 소제, 화목제, 속죄제, 속건제의 5대 제사 모두에서 사용되었다.

요제는 제사장이 제물을 흔들어 드리는 제사로 화목제와 속건제를 드릴 때 사용되었다. 짐승을 잡아 제사를 드릴 때 제사장이 그 짐승의 가슴 부분을 들고 흔들었으며, 곡식을 제물로 드릴 때는 곡식의 단을 흔들어 바쳤다. 그리고 이렇게 요제로 드린 제물은 제사를 담당하는 제사장의 몫이 되었다.

거제는 제사장이 제물을 높이 들었다가 아래로 내리는 방법으로 드리는 제사로 화목제를 드릴 때 사용되었다. 제사장이 화목제를 드릴 때 제사를 위하여 잡은 짐승의 우편 뒷다리나 하나님 앞에 예물로 드리는 땅의 첫 소산물, 십일조, 전리품 등을 손으로 잡고 높이 들었다가 아래로 내리며 드리는 제사다. 거제에서 제물이나 예물을 높이 드는 것은 그 제물이나 예물을 하나님 앞에 바친다는 뜻이며, 다시 내리는 것은 하나님으로부터 그것을 선물로 받는다는 뜻이다.

전제는 포도주나 독주를 다른 제물에 부어서 바치는 제사다. 전제는 번제, 소제, 화목제 등에 사용되었다.

◆ **5대 제사의 의미와 드리는 제물**

앞에서 4가지 제사의 방법을 이해하였으므로 5대 제사와 제사 때 드리는 제물에 대하여 살펴보자.

① 번제

번제는 제물로 드리는 짐승을 잡아 더러운 것을 제거하고 피는 제단 사면에 뿌리고 가죽을 제외한 희생제물 전체를 번제 단에서 완전히 태워 화제로 드린 후에 재를 진 밖에 버리는 제사다. 번제를 드리고 남은 것은 짐승의 가죽뿐이며, 이것은 제사장의 몫이다. 이 번제는 예배자가 희생제물 위에 손을 얹어 자신의 죄를 모두 전가시킨 후에 완전히 태워 그 향기를 하나님께 바치는데, 이것으로 그 사람의 죄는 용서받고 하나님과의 관계가 회복되는 것이다.

번제의 제물로는 수소, 숫양, 숫염소를 드리며, 가난한 사람들은 산비둘기나 집비둘기를 드릴 수 있었다. 새들은 암수의 구별이 없었으나 짐승은 반드시 흠 없는 온전한 수컷이어야 한다.

　이 제사는 예수님께서 우리의 모든 죄를 담당하시고 자신을 하나님께 완전히 바치신 것을 예표하며, 이 사실을 믿는 사람들은 모든 죄를 용서받고 하나님과의 관계가 회복되는 것을 의미한다.

　예수 그리스도를 믿고 구원받은 성도들이 드리는 예물은 번제를 드릴 때 짐승을 완전히 태워 드리듯이, 그리고 예수님이 우리를 구원하기 위하여 십자가에 달려 자신을 하나님께 완전히 바쳤듯이 우리 자신을 온전히 산 제물로 하나님께 드리는 마음을 담은 것이어야 한다.

　② 소제

　소제는 하나님의 은혜에 감사하여 자발적으로 드리는 제사다. 소제의 제물은 밀이나 보리를 곱게 빻은 고운 가루에 기름과 유향과 소금을 넣어 화덕에 굽거나 번철에 부치거나 솥에 삶아 드렸다. 이 당시만 하더라도 오늘날과 같이 밀가루를 쉽게 만들 수 있는 제분기가 없었으므로, 평평한 돌이나 나무로 곡식을 짓눌러 빻아 가루로 만들어야 하기 때문에 곡식을 가루로 만들기가 여간 어려운 일이 아니었다. 특히 고운 가루는 구하기가 힘든 귀한 식물이었으므로 귀빈이나 왕가에서 최고급의 음식을 만들 때 사용하였다. 따라서 소제에 드리는 고운 가루는 당시로써는 최고급의 식물을 감사의 제물로 하나님께 드리는 것이었다.

　소제는 짐승을 드리지 않아 피 없이 드리는 제사며, 대체로 번제나 화목제와 함께 드렸다. 소제를 드리는 경우는 제사장과 레위인들을 위임할 때, 성막과 성전을 봉헌할 때, 한센씨병이 든 사람이 완전히 나아 정결 의식을 할 때, 나실인의 서원이 끝났을 때와 같이 감사할 일이 있을 때다.

예수 그리스도를 믿는 성도들이 드리는 감사의 예물은 소제를 드릴 때 곡식의 껍질을 깨고 부수어 만든 고운가루와 같이, 십자가에 달려 찢어지고 부서지며 고통을 당하신 예수 그리스도께서 고운 가루처럼 온전하시고 순결하신 제물이 되신 것과 같이 더럽고 추한 자신의 마음을 완전히 부수어 온전하고도 순결한 마음으로 드리는 것이다.

③ 화목제

화목제는 하나님과 사람 사이에 화평을 가져다주는 제사다. 화목제는 제사를 드리는 사람이 제물로 가져온 짐승의 머리에 안수한 후에 잡아 그 피를 제단 사면에 뿌리고 기름과 콩팥을 화제로 불살라 그 향기를 드리는 제사다. 이때 제물의 가슴은 요제로 드린 후 대제사장에게 주었고, 우편 뒷다리는 거제로 드린 후 제사를 담당한 제사장의 몫이 되었고, 남은 제물은 제사를 드리는 사람들의 가족이나 노비, 그리고 레위 사람들이 함께 성막 뜰에서 먹었다.

화목제를 드리는 경우는 하나님의 도우심을 받을 일이 있거나, 베풀어주신 은혜에 감사하여 무엇을 하겠다거나 또는 무엇을 하지 않겠다고 서원할 때, 또는 받은 은혜에 감사하여 스스로 자원해 예물을 드릴 때다. 화목제의 제물로는 암수 구별 없이 흠 없는 소나 양이나 염소를 드렸다.

화목제는 예수님이 하나님과 인간 사이에서 속죄의 제물이 되어 화평케 하는 자가 되신 것을 예표하는 제사이다. 이 은혜에 감사하는 성도들은 감사하는 마음의 향기를 담아 서원을 하거나 예물을 드린다.

④ 속죄제

속죄제는 하나님께 대한 죄를 용서받기 위한 제사로 죄를 지은 모든 사람이 드렸으며, 제사를 드리기 전에 자신의 죄를 자복하고 회개하였다. 속죄제를 드릴 때는 죄를 범한 사람이 제물로 드린 짐승의 머리에 안수하여 자신의 죄를 전가한 후, 그 짐승을 잡아 그 피를 성소의 휘장 앞에 일곱 번 뿌리고, 향단의 뿔에 바르고, 나머지 피는 번제단 밑에 쏟았으며, 그리고 그 짐승의 나머지 모든 것은 진영 바깥, 재 버리는 곳으로 가져가 나무 위에 얹어놓고 불로 살랐다.

속죄제의 제물의 종류는 드리는 사람의 신분에 따라 달랐다. 제사장의 경우는 수송아지, 족장의 경우는 숫염소, 평민은 암양이나 암염소, 가난한 사람은 산비둘기나 집비둘기, 그리고 아주 가난한 사람은 고운가루를 드리도록 하였는데, 이것은 부자나 가난한 사람이나 모든 사람에게 속죄의 은혜를 베푸시는 하나님의 자비를 나타낸다.

특히 유대인들은 대 속죄일(유대 달력으로 7월 10일)이 되면 속죄의 은혜에 감사하여 금식하고, 회개하고, 화해하고, 구제하고, 기도문을 암송하고, 자녀들을 축복하는 등 특별히 소중하게 하루를 보낸다.

예수님은 하나님 앞에 범죄한 인간들을 대신하여, 속죄제의 제물이 된 짐승처럼 성문 밖으로 끌려가 갈보리 언덕에서 십자가에 달려 죽으심으로 하나님으로부터 저주받은 자가 되셨다. 속죄제를 드릴 때 짐승을 잡아 그 피를 성소 휘장 앞에 일곱 번 뿌려야만 죄를 용서받고 하나님 앞으로 나아갈 수 있던 것을, 예수님이 십자가에 달려 살이 찢어지고 피를 쏟으심으로 인하여 죄로 말미암아 하나님과 사람 사이를 가로막고 있던 성소의 휘장이 위에서부터 아래로 완전히 찢어졌으며, 이로 인하여 예수 그리스도를 믿는 성도들은 하나님 앞으로 나갈 수 있게 되었다.

예수 그리스도를 믿는 성도들은 이 십자가의 은혜로 말미암아 언제든지 하나님 앞에 나아가 예배를 드리며, 이 십자가의 은혜에 감사하여 하나님 앞에 예물을 드리고 감사하고 서로 화해하고 기뻐하며 헌신하는 것이다.

⑤ 속건제

속건제는 하나님의 성물에 대한 법을 어겼거나 하나님의 규례를 어겼거나 사람에게 손해를 끼친 죄를 범했을 때 그 죄를 용서받기 위하여 드리는 제사다. 속건제를 드릴 때는 먼저 손해를 끼친 물건에 대하여 오분의 일을 더해 배상해 주고, 지정한 가치대로 흠 없는 숫양을 제물로 드리는 제사다. 속건제를 드리는 경우를 보면 하나님께 제물을 바칠 때 실수로 정해진 규례대로 성실하게 수행하지 못했을 때, 남의 물건을 보관하였다가 돌려주지 않았을 때, 강도짓을 했을 때, 이웃을 협박하여 강제로 물건을 빼앗았을 때에 드렸으며, 성적인 죄를 범했을 때와 한센씨병 환자가 완치되어 정결예식을 드릴 때도 속건제를 드렸다.

속건제의 재물로는 숫양을 드리는데, 제사장은 그 숫양을 잡아 그 피를 제단의 사면에 뿌리고 제물의 모든 기름과 두 콩팥, 간에 덮인 꺼풀을 단 위에 불살라 화제로 드렸으며, 불살라지지 않은 것은 거룩한 곳에서 먹었다.

속건제는 성격상 성도 개개인에게 적용되는 제사다. 만약 성도들이 드리는 헌금 중에서 형식적으로 습관적으로 드리는 헌금이 있다면, 그 헌금을 드리는 사람은 자신의 모습을 회개하고 속건제를 드려야 한다. 그리고 남의 재물에 손해를 끼친 사람이 있다면 예배를 드리기 전에 먼저 그 문제를 해결한 후 하나님 앞에 나와 죄를 고백하고 속건제를 드리며 용서를 받아야 한다.

예수 그리스도를 믿는 성도들은 속건제의 대상이 되는 죄를 범했을 때, 예배를 드리기 전에 먼저 그 모든 죄를 십자가 앞에 내려놓고 속건제를 드리는 정결한 마음으로 예배를 드리고 예물을 드려야 한다.

◆ **구약시대에 제물을 구별하여 드렸듯이 헌금은 구별하여 드려야 한다.**

헌금을 구별하여 드리는 이유는 구약시대에 하나님의 백성들이 제사를 종류별로 구분하여 드리고 제사의 종류마다 제물을 구별하여 드린 것에서 알 수 있다. 천지를 창조하신 하나님이 우리를 구원하기 위하여 행하신 일은 대충대충 뭉뚱그려 하신 일이 아니다. 하나님이 행하신 구원의 역사는 천지를 개벽하는 것보다 더 크고도 웅장하고도 위대한 일이다. 하나님은 천지를 창조하실 때 말씀으로 하셨다. 그러므로 하나님은 죄로 오염되고 파괴된 세상을 깨끗이 쓸어버리고 말씀으로 새 창조를 하실 수 있었다. 그럼에도 불구하고 하나님은 우리 같은 죄인들을 구원하기 위하여 하나님으로서는 도저히 감당하기 어려운 일, 상식적으로는 상상조차 할 수 없는 위대한 일을 하셨다.

예수 그리스도를 믿는 성도들이 진정 이 사실을 마음으로 믿는 자라면 어찌 하나님 앞에 나올 때 세상살이로 찌든 마음을 그대로 가지고 나오겠는가? 또한 자신의 허물과 죄를 지시고 십자가에 달리신 주님 앞에 건성으로 나아갈 수 있을 것이며, 어찌 헌금을 두루뭉술하게 대충대충 형식적으로 드릴 수 있겠는가? 성도가 거룩한 백성이라는 말은 성도는 구별된 백성이요 구별된 삶을 살고 구별된 예배를 드리고 구별된 예물을 드린다는 뜻이다. 하나님은 내가 거룩하니 너희도 거룩하라고 말

쓸하신다. 거룩하다는 말은 구별한다는 뜻이다. 그러므로 하나님은 구별하지 않은 삶, 구별하지 않은 예배, 구별하지 않은 헌금을 받으시지 않는다.

(2) 마음을 담아 드리는 헌금의 역사

헌금에 대한 이야기만 나오면 나는 어릴 때 어머니께서 주일날 드리는 헌금을 어떻게 준비했다가 드리셨는지 가끔 생각이 나고, 그럴 때마다 옷깃을 여미고 다시 한 번 헌금을 드리는 나의 마음을 추스른다.

내가 초등학교 시절인 1950년대 말 당시 우리나라는 세계에서 제일 가난한 나라 중 하나였다. 전쟁의 폐허 위에서 전 국민들이 먹고 살기가 여간 어려운 시절이 아니었다. 하루 두 끼를 먹을 수 있으면 다행이었다. 부산에는 전쟁으로 피난 온 사람들이 모여 사는 곳이 여러 군데 있었는데 우리 집도 경북 청송에서 부산으로 내려가 피난민들 동네에서 살았다. 그곳에는 '구호병원'이 있었는데 외국에서 우리나라를 돕기 위해 보내온 원조물자로 피난민들을 도와주는 일을 많이 하였다. 점심때가 되면 '구호병원'에서 옥수수가루와 우유로 만든 죽을 커다란 솥에 끓여 주민들에게 나누어주었다. 배가 고픈 아이들은 점심때가 다가오면 주린 배를 채우려고 집에서 냄비나 양푼이 같은 그릇을 하나씩 들고 나와 일찌감치 줄을 서서 기다렸다. 나도 내 여동생과 함께 줄을 서서 기다리다가 죽을 받으면 집으로 가져와 한 그릇은 나누어 먹고 나머지 한 그릇은 부모님이 막노동을 하고 돌아오시면 드시도록 남겨두곤 하였다.

1985년 내가 미국에서 공부하고 있을 때 미국 장로교회에서 한국 기독교 선교 100주년 기념행사가 있었다. 행사장에는 1885년 4월 5일

미국 북장로회 선교사인 언더우드가 미국 감리회 선교사 아펜젤러와 함께 한국 최초의 선교사로 처음 한국 땅을 밟았을 당시부터 최근의 우리나라 모습을 담은 사진들이 전시되었다. 나는 예배를 마친 후 미국 땅에서 우리나라에 기독교가 들어온 역사를 당시의 사진에서 볼 수 있어 관심 있게 자세히 한 장 한 장 눈여겨보았다. 나는 전시된 사진을 보는 동안 그 사진의 장면들이 아프리카 어느 나라의 모습인 줄 착각할 정도로 우리나라가 당시에 얼마나 가난하였는지를 알 수 있었다. 사람들의 키는 작고 얼굴은 까무잡잡하고 코는 납작한 모습이었다. 입고 있는 옷은 거칠고 조잡하고 낡아 저런 옷으로 어떻게 겨울에 견디나 싶을 정도였고, 발에는 검정 고무신을 신고 있거나 맨발이었다. 대부분의 집은 낡은 초가집으로 다 쓰러져가고, 아이들을 포함한 많은 사람들이 '구호병원'에서 죽을 타먹으려고 길게 줄을 서 있는 모습이었다. 나는 사진을 보는 동안 어릴 때 일이 기억나서, 죽을 타 먹으려고 길게 늘어 서 있는 아이들 중에 혹시 나와 내 여동생의 모습이 담겨 있지나 않은지 한 사람 한 사람 자세히 눈여겨 살펴보았다.

그 당시 나는 주일이 되면 여동생과 함께 유년주일학교에 나갔다. 어머니께서는 그 어려운 환경 속에서도 동생과 내가 교회 갈 때 꼭 지폐 한 장씩을 주시면서 반드시 헌금을 하도록 하였다. 동생과 나는 그 헌금으로 붕어빵이라도 사먹고 싶었지만 어머니가 너무 엄하여 다른 생각을 하지 못하고 그대로 헌금을 하였다. 그런데 어머니가 주시는 헌금은 언제나 새 돈 같아 받을 때마다 신기하고 기분이 좋았다. 왜냐하면 그 당시에는 대부분의 사람들이 지갑이 없어 돈이 생기면 구겨서 주머니에 넣고 다녔으므로 반듯한 새 지폐를 찾아보기가 힘들었기 때문이다. 어머니는 돈이 생기면 그 중에서 가장 깨끗한 돈을 헌금으로 드리려고 별도로 보관해 두셨는데, 토요일이 되면 주일에 입고 가실 옷을 다리미로 다리고 마지막에는 다리미에 남아 있는 불기로 별도로 보관해 두었던 그 지폐를 가져와 다리미로 다려 새 돈같이 만드셨기 때문이다. 어머니는 교회에 나가실 때 복장에서부터 헌금에 이르기까지 마음을 담아 미리 준비를 해 두는 것이었다. 당시 주일에 어머니가 입은 옷이 지금 내가 입고 있는 옷보다 좋았을 리가 만무하고, 어머니가 드리는 헌금이 지금 내가 드리는 헌금보다 터무니없이 적었을지라도, 하나님은 지금 내가 드리는 예배보다 어머니가 드리는 예배를 더 즐거워하였을 것이고, 지금 내가 드리는 헌금보다 어머니의 헌금을 더 값진 것으로 받으셨으리라 믿는다. 나는 이제 목사가 되었지만 아직도 예배를 드리는 모습이나 헌금을 드리는 마음가짐이 어머니보다 훨씬 못하다고 생각한다.

신앙은 머리로 생각하는 이론이 아니라 가슴으로 드리는 마음이라는 것을 새삼 깨닫는다. 우리 주님이 이 땅에서 사역을 하실 때 가장 싫어하신 것이 외식하는 것과 회칠한 무덤과 같은 모습이었다. "화 있을진저 외식하는 서기관들과 바리새인들이여, 회칠한 무덤 같으니 겉으로는 아름답게 보이나 그 안에는 죽은 사람의 뼈와 모든 더러운 것이 가득하도다"(마 23:27) 당시 서기관과 바리새인들은 하나님 잘 섬기기로 소문난 사람들이었다. 그런데 왜 예수님은 그들의 모습을 가장 싫어하셨을까? 그들이 마음으로 하나님을 섬기는 것이 아니라 겉모양으로 하나님을 섬겼기 때문이다. 하나님 앞에 드리는 헌금이 세상의 돈과 구별되는 것은 금액의 많고 적음이 아니라 그 헌금을 드리는 사람의 마음이 담겨 있기 때문이다. 한 여인이 한 남자에게 마음을 주는 것은 그 남자를 사랑하기 때문이다. 예배와 헌금에 마음을 담아 드리는 성도는 하나님을 사랑하는 사람이다. 하나님을 사랑하는 사람이 마음을 담아 드리는 헌금이야말로 하나님이 기쁘게 받으시는 헌금이며, 그 헌금에 비로소 하나님의 역사가 일어나는 것이다.

(3) 헌금수입 항목
① 십일조

십일조는 수입의 십분의 일을 하나님 앞에 구별하여 드리는 헌금이다. 하나님은 이스라엘 백성들에게 땅의 곡식과 나무의 열매와 소나 양의 십분의 일을 바치라고 명령하셨다. 하나님이 십일조를 바치라고 명령한 대상은 하나님의 백성들이지 하나님을 모르는 이방 사람들이 아니다. 왜 하나님은 이방 사람들은 자신들의 소산을 자신들이 다 사용하도록 하고, 자기 백성들에게는 모든 소산의 십분의 일을 바치라고 명령하시는가? 여기에는 분명히 하나님의 뜻이 있다.

십일조는 성도들의 신앙고백이다. 십일조를 드리는 것은 나의 모든 것이 주님의 것이라는 믿음의 고백이다. 하나님이 이스라엘 백성들에게 십일조를 바치도록 한 것은 천지를 창조하신 여호와가 그들의 하나님이 되고 그들은 거룩하신 하나님의 백성이라는 것을 알도록 하기 위해서다. 하나님이 우리들에게 십일조를 바치도록 한 것은 십일조를 드릴 때마다 '너는 내 것'이라는 것을 확인하라는 것이다. 너는 내 사랑하는 아들이요 내 기뻐하는 독생자 예수 그리스도를 십자가에 못 박아 버리고 구한 내 사랑하는 아들이라는 것이다. 나는 너를 내 손바닥에 새기듯이 잊지 않고 있으니 너도 나를 잊어서는 안 된다는 것이다. 십일조를 드릴 때마다 이 말씀을 기억하라는 것이다. "여인이 어찌 그 젖 먹는 자식을 잊겠으며 자기 태에서 난 아들을 긍휼히 여기지 않겠느냐

그들은 혹시 잊을지라도 나는 너를 잊지 아니할 것이라"(사 49:15)

하나님께 바친 십일조의 용도를 구약시대 이스라엘 백성들에게 하신 말씀으로 살펴보면 십일조를 바치도록 하신 하나님의 마음을 알 수 있다.

이스라엘 백성들이 하나님 앞에 바친 십일조는 생업의 터전이 되는 기업이 없이 성막에서 봉사하는 레위인들이 살아갈 수 있도록 하는데 사용되었으며, 고아와 과부와 나그네가 굶지 않도록 하기 위하여 사용되었고, 성전의 유지와 보수에도 사용되었다. 이 모든 것은 하나님이 임재하시는 성전과 관계가 있다. 성전은 이스라엘 백성들이 하나님의 은혜로 전능하신 창조주 여호와 하나님을 특별히 만날 수 있는 곳이다. 세상의 어떤 사람도 죄가 세상에 들어온 후에는 하나님을 만날 수 없고 하나님의 은혜와 사랑을 누릴 수 없고 자신들의 죄로 말미암아 영원히 멸망할 수밖에 없다. 그러나 이스라엘 백성들에게 특별한 은혜를 베풀어 하나님을 만나 하나님의 은혜와 사랑을 누리고 영원한 생명을 얻을 수 있는 길을 열어주셨는데 그것이 성전이다. 이 성전은 오늘날 우리들이 섬기는 교회다.

교회는 성자 하나님 예수 그리스도께서 우리를 구원하기 위하여 십자가에 달려 죽으시고 그 피를 대가로 세운 것이다. 그래서 교회를 주님의 몸이라 부르고 우리는 그의 지체요 주님은 우리의 머리가 되신다. 이것이 예수 그리스도를 믿는 성도들의 교회에 대한 신앙이다. 교회가 없으면 교인도 없고 구원도 없고 하나님의 은혜도 누릴 수 없다.

십일조는 주님의 몸 된 교회를 세워나가는데 가장 기본적인 것이다. 십일조의 신앙은 나는 주님이 피로 값 주고 사신 주님의 것이요 주님의 지체라는 것이다. 나의 모든 것이 주님의 것이라는 믿음이다. 십일조는 그 생명으로 나를 구원하시고 사랑하시는 주님에 대한 사랑의 표현이다.

주님을 사랑하는 성도는 주님의 몸 된 성전이 피폐해지는 것을 두고 보지 못한다. 이스라엘 백성들이 십일조를 드리지 않았을 때, 성전은 허물어지고 성막에서 일을 하며 성전을 섬기던 레위인들이 굶주리다가 성전을 떠나버리고, 고아와 과부와 나그네들이 헐벗고 굶주렸다. 그리고 성전이 피폐해져 갈 때 이스라엘 백성들의 마음이 피폐해지고 이스라엘 백성들은 세상 사람들보다 더 하나님 앞에 악을 행하고 하나님의 마음을 슬프게 하였고 하나님의 진노를 일으켰다. 이스라엘 백성들이 얼마나 악하게 되었는지 아모스는 이렇게 지적하고 있다. "여호와께서 이와 같이 말씀하시되 이스라엘의 서너 가지 죄로 말미암아 내가 그 벌을 돌이키지 아니하리니 이는 그들이 은을 받고 의인을 팔며 신 한 켤레를 받고 가난한 자를 팔며 힘없는 자의 머리를 티끌 먼지 속에 발로 밟고 연약한 자의 길을 굽게 하며 아버지와 아들이 한 젊은 여인에게 다녀서 내 거룩한 이름을 더럽히며"(암 2:6,7)

깊은 산 속에 있는 옹달샘은 땅 속에서부터 맑은 물을 끊임없이 쏟아낸다. 그 물은 지나가는 사람들의 갈증을 시원하게 풀어주고, 산 속의 갖가지 동물들의 목마름을 흡족하게 해결해 주고, 주변의 풀과 나무들이 풍성하게 자라도록 한다. 그래서 옹달샘은 사람이나 동물이나 모두가 좋아한다. 그러나 나오던 물이 끊어지면 그 옹달샘은 고여 있는 물이 썩어 악취가 나고 사람과 동물들의 발길이 끊어지고 주변의 풀과 나무들과 모든 것은 말라들어 간다. 성도들도 마찬가지다. 성도의 심령에 성전으로부터 흘러나오는 은혜의 물이 끊어지면 그 성도는 세상 사람들보다 더 메마르고 추악하고 더러운 냄새를 풍기며 더 피폐한 생활을 하게 된다.

하나님은 이스라엘 백성들의 삶의 터전이 황폐하고 그들의 삶이 피폐하게 되는 것은 그들이 하나님을 알지 못하고 성전을 잊어버리고 있기 때문이라 말씀하시며, 이 사실을 깨닫지 못하는 이스라엘을 보고 '슬프다'고 한탄하신다. 하나님은 이스라엘 백성들이 하나님을 알고 그들에게 말씀을 양식으로 공급하는 성전이 얼마나 소중한 것인지 알기를 원하시며 이렇게 말씀하신다. "소는 그 임자를 알고 나귀는 그 주인의 구유를 알건마는 이스라엘은 알지 못하고 나의 백성은 깨닫지 못하는도다 하셨도다"(사 1:3)

하나님은 성전이 세워지기를 원하신다. 하나님은 하나님 앞에 바친 십일조로 레위인들이 성막을 떠나지 않고 봉사하기를 원하시고, 가장 힘없고 연약한 고아와 과부와 나그네가 먹을 것을 얻으며, 하나님을 만날 수 있는 성전이 낡아 허물어지지 않도록 보수하고 유지되고 세워지기를 원하셨다. 하나님은 자기 백성들이 주님의 몸 된 교회를 사랑하기를 원하시고, 몸 된 교회의 지체 중에서 가장 연약하여 항상 하나님이 마음을 두고 있는 고아와 과부와 나그네를 주님의 마음으로 돌보아 주기를 원하신다.

이 모든 것은 하나님을 위한 것이 아니라 하나님의 백성들을 위한 것이다. 하나님은 자기 백성들이 십일조를 바치도록 함으로써 하나님의 마음을 닮기를 원하셨다. 그리고 전능하신 하나님이 그들을 사랑하고 있다는 것을 깨닫기를 원하시고, 언제나 고아와 과부와 나그네에게 마음을 쓰시며 긍휼을 베푸시는 하나님의 마음을 닮으라는 것이다. 천지를 창조하신 하나님은 돈이 필요 없으신 분이다. 성도들이 십일조를 낼 때 하나님은 그 돈을 가져가시는 것이 아니라 하나님에 대한 그들의 믿음을 받으시고, 성전을 사랑하며 불쌍한 자들에게 긍휼을 베푸는 그들의 마음을 받으시는 것이다.

하나님은 믿음이 없어 하나님과 멀어지고 성전에 대해 무관심하고 불쌍한 사람을 돌보지 않는 자기 백성들의 모습을 보시고 십일조를 어떻게 해서든지 내도록 그들의 마음을 돌이키기 위해 이렇게까지 말씀하신다. "만군의 여호와가 이르노라 너희의 온전한 십일조를 창고에 들여 나의 집에 양식이 있게 하고 그것으로 나를 시험하여 내가 하늘 문을 열고 너희에게 복을 쌓을 곳이 없도록 붓지 아니하나 보라"(말 3:10) 하나님은 피조물들의 시험의 대상이 아니다. 그래서 예수님께서도 광야에서 마귀에게 시험을 받으실 때 '주 너의 하나님을 시험하지 말라'고 말씀하시고 마귀를 물리치셨다. 그런데 어찌하여 십일조를 말씀하실 때만은 하나님이 나를 시험하여 보라고 말씀하시는가! 하나님은 성도들이 헌금하는 십일조가 없어도 얼마든지 마음먹은 대로 일을 할 수 있는 전능하신 분이시다. 성도들이 십일조를 내도록 하는 것은 하나님이 그 십일조가 필요해서가 아니라 하나님의 자녀들이 하나님의 자녀답게 살아가는데 그만큼 중요하기 때문에 하나님이 파격적인 제안을 하시는 것이다. 그러나 하나님은 하나님을 시험하기 위하여 십일조를 드리는 사람보다, 하나님을 사랑하고 하나님의 마음으로 성전을 사랑하고 고아와 과부와 나그네를 불쌍히 여기는 마음으로 십일조를 드리는 자녀들을 더 기뻐하실 것이다.

성도들이 믿음으로 드리는 십일조는 세상 사람들이 그토록 가지고 싶어서 수단과 방법을 가리지 않고 악착같이 모아놓고 즐기는 그런 돈과는 다른 것이다. 십일조에는 하나님이 나의 아버지라는 믿음이 담겨 있고, 아버지를 사랑하는 마음이 담겨 있고, 주님의 몸 된 교회를 사랑하는 마음이 담겨 있고, 고아와 과부와 나그네를 아끼는 긍휼의 마음이 담겨 있는 것이다.

② 감사헌금

감사헌금은 구원받은 성도들이 그들의 삶 가운데서 하나님이 베풀어주신 은혜에 대하여 감사하여 드리는 믿음의 예물이다. 참다운 믿음의 성도들은 즐겁고 기쁜 일이 있을 때 감사를 드리고, 고난과 역경 가운데서도 하나님의 손길을 발견하고 감사를 드린다. 그들은 복음을 증거할 수 있는 환경을 마련해 주신 것에 대하여 감사하고, 전도의 열매를 거두어들일 때 감사하고, 하나님의 나라가 확장되어 나가는 것을 바라보며 감사를 드린다. 그리고 나아가 범사에 하는 일마다 감사의 조건을 발견하고 감사드린다. 감사는 이 모든 것이 하나님의 은혜로 된 것임을 고백하는 믿음의 행위다. 성도들의 삶 가운데 하나님의 은혜가 아닌 것이 없고 감사하지 못할 일이 있겠는가마는, 간절한 소원을 가지고 기도하던 일이 하나님의 은혜로 응답을 받은 경우 주위 사람들이 그 사실을 아무도 몰라 그저 모른 체 하고 넘어갈 수 있을지라도 성도는 그저 그 일을 이루어주신 하나님께 감사를 드리고 싶은 것이다.

하나님은 왜 하나님의 백성들에게 감사하며 살도록 하셨을까? 이스라엘 백성들이 하나님 앞에 드리는 감사의 제사는 대표적인 것이 소제다. 소제는 번제나 화목제를 드릴 때 감사의 마음을 예물에 담아 함께 드리는 제사다. 오늘날 우리들도 예배를 드릴 때 감사할 일이 있으면 그 예배와 함께 감사의 마음을 헌금에 담아 드리는 것과 같다.

소제의 제물은 밀이나 보리를 곱게 빻은 고운가루에 기름과 유향과 소금을 넣어 화덕에 굽거나 번철에 부치거나 솥에 삶아 드렸다. 하나님이 베풀어주신 은혜에 감사하여 감사의 예물에 담아드리는 성도의 마음은 곱게 빻은 고운가루와 같이 부드러운 마음이고, 메마르지 않은 기름진 마음이며, 하나님의 사랑을 고백하는 향기로운 마음이며, 변치 않는 믿음을 고백하는 마음이다. 하나님은 사람을 사랑으로 창조하시고 그 사랑에 감사하며 살도록 하셨다.

감사하며 사는 사람이 건강하고 행복하게 산다는 것은 일본 작가 에모토 마사루가 쓴 책 '물은 답을 알고 있다'에서도 확인할 수 있다. 이 책은 한때 베스트셀러가 되어 많은 사람들의 삶에 영향을 끼쳤다. 마사루는 물을 오랫동안 연구한 결과, 물에도 반응과 의식이 있다는 사실을 발견하고 그것을 사진으로 찍었다. 그 사진들을 보면 물의 결정은 육각형으로 되어 있는데 이 육각형은 말이나 글 또는 음악 등에 따라 모양이 변한다는 것을 알 수 있다. 마사루는 이런 현상을 연구한 결과, 물이 투명하고 아름다운 육각수로 있을 때는 우리 몸에 면역력을 키워주고 건강과 생명력을 높여주지만, 반대로 물의 육각수가 파괴되고 어두워지면 그 물이 우리 몸의 면역력을 떨어뜨리고 몸을 약하게 하고 해를 가져다준다는 것을 알았다.

컵에 담겨 있는 물에 '사랑, 감사'라는 글을 보여주거나 말로 들려주면 비할 데 없이 아름다운 육각형의 결정이 나타나고, '악마, 저주'라는 글을 보여주거나 말로 들려주면 물의 육각형의 결정이 모두 파괴되고 중앙이 시커멓게 변하면서 주변을 공격하는 듯한 형상이 나타난다. 그러므로 우리가 물을 마실 때 '사랑합니다, 감사합니다'라는 말을 하고 물을 마시면 그 물이 아름다운 육각수가 되어 우리 몸에 면역력을 키워주어 건강과 생명력을 높여 주지만, 반대로 '악마, 저주'라는 말을 하거나 화를 내면서 마시면 그물의 육각수는 파괴되어 우리 몸을 약하게 하거나 상하게 한다는 것이다.

　더욱 놀라운 사실은 우리 몸의 70% 가까이가 물로 되어 있기 때문에 물을 마시지 않는 평소에도 사랑과 감사의 말을 하며 사는 사람은 몸 속의 물이 아름다운 육각수가 되어 건강하고 즐거운 생활을 할 수 있고, 화를 잘 내고 욕을 자주 하며 시기하고 질투하고 미워하며 사는 사람은 몸속의 육각수가 파괴되어 건강을 해치고 불행한 삶을 살게 된다는 것이다.

　하나님이 세상을 창조한 창조의 동기가 '사랑'이었고, 사람이 사는 삶의 본분이 사랑하며 사는 것이요 감사하며 사는 것이라는 사실에 비추어 볼 때, 물 뿐만 아니라 식물, 동물 등 세상의 만물이 사람이 어떻게 그들을 대하느냐에 따라 물과 같은 반응을 하리라 생각된다.

　유대인들의 삶의 지침서인 탈무드에는 이런 말이 나온다. "세상에서 가장 지혜로운 사람은 배우는 사람이고, 세상에서 가장 행복한 사람은 감사하며 사는 사람이다." 감사하며 사는 사람은 내적인 즐거움과 기쁨을 누리며 사는 사람이며, 외적으로 하나님의 은혜를 누리고 하나님이 만드신 모든 피조물들과 함께 사랑하며 살 수 있는 사람이다. 감사의 삶이 이 만큼 중요하기 때문에 하나님이 사랑하는 백성들에게 소제라는 제사의 제도를 만들어 주었고, 그 예물에 감사의 마음을 담아 드리도록 한 것이다. 감사헌금에는 하나님이 주시는 사랑과 즐거움과 기쁨과 건강과 행복의 은혜가 담겨 있는 것이다.

③ 주일헌금

　예수 그리스도를 믿는 성도들은 주일이 되면 누구나 하나님 앞에 나와 예배를 드린다. 아직도 상거가 먼데서 기다리고 계신 사랑하는 아버지를 만나기 위해 예배를 드린다. 성자 하나님 예수 그리스도께서 달리신 그 십자가를 붙잡고 성령 하나님의 인도하심에 따라 성부 하나님 앞으로 나가 예배를 드린다. 성도는 성부와 성자와 성령 하나님께서 이루어놓으신 장엄하고도 숭고한 이 예배가 너무나 소중하다는 것을 알기 때문에 빈손으로 오지 않고 예물을 준비해 감사하는 마음을 담아 함께 드린다. 하나님은 이와 같은 마음으로 드리는 성도의 예배를 받으시고 함께 드리는 예물의 향기를 흠향하신다. 우리가 드리는 주일헌금은 이렇게 드려야 하나님이 받으시는 향기로운 예물이 되는 것이다.

그러나 예배의 고귀함과 소중함을 잊어버리고 있는 사람들은 예배를 건성으로 드리는 것이 너무나도 당연한 권리처럼 흐트러진 마음으로 스스럼없이 나와 예배에 참석한다. 때로는 늦기도 하고 때로는 마지못해 참석해 주는 마음으로 예배를 드린다. 이와 같이 예배를 경홀히 여기는 이상 주일헌금은 하나님 앞에 향기로운 예물이 되지 못한다. 이와 같이 드리는 주일헌금은 구걸하는 사람에게 던져주는 몇 푼의 돈과 다를 바 없다. 주일헌금은 그런 마음으로 드리는 것이 아니다. 주일헌금은 우리의 마음과 뜻과 정성을 담아 드려야 하는 가장 고결하고도 소중한 예물이어야 한다. 주일헌금에 대한 이해를 돕기 위하여 이스라엘 백성들이 드린 속죄제와 그 예물에 대하여 살펴보자.

사람이 죄를 범해 하나님과의 관계가 단절된 후로 어떤 사람도 하나님 앞에 나아갈 수 없게 되었다. 그러나 하나님은 택한 백성 이스라엘이 하나님 앞으로 나올 수 있는 길을 열어주셨는데 그것이 속죄제의 길이다. 속죄제는 죄를 용서받기 위한 제사로 죄를 지은 모든 사람이 드렸으며, 제사를 드리기 전에 자신의 죄를 자복하고 회개하였다. 속죄제를 드릴 때는 죄를 범한 사람이 제물로 드린 짐승의 머리에 안수해 자신의 죄를 그 짐승에게 전가한 후, 그 짐승을 잡아 피를 성소의 휘장 앞에 일곱 번 뿌리고, 향단의 뿔에 바르고, 나머지 피는 번제단 밑에 쏟았으며, 그리고 그 짐승의 나머지 모든 것은 진영 바깥, 재 버리는 곳으로 가져가 나무위에 얹어놓고 불로 태웠다. 속죄제는 오실 메시야, 예수 그리스도를 바라보며 짐승의 생명을 대가로 드리는 엄숙한 제사다.

오늘날 우리들이 드리는 주일예배는 어떤 제사인가. 이스라엘 백성들이 짐승의 생명과 피를 대가로 속죄제를 드렸다면, 지금 우리들은 성자 하나님 독생자 예수 그리스도의 생명과 피를 대가로 예배를 드리는 것이다. 주일예배는 나를 위하여 십자가에 달리신 주님을 바라보며 믿음으로 드리는 예배다. 오늘날 우리가 드리는 주일예배는 짐승의 생명과 피를 대가로 드리는 제사와는 차원이 다른 너무나도 장엄하고도 웅장하고도 엄숙한 예배다. 주일헌금은 이 예배를 위하여 드리는 예물이다. 금액이 많든지 적든지 주일헌금에는 예배자의 믿음과 감사가 담겨 있어야 한다. 그래야 하나님이 받으신다.

④ 추수감사헌금

추수감사헌금은 추수감사절에 드리는 예물이다. 추수감사절은 익은 곡식이나 과일 등 농작물을 거두어들인 후 이 모든 것이 하나님의 은혜인 줄 알고 감사의 제사를 드리는 날이다. 추수감사절에 대한 이해를 돕기 위하여 먼저 이스라엘 백성들이 하나님 앞에 드린 초막절을 살펴보고, 다음으로 미국의 청교도들이 지킨 추수감사절의 유래를 알아보자.

초막절은 이스라엘 백성들이 가을 추수를 하고 저장한 후 7일 동안 하나님의 은혜와 축복에 감사하며 화제를 드리고 즐거워하는 날이다.

초막절은 곡식을 저장하고 지키는 절기라 하여 수장절이라고도 하고, 광야 40년 동안의 장막생활을 생각하고 젖과 꿀이 흐르는 가나안 땅을 주시고 농사를 지어 열매를 추수할 수 있도록 은혜를 베풀어주신 것에 대한 감사를 잊지 않기 위하여 지키는 절기라 하여 장막절이라고도 한다. 이 절기 때는 이스라엘 백성들이 많이 거둔 자는 많이 내고 적게 거둔 자는 적게 내되 하나님께서 주신 복을 따라 힘이 닿는 대로 감사의 예물을 드렸다. 그들은 절기 동안 그들의 가족과 노비와 레위인과 객과 고아와 과부와 모두 함께 식물을 나누며 즐거워하였다. 하나님은 하나님이 주신 결실을 힘이 닿는 대로 내어놓고 공동체가 모두 함께 먹고 즐거워하며 하나님께 감사를 드릴 때 그들의 모든 소출과 행하는 모든 일에 복을 주셨다.

오늘날 우리들이 지키는 추수감사절은 미국의 청교도들이 지킨 추수감사절에서 유래한다. 1620년, 청교도들은 말씀대로 하나님을 믿고 말씀대로 살기 위해 신대륙으로 건너왔다. 66일간의 항해 끝에 11월 21일 미국 매사추세츠 플리머스 해안에 상륙한 102명의 독실한 기독교인들은 그들이 신앙의 자유를 위하여 그렇게도 원하던 땅에서 새로운 삶을 시작하였지만, 그들을 기다리고 있는 것은 매서운 추위와 식량부족과 질병뿐이었다. 농사에도 실패하였다. 그들이 가지고 온 보리와 밀이 그곳의 기후와 조건에 맞지 않았기 때문이다. 그들은 앞날에 대한 불안과 두려움에 떨어야 했으며, 그들이 할 수 있는 일은 오직 하나님만을 의지하고 바라보고 기도하는 것뿐이었다. 그때 원주민 인디언들이 그들을 돕기 시작하였다. 그들은 인디언들이 가져다준 옥수수, 호박, 감자 등을 그들이 알려준 방법대로 심었고 그해 가을 비로소 햇곡식을 추수할 수 있었다. 청교도들은 먼저 하나님께 감사의 예배를 드렸으며 그리고 인디언 원주민들을 초대하여 함께 먹고 마시며 기쁨을 나누었다. 이것이 청교도들이 신대륙에서 드리기 시작한 추수감사절이다.

하나님을 알고 참으로 하나님의 은혜를 깨달은 사람은 고난과 역경 속에서도 감사의 줄을 놓지 않는다. 나를 위하여 십자가에 달리신 분이 태초에 천지를 창조하신 하나님이라는 사실을 깨닫고, 그 십자가를 만난 사람은 어떤 환경 속에서도 사랑의 손길을 놓지 않고 하나님의 역사를 기다린다.

이스라엘 백성들이 나가는 길에 마실 물이나 먹을 양식이 없고 밤에는 춥고 낮에는 몹시 더운 불모지 광야 40년의 삶이 있었기에, 불기둥과 구름기둥으로 그들을 보호하시며 인도하시는 하나님의 은혜를 누릴 수 있었다. 그리고 그들은 하나님의 인도로 아브라함과 그 자손에게 주시겠다고 약속한 땅 가나안에 들어갔을 때 그 땅이 젖과 꿀이 흐르는 참으로 귀한 땅이라는 것을 알 수 있었다. 그들이 가나안 땅에서 그들의 손으로 경작하여 추수한 곡식을 거두었을 때 마실 물이나 먹을 양식이 없던 40년의 광야생활을 생각하고 감격하였으며, 거두어들인 곡식을 하나님 앞에 올려놓고 감사와 기쁨을 함께 나눌 수 있었다.

청교도들은 의지할 곳 없는 막막한 신대륙에서 그들을 괴롭힌 매서운 추위와 배고픔과 질병이 있었기에, 기가 막힐 웅덩이와 수렁에서 그들을 끌어 올리시는 하나님을 만날 수 있었고, 고난과 역경 속에서 그들이 추수한 수확을 하나님 앞에 올려놓고 감사와 기쁨을 함께 나누며 추수감사절을 지킬 수 있었다. 그러므로 추수감사헌금에는 고난과 아픔과 기도가 들어 있고, 하나님의 은혜가 들어 있고, 감사와 기쁨이 들어 있는 것이다.

⑤ 성탄헌금

　성탄절 즉 크리스마스는 그리스도(Christ)와 미사(Mass)의 합성어로 예수 그리스도의 탄생을 축하하며 예배한다는 뜻이다. 예수님은 말씀의 예언대로 자기 백성을 구원하기 위하여 이 땅에 오신 성자 하나님이시다. 그것도 왕가나 귀족의 집안에서 친척과 이웃들의 축하를 받으며 태어나지 않고, 가난한 목수의 아들로 짐승의 우리에서 태어나 짐승의 먹이 통인 구유에 누울 정도로 낮고 낮은 곳으로 이 땅에 오셨다. 그리고 30세가 될 때까지 목수의 일을 하며 가족을 섬기다가, 이 땅에 오신 목적을 이루시기 위하여 구원사역을 시작하셨다.

　예수님의 구원사역은 단호하였으며 맹렬한 것이었다. 40일을 광야에서 금식하며 마귀의 유혹을 물리치고 단호히 결단하며 시작한 구원사역은, 목표물을 향하여 맹렬히 달려가는 사자와 같이, 먹잇감을 향하여 손살같이 내려오는 독수리와 같이, 거침없이 십자가를 향하여 달려가는 것이었다. 예수님은 "회개하라 천국이 가까이 왔느니라"(마 4:17) 이 말씀을 시작으로 복음을 전파하며, 제자들을 가르치며, 맹인을 보게 하고, 앉은뱅이를 걷게 하고, 귀머거리를 듣게 하고, 벙어리가 말을 하게 하고, 한센씨병 환자를 깨끗하게 하고, 죽은 자를 살리시고, 잃어버린 양 한 마리를 찾아 이방 땅 두로와 시돈 지방까지 나아가 귀신들린 딸로 인하여 고통 가운데 살고 있는 가나안 여인과 그 딸을 구원하시면서 십자가를 향하여 거침없이 나아가셨다. 그 길은 머리 둘 곳도 없는 고난의 길이었고, 멸시와 조롱의 길이었고, 나무에 달려 하나님으로부터 저주받는 길이었고, 아버지로부터 버림받는 길이었다. 이 구원의 길은 우리를 위한 생명의 길이요, 사랑과 희생의 길이다. 이 길은 한 줌의 흙으로 돌아갈 버러지 같은 인생을 구원하기 위하여 성부 하나님의 아품과 성자 하나님 예수 그리스도의 고난과 성령 하나님의 탄식으로 이루어진 삼위 하나님의 위대하고 장엄한 길이다.

지극히 높은 곳에서 세세토록 영광을 받으시기에 합당하신 성자 하나님이 이 길을 가기 위하여 이 땅에 오신 날이 성탄절, 크리스마스다.

그러나 성탄절을 맞이하는 우리의 모습은 너무나도 나태하다. 당연히 누릴 것을 누리고 받을 것을 받아야 하는 날인줄 알고 있는 듯하다. 이사야는 이런 모습을 바라보며 이렇게 한탄한다. "그는 멸시를 받아 사람들에게 버림 받았으며 간고를 많이 겪었으며 질고를 아는 자라 마치 사람들이 그에게서 얼굴을 가리는 것 같이 멸시를 당하였고 우리도 그를 귀히 여기지 아니하였도다. 그는 실로 우리의 질고를 지고 우리의 슬픔을 당하였거늘 우리는 생각하기를 그는 징벌을 받아 하나님께 맞으며 고난을 당한다 하였노라."

성탄절은 사랑과 희생의 마음으로 낮고 낮은 곳에서 주님을 맞이하는 날이다. 성탄절은 우리 주님이 눈길을 주고 있는 낮고 낮은 곳으로 찾아가 예수 그리스도의 이름으로 사랑과 기쁨을 나누어주며 주님께 영광을 돌리는 날이다. 성탄절헌금에 이런 마음이 담겨 있을 때 하나님은 그 헌금을 기쁘게 받으실 것이다.

⑥ 부활절헌금

부활절은 예수 그리스도께서 우리를 구원하시려고 십자가에 달려 죽으시고 장사한 지 사흘 만에 다시 살아나신 날을 기념하는 절기다. 부활은 기독교 신앙의 핵심 내용이다. 요한은 예수님을 이렇게 증언한다. "예수께서 이르시되 나는 부활이요 생명이니 나를 믿는 자는 죽어도 살겠고 무릇 살아서 나를 믿는 자는 영원히 죽지 아니하리니 이것을

네가 믿느냐"(요 11:25,26)

　　부활이 없다면 기독교는 존재할 수 없다. 십자가의 고난만 있고 부활이 없다면 우리는 가장 불쌍한 자라고 사도바울은 말하고 있다. "그리스도께서 다시 살아나신 일이 없으면 너희의 믿음도 헛되고 너희가 여전히 죄 가운데 있을 것이요 또한 그리스도 안에서 잠자는 자도 망하였으리니 만일 그리스도 안에서 우리가 바라는 것이 다만 이 세상의 삶 뿐이면 모든 사람 가운데 우리가 더욱 불쌍한 자이리라"(고전 15:17-19) 예수님의 제자들은 부활하신 예수님을 볼 수 있었고, 하시는 말씀을 들을 수 있었고, 손으로 만질 수도 있었고, 함께 떡을 떼고 구운 생선을 먹기도 하였다. 예수님의 제자들이 목숨을 걸고 일생동안 증언한 핵심은 예수 그리스도께서 부활하셨다는 것이며, 예수 그리스도를 믿는 우리들도 예수님과 함께 부활한다는 것이었다.

　　부활절은 인류 역사상에서 유일하게 일어난 단 하나의 위대한 사건, 죽은 자 가운데서 예수 그리스도께서 다시 살아나신 것을 선포하는 날이며, 그리스도인들이 가장 큰 위로를 받는 날이다. 그리스도인들에게 이 부활이 있기에 어떤 환경 속에서도 굴하지 않고 믿음을 지키며 결국에는 승리할 수 있는 것이다. 우리는 이 날을 기념하여 부활절을 지키며, 부활절헌금에는 이런 기쁨과 소망과 승리의 확신이 담겨 있는 것이다.

　　⑦ 성전건축헌금
　　성전은 하나님이 임재하시는 곳이다. 솔로몬이 성전을 건축하기 전에 하나님이 이스라엘 가운데 임재하시던 곳은 성소였다. 하나님은 사백삼십 년 동안 종살이를 하던 이스라엘 백성들을 권능과 이적으로 구원하시고 홍해를 마른 땅 같이 걸어 광야로 나오도록 한 후, 그들 가운데 임재하시기 위하여 모세를 통하여 이스라엘 백성들에게 성소를 짓도록 명령하였다. 모세는 하나님의 말씀에 따라 이스라엘 백성들로부터 기쁜 마음으로 바치는 예물을 받아 성소를 지어 봉헌하였다. 성소는 하나님이 이스라엘 백성들과 함께 하는 곳이고, 제사를 통하여 만나 주시는 곳이고, 죄를 사하여 주시는 곳이고, 은혜를 베풀어주시는 곳이다. 그러므로 성소는 하나님이 이스라엘 백성들에게 주신 가장 고귀한 선물이다.

성전은 이스라엘 백성들이 하나님의 인도로 가나안 땅에 정착한 후, 움직일 수 있는 성소 대신에 지은 건물로 하나님이 임재하시는 곳이다. 최초의 성전은 하나님의 각별한 사랑을 받은 다윗이 성전을 짓기 위하여 힘을 다하여 준비한 것과 백성의 지도자들이 즐거이 드린 것과 백성들이 자원하여 기쁘게 드린 것으로 다윗의 아들 솔로몬이 건축하였다. 하나님은 성전을 건축하고 봉헌한 솔로몬에게 나타나 이렇게 말씀하셨다. "내 이름으로 일컫는 내 백성이 그들의 악한 길에서 떠나 스스로 낮추고 기도하여 내 얼굴을 찾으면 내가 하늘에서 듣고 그들의 죄를 사하고 그들의 땅을 고칠지라 이제 이곳에서 하는 기도에 내가 눈을 들고 귀를 기울이리니 이는 내가 이미 이 성전을 택하고 거룩하게 하여 내 이름을 여기에 영원히 있게 하였음이라 내 눈과 내 마음이 항상 여기에 있으리라"(대하 7:14-16) 성전은 성소와 같이 이스라엘 백성들이 죄를 회개하며 드리는 제사를 통하여 하나님이 이스라엘 백성들을 만나주시고, 특별한 은혜를 베풀어주시는 거룩한 곳이다.

교회는 성전과 구별되는 말이다. 교회는 하나님의 특별한 은혜로 구원받은 성도들이 예수 그리스도를 중심으로 모인 공동체를 말한다.

교회는 성도들의 신성한 삶의 공동체이며 그 구성원들은 신앙의 고백과 세례예식에 참여함으로써 그리스도와 한 몸이 되고, 서로 믿음 안에서 형제자매로 살아가는 신비로운 공동체다. 그리고 교회는 예수 그리스도께서 머리가 되시고 교회의 구성원들인 교인들이 그 지체로서 교회의 기능을 담당하며, 함께 하시는 성령의 능력으로 하나님의 일을 이루어나간다. 우리들이 흔히 말하는 '교회건축'이라는 의미는 성도들이 모이는 장소 곧 교회건물의 건축을 의미하며, 구약시대의 '성전건축'이라는 말과 유사하다. 따라서 일반적으로 '교회건축'이라는 말 대신에 '성전건축'이라는 용어를 사용한다.

성전은 구약시대나 지금이나 교회 공동체가 신앙생활을 하며 주님의 일을 하는데 매우 중요한 역할을 한다. 성전은 성자 하나님 예수 그리스도께서 우리의 모든 죄와 허물을 지시고 달리신 그 십자가를 붙잡고 회개하며 하나님 앞으로 나가는 곳이다. 성전은 하나님이 우리 아버지가 되시고 우리는 하나님의 아들이라는 것을 확인하는 곳이다. 성전은 하나님의 자녀들이 모여 아버지가 되시는 하나님께 예배를 드리고 찬송을 드리며 기도를 드리고 하나님이 주시는 말씀으로 위로와 평안과 힘과 능력을 얻는 곳이다. 성전은 하나님이 주시는 비전을 붙잡고 꿈을 품을 수 있는 곳이며 그 비전과 꿈을 이룰 수 있는 지혜와 능력을 얻을 수 있는 곳이다. 따라서 성전은 성도가 삶을 시작하는 출발점인 동시에 삶의 결과를 하나님 앞에 내어놓는 곳이다.

이스라엘 백성들은 그들만의 믿음의 역사를 통하여 성전이 얼마나 중요한 곳인지를 안다. 그들은 포로 생활에서도 하나님이 임재하시는 성전을 바라보았으며 먼 이국땅에서 흩어져 살 때도 언제나 그들의 마음은 예루살렘 성전을 향하고 있었다. 예루살렘 성전이 파괴되고 나서 그들은 어느 나라 어느 곳에서 살든지 열 가구 이상만 모이면 성전을 대신할 회당을 짓는다. 회당의 주된 용도는 예배를 드리는 것이다. 찬양을 하고 기도를 드리며 성경을 낭독하고 말씀을 해석하고 마지막으로 축도를 하고 예배를 마친다. 유대인들이 나라 없이(1948.5. 이스라엘 건국) 세계 여러 나라에 흩어져 멸시와 핍박과 고난 가운데 살면서도 그들만의 정체성을 잃지 않고 뛰어난 민족으로 하나의 유대 공동체를 유지할 수 있었던 것은 회당을 중심으로 하나님을 섬기고 말씀으로부터 삶의 지혜를 얻고 서로서로 사랑의 교제를 나눌 수 있었기 때문이다.

미국을 개척한 청교도들도 교회가 그들의 삶의 중심이었다. 청교도들이 신앙의 자유를 찾아 신대륙 미국으로 건너갔을 때 추위와 질병과 식량부족으로 엄청난 삶의 고통 가운데서도 그들은 제일 먼저 교회와 학교를 세웠다. 청교도들이 그들에게 밀려드는 고난과 역경을 믿음으로 극복하고 하나님을 바라보며 새로운 비전과 꿈을 안고 미지의 땅을 개척해 나가는 삶의 중심에 교회가 있었다. 그리고 이 교회를 중심으로 그들의 비전과 꿈을 삶의 현장에서 이루어나갈 수 있었고, 그 열매로 신앙의 자유를 마음껏 누릴 수 있는 미국이라는 나라가 세워지게 된 것이다.

이와 같이 성전을 건축하고 교회를 세운다는 것은 하나님 중심으로 사는 것이며, 하나님이 주시는 비전과 꿈을 가지고 사는 것이며, 거룩한 공동체와 함께 사는 것이다. 그러므로 성전건축헌금에는 이와 같은 신앙의 고백이 담겨 있는 것이다.

⑧ 기타 현금수입

교회 헌금 이외에 현금이 들어오는 경우에는 기타 현금 수입으로 처리한다. 예를 들자면 예금 이자, 교회 차량 매각, 비품 처분 등으로 현금이 들어오는 경우에는 별도 수입항목을 만들지 않고 일괄하여 기타 현금 수입으로 간편하게 처리한다.

⑨ 특정한 목적을 위한 차입금의 회계처리

교회건축과 같이 특정한 목적을 위하여 외부에서 자금을 차입한 경우에는 현금흐름표 상의 수입으로 처리하지 않고 재무상태표에서 자산과 부채로 처리하는 것이 좋다. 왜냐하면 그 차입금은 특정한 목적을 위하여 사용할 수밖에 없음에도 교회의 경상적인 현금의 수입과 지출을 처리하는 현금흐름표에 포함시킬 경우 현금수입금액이 갑자기 증가하게 되어 수입과 지출계획을 세우는데 혼란을 줄 수 있기 때문이다.

교회건축을 위하여 은행에서 자금을 차입한 경우에 그 차입금은 아무리 교회에 급한 일이 생겨도 다른 용도로 사용하여서는 안 된다. 만약 다른 용도로 사용하면 하나님과 교인들 앞에서 한 약속을 어기게 될 뿐만 아니라 그 차입금을 제공해 준 금융기관으로부터 목적 이외의 용도로 사용하였다 하여 회수조치를 당할 수 있다. 따라서 특정 목적을 위하여 외부로부터 차입한 자금은 교회의 경상회계와 달리 별도로 관리하는 것이 좋다. 따라서 차입금의 회계처리는 경상적인 현금흐름표에서는 빠지고 별도로 교회건축기금이라는 항목을 만들어 재무상태표에서 처리한다. 따라서 회계처리를 하게 되면 재무상태표에서 부채 항목인 차입금이 발생하고, 들어온 현금은 교회건축기금이라는 자산으로 별도로 예금을 하여두거나 현금으로 관리한다.

2. 현금지출 부문
(1) 현금지출 부문의 위원회와 사업담당부서
◆ 위원회

교회의 정책을 집행하는 조직은 교회가 클 경우에는 당회, 위원회, 부서의 순으로 구성하고, 교회가 작을 경우에는 당회와 부서로 구성한다. 대형교회의 경우 당회와 일선 부서와의 사이에 위원회를 두는 이유는 부서조직이 방대하여 당회와 부서간의 의사소통이 복잡하고 어려워져 정책을 효율적으로 추진하기가 어렵기 때문이다. 이 경우에도 만약 위원회가 당회와 부서 사이에서 가교역할을 하지 못하거나 리더십이 없으면 당회와 부서 사이에 의사소통도 이루어지지 않고 열심히 활동하는 부서원들의 사기를 저하시켜 부서활동을 방해하게 된다. 위원회의 역할은 부서의 활동을 도와주고 그 결과를 당회에 보고하고 당회의 의견을 부서에 전달해 줌으로써 교회의 조직이 유기적으로 하나가 되어 교회정책을 효과적으로 추진하는 데 있다.

위원회는 교회예산을 수립할 때 소속부서별로 해당부서의 임원들과 함께 그 부서의 사업계획과 그 사업을 추진하는 데 필요한 예산을 수립하여 예산위원회에 요청하고, 또 교회전체적인 입장에서 예산이 조정되어 확정되면 그 위원회에 소속된 각 부서별로 임원들과 함께 최종 확정된 예산에 맞도록 당초 사업계획을 조정하여 사업별 현금지출이 예산의 범위 내에서 이루어지도록 하는 역할을 한다.

연중 사업이 추진되는 과정에서 위원회의 역할은 월별, 분기별 또는 반기별로 각 부서의 임원들과 함께 그동안 추진된 일을 검토하고 앞으로 추진할 일과 그 일을 효과적으로 추진하는 데 필요한 사항을 논의하고 지원하는 것이다. 1년간의 사업이 종료되면 위원회는 각 부서별로 해당부서의 임원들과 함께 연간 추진된 사업의 결과를 검토하고 그 내용을 당회에 보고하는 동시에 내년도 사업계획을 수립하는 데 반영하도록 한다.

◆ 사업담당부서

교회의 사업담당부서는 교회의 비전과 꿈을 제일선에서 이루어나가는 가장 핵심적인 조직이다. 그러므로 각 부서에서 일을 추진하는 임원들은 그 부서의 일에 전문가가 되어야 한다. 흔히 자신의 직업상의 일에는 전문가가 되려고 노력하면서도 하나님의 일에는 크게 신경을 쓰지 않는 경우가 있다. 하나님의 백성이 하나님의 일에 신경을 쓰지 않으면, 하나님이 그 사람의 일에 신경을 쓰시겠는가!

각 부서에 배정된 예산은 각 부서에서 하고자 하는 일에 비하여 대부분의 경우 부족하다. 비전은 원대하고 꿈은 큰데 이 비전과 꿈을 이루어나가는데 필요한 예산은 얼마 되지 않는다. 일을 추진하는데 필요한 자금이 모자라면 세상 사람들은 거기서 주저앉지만 하나님의 사람들은 하나님을 바라보고 일을 추진한다. 하나님의 사람들은 그들이 품고 있는 꿈과 비전 위에 턱도 없이 모자라는 적은 예산을 올려놓고 하나님을 향하여 기도하며 하나님의 역사를 기다리며 일을 한다. 하나님의 역사는 언제나 기도하며 믿음으로 일하는 자에게 일어난다.

각 부서에 배정된 예산은 부서의 입장에서는 부족할지 모르지만, 그 헌금에는 교인들의 신앙고백과 기도와 감사가 들어 있고 소망이 담겨 있다. 그 헌금은 보기에는 세상의 돈과 같을지 모르지만 본질은 너무나 다르다. 각 부서에서 헌금을 사용할 때는 그 헌금에 성도들의 믿음과 감사와 정성이 담겨 있다는 것을 알고 기도하며 감사하는 마음으로 사용해야 한다.

　각 부서에서 헌금을 사용할 때는 정해진 절차에 따라 사용하여야 한다. 각 부서 회계담당자는 사업계획에 따라 지출결의서를 작성하고, 부서별로 마련된 회계장부에 기장하고, 영수증을 첨부하여 돈의 사용 과정을 다른 사람들이 보아도 분명하게 알 수 있도록 하여야 한다. 그리고 각 부서 회계담당자는 교회 회계가 월별, 또는 분기별로 회계보고를 할 때 교회회계의 지출합계와 각 부서의 지출합계가 일치하는지를 확인하여야 하며 일치하지 않을 때는 서로 일치할 수 있도록 함께 확인하고 수정하여야 한다. 이와 관련된 모든 서류들은 깨끗하게 정리하여 적어도 5년 이상 보관하여, 다음에 그 부서의 일을 이어받는 사람들이 그 서류만 보고도 앞의 사람들이 어떤 일을 어떻게 하였는지 알 수 있도록 해야 한다. 그래야 사람이 바뀌어도 교회 일에 단절이 일어나지 않고 지속적으로 효과적으로 추진할 수 있다. 대부분의 교회에서 이런 것을 지키지 않아 각 부서의 일이 사람만 바뀌면 누적된 정보가 없어 시행착오를 거치게 되고 일의 깊이와 넓이가 없이 개미 쳇바퀴 돌듯이 반복하게 된다.

　어떤 교인들은 교회예산의 사용절차를 지키지 않아 그 절차를 지키도록 요구하면 기분 나쁘게 생각한다. 사람을 믿지 못하고 의심하여 따지는 것으로 생각한다. 스스로 믿을 수 있는 사람이라 생각하는 사람은 스스로 다른 사람이 믿을 수 있도록 하여야 한다. 교회 일에 신뢰가 무너지면 모든 것이 무너지기 때문에 세상의 일보다 더 분명하고 깨끗하게 모든 일을 절차에 따라 처리하여야 한다.

　정보는 단편적인 정보보다 정보가 모여 축적될 때 정보로서의 가치가 높아진다. 각 부서에서는 그 부서에서 하는 일의 역사를 정리하고 축적하고 있어야 하며, 그 축적된 정보를 부서원들과 공유하고 새로운 아이디어를 창출함으로써 그 부서에서 하는 일의 질을 높이고 양을 넓혀나가야 한다. 그리고 뒤를 이어나가는 다음 임원들에게 축적된 정보를 넘겨주어 그 부서의 사업이 단절되지 않고 보다 더 효과적으로 추진될 수 있도록 하여야 한다.

각 부서의 임원들은 담당하고 있는 부서의 일을 추진할 때 추진상황을 위원회와 협의하고 그 결과를 위원회를 통하여 당회에 보고해야 한다. 각 부서와 위원회와 당회 사이에 정보의 소통이 잘 이루어질 때, 기도가 하나가 되고 교회가 하나가 되고 살아 있는 조직이 되어 하나님의 역사를 함께 이루어나갈 수 있다.

(2) 믿음의 역사를 기다리는 현금 지출

교회 헌금은 하나님 앞에 믿음으로 드린 예물이다. 헌금을 내는 교인들의 형편은 다양하다. 하나님으로부터 물질의 복을 넉넉히 받아 누리는 성도들이 풍성하게 드리는 헌금이 있는가 하면, 일용할 양식을 걱정하면서도 하나님 앞에 드릴 것을 제일 먼저 구별해 두었다가 드리는 헌금이 있다. 교회 회계를 보면서 헌금계수를 하다보면 헌금봉투에 천원짜리 한 장을 꼬기꼬기 접어서 봉투 맨 아래에 깊이 넣어 드린 헌금이 있다. 그 헌금을 꺼내려면 봉투에 손가락을 깊이 넣어야 하므로 바쁠 때는 신경이 쓰이기도 한다. 그러나 그 헌금을 드린 사람의 형편과 마음을 살펴보면 예수님이 헌금함 앞에 앉아 있을 때 두 렙돈(노동자 하루 품삯의 128분의 1: 500원 정도)의 헌금을 드린 가난한 과부에게 예수님이 '많이 넣었다' 하신 말씀이 생각나 마음을 가다듬고 소중하게 처리한다.

'믿음으로 드린 헌금'은 믿음으로 사용하여야 '믿음의 역사'를 기대할 수 있다. '믿음으로 드린 헌금'을 생각 없이 가볍게 사용하면 주님 앞에 죄송한 일일 뿐만 아니라 헌금을 드린 분들에게도 부끄러운 일이 될 것이다. 어떤 교회에서는 각 부서에서 교회예산으로 임원회의와 같은 모임을 가질 때 다과나 회식비용으로 사용하지 못하도록 하고 있다는 말을 들은 일이 있는데 이것은 당회에서 헌금의 의미를 깊이 생각하고 내린 결정일 것이다.

각 부서에서 예산을 배정받아 한 해의 일을 시작할 때는 전 부원들이 모여 사업계획과 예산을 앞에 놓고 믿음의 역사를 기대하며 기도로 시작한다. 그리고 사업을 하나 하나 추진할 때도 기도하고, 그 기도를 통하여 하나님이 주시는 지혜와 힘으로 일을 추진해야 하나님의 역사를 기대할 수 있다. 일을 추진하는 사람은 일의 시작과 추진 경과와 그 결과를 기록하고, 연말이 되면 부원들이 함께 모여 그동안 이루어진 일들을 앞에 놓고 한 해 동안 한 일을 돌아보며 합력하여 선을 이룰 수 있도록 인도해 주신 하나님께 감사하고 기쁨의 교제를 나누며, 다가오는 새해에 해야 할 일에 대하여 지혜를 모은다.

(3) 현금 지출 항목
① 예배준비비

예배는 예수 그리스도의 십자가의 은혜로 구원받은 하나님의 자녀들이 전능하신 창조주 여호와 하나님 아버지 앞에 나와 '영과 진리'로 드리는 제사다. 예배는 예수님을 바라보며 '이는 내 사랑하는 아들이요 내 기뻐하는 자'라 말씀하시던 그 하나님이 독생자가 십자가에 달려 아버지를 아버지라 부르지도 못하고 "나의 하나님, 나의 하나님, 어찌하여 나를 버리셨나이까?"라 부르짖으며 고통을 당하는 참혹한 모습을 외면하시고 나 같은 죄인을 구원하시고 아들로 인정해 주신 아버지 하나님을 만나는 자리며 그 은혜에 감사하며 영광을 드리는 자리다.

예배는 나의 모든 허물과 죄를 용서받는 대가로 옷을 벗기고 홍포를 입히고 가시관을 씌우고 희롱을 당하고 침 뱉음을 당하고 갈대로 머리를 맞으시고 십자가에 못 박혀 달려 죽으신 성자 하나님 예수 그리스도의 이름으로 하나님 앞에 나가 드리는 거룩한 제사다.

예배는 성령님이 함께하시는 하나님의 자녀들이 '참으로' 하나님의 은혜를 깨닫고 아버지 앞에 함께 모여 기쁨과 즐거움을 나누는 잔치다. 삶의 현장에서 하나님을 기뻐하고 우리 주님을 즐거워하며 살던 성도들은 사랑하는 아버지를 만나고 형제자매들과 교제를 나눌 수 있는 잔치자리를 기다린다. 그리고 아버지가 가장 기뻐할 일이 무엇인가를 생각하고 그 일을 위하여 헌신하고 이웃들을 초대하고 예물을 준비한다.

예배를 준비하는 손길들은 바쁘다. 잔치자리를 빛내기 위하여 찬양을 준비하고, 강단을 아름답게 꾸미고, 사랑하는 형제자매들을 즐겁게 맞이하기 위하여 예쁘게 단장하고, 함께 모여 교회를 위하여 기도하고, 주차질서를 유지하고, 형제자매들이 함께 나눌 음식을 준비하고 그리고 때가 되면 세례와 성찬을 준비하기도 한다.

예배위원회는 이와 같은 모든 일이 원만하게 잘 이루어지도록 배정된 예산을 현장에서 일을 담당 부서별로 배분하고 진행상황을 확인하고 도와주고 현장의 의견을 수렴하고 협력한다.

◆ **예배안내비**

예배안내비는 예배안내부에서 예배를 은혜롭게 드릴 수 있도록 도와주는 일을 하는 데 사용되는 지출이다. 예배안내부의 안내원들은 예배를 드리러 오는 성도들을 맞이하고 안내하는 일을 한다. 새신자를 영접하고, 결혼이나 좋은 일이 있는 성도들을 축하하고, 상을 당하거나 힘들고 어려운 일이 있는 성도들을 위로하고, 헌금을 봉헌할 수 있도록 준비하고, 예배가 원만하게 잘 진행될 수 있도록 돕는 일을 한다.

　예배 안내를 맡은 분들은 교회의 얼굴이다. 그들이 어떤 자세로 성도들을 맞이하느냐에 따라 예배분위기가 달라진다. 안내원들이 성도들을 맞이하는 것은 하나님 아버지를 대신하여 맞이하는 것이다. '아직도 상거가 먼데서' 둘째 아들을 기다리는 아버지의 심정으로 성도들을 맞이한다. 병아리가 암탉의 품으로 돌아오듯이 아버지 품으로 돌아오는 성도들을 사랑하는 아버지의 가슴으로 맞이하는 것이다. 환란을 당한 자, 고난 중에 있는 자, 심한 근심거리로 마음이 아픈 자들을 맞이하여 사랑하는 주님의 날개 아래에서 위로와 평안을 얻을 수 있도록 안내하는 것이다.

　그러므로 안내원들은 안내를 시작하기 전에 하나님 우리 아버지의 인자하심과 자비하심과 사랑으로 충만하기 위하여 기도하고 준비한다. 그리고 성령님의 충만한 은혜가 넘치기를 간구한다. 아비의 심정으로 성도들을 맞이하는 안내원들의 얼굴에는 사랑이 넘치고 웃음이 넘쳐나고 반가움으로 가득하다. 그들은 아버지가 기다리고 기다리던 형제자매들이 들어오는 모습을 보고 기뻐서 어쩔 줄 몰라 한다. 그들은 기쁜 일이 있어 즐거워하며 들어오는 성도들과 함께 기뻐하고, 슬픔을 가슴에 담고 들어서는 성도들과 함께 슬퍼하고 위로한다. 안내원들은 성도들이 성전에 올라갈 때 하나님이 기뻐하는 모습을 그린 다윗의 시로 하나님을 찬송하며 형제자매들을 맞이한다.

> "이다지도 좋을까, 이렇게 즐거울까!
> 형제들 모두 모여 한데 사는 일!
> 아론의 머리에서 수염타고 흐르는,
> 옷깃으로 흘러내리는 향긋한 기름 같구나.
> 헤르몬 산에서 시온 산 줄기를 타고
> 굽이굽이 내리는 이슬 같구나.
> 그 곳은 야훼께서 복을 내린 곳,
> 그 복은 영생이로다"
> (공동번역 시 133:1-3)

이 노래는 여호와 하나님 우리 아버지께서 형제자매가 만나 함께 예배드리는 모습을 보고 너무나 기뻐서 좋아하고 즐거워하신다는 것이다. 아버지께서 그들을 존귀하게 여기고 환대하며, 풍성한 은혜를 내려 주시고, 영원히 함께 하신다는 것이다. 이와 같이 아름다운 광경은 교인들을 맞이하는 안내원들의 모습에서부터 시작된다.

◆ 찬양준비비

찬양준비비는 찬양을 담당하는 부서에서 예배 중에 드릴 찬양을 준비하는 데 사용하는 지출을 말한다. 찬양은 좁은 의미로는 하나님께 올리는 노래나 연주를 말하며, 넓은 의미로는 하나님께 감사와 영광을 돌리는 모든 것을 말한다. 찬양은 모든 피조물이 창조주 하나님께 마땅히 드려야 할 영광이며, 하나님의 은혜로 구원받은 성도들이 믿음으로 드리는 신앙의 고백이다. 성도들의 삶은 하나님을 찬양하며 하나님을 즐거워하며 하나님께 영광을 돌리는 것이다.

교회의 성가대는 공적인 예배를 드릴 때 특별히 준비한 찬송으로 하나님께 영광 돌리는 순서를 담당한다. 성가대가 아름다운 찬양으로 지극히 높으신 하나님께 영광을 돌릴 때, 예배에 참석한 모든 성도들도 구원의 기쁨을 누리며 함께 찬양을 올린다. 찬양대가 아름다운 곡조에 믿음을 담아 하나님을 찬양할 때 산들이 함께 노래하며, 바다가 함께 춤을 추며, 하늘의 천군천사들이 함께 노래하며 엄청난 일을 해내신 창조주 여호와 하나님께 영광을 돌린다.

> "나팔 소리로 찬양하며 비파와 수금으로 찬양할지어다.
> 소고 치며 춤추어 찬양하며 현악과 통소로 찬양할지어다.
> 큰 소리 나는 제금으로 찬양하며
> 높은 소리 나는 제금으로 찬양할지어다.
> 호흡이 있는 자마다 여호와를 찬양할지어다. 할렐루야"
> (시 150:3-6)

성가대원들의 찬양에는 신앙의 고백이 담겨 있고 시간과 헌신이 담겨 있고 열정과 기쁨이 담겨 있다. 성가대원들은 믿음으로 찬양하고, 구원의 기쁨으로 찬양하고, 베풀어주신 풍성한 은혜에 대한 감사함으로 찬양하고, 불같이 타오르는 사랑으로 하나님을 찬양한다. 성가대원들은 우리 주님이 심판주로 오실 그날을 바라보며 하나님을 찬양한다. 그날에 하나님이 예비해 두신 새 하늘과 새 땅, 새 예루살렘성에서 주님을 찬양하며, 생명수가 흐르는 시냇가에서 생명과일이 달린 생명나무 아래서 사랑하는 주님과 함께 기뻐하고 즐거워하며 여호와 하나님을 찬양할 것을 믿음의 눈으로 바라보며 찬양한다.

◆ 미화비

미화비는 미화를 담당하는 부서에서 예배드리는 곳, 하나님의 자녀들이 아버지를 만나는 곳을 예배분위기에 맞도록 아름답게 꾸미는데 사용되는 지출이다. 하나님 아버지를 기쁘시게, 사랑하는 하나님의 자녀들의 마음을 즐겁게 하기 위하여 잔치자리를 꾸민다. 미화부 부원들은 하나님을 사랑하는 마음이 아름다움으로 가득하다. 때로는 아버지 가슴에 못을 박으며, 때로는 아버지 가슴을 찢어놓으며, 때로는 아버지가 보는 앞에서 패역한 짓을 하며 살던 죄인임에도, 용서해 주시고 품어주시고 위로해 주시는 아버지의 그 인자하심과 자비하심과 넓고도 깊은 그 사랑을 가슴에 담고 감사와 기도로 꽃다발을 만들고 꽃꽂이를 만들어 하나님 앞에 올린다.

하나님을 사랑하고 꽃을 좋아하는 시인 이해인 수녀의 시집 '꽃은 흩어지고 그리움은 모이고'에 나오는 꽃 시처럼 그들은 꽃 마음을 가득 담아 제단 앞에 올린다. 꽃으로 아름다움을 만들어 가는 부원들 한 사람 한 사람이, 주님 사랑하는 마음에 불을 붙이는 장미꽃이 되고, 달아오른 사랑에 황홀하여 터질 것 같은 석류꽃이 되고, 사랑의 순한 눈길을 보내는 도라지꽃이 되고, 죽어서라도 주님을 만나야 한다는 그리움으로 꽃술을 길게 늘어뜨린 상사화가 되고, 사랑에 빠져 자색 등불을 들고 하염없이 주님을 기다리는 자목련이 되고, 밀물처럼 밀려오는 그리움으로 주님만을 바라보는 해바라기가 되고, 흰 옷 입은 천사의 나팔소리를 들으며 부활의 날을 기다리는 백합이 되어 거룩한 제단 앞에 바쳐지는 향기로운 예물이 된다.

토요일이 되면 사랑하는 주님을 만날 시간을 기다리며 그들의 발걸음은 분주해지고 손길은 바빠진다. 사랑에 들뜬 연인들처럼 꽃 시장을 누비며 마음을 담아 드릴 수 있는 꽃들을 찾느라 그들의 눈길은 바쁘다. 적은 예산이지만 크고 아름다운 마음을 담을 수 있도록 꽃을 고른다. 그리고 그들은 함께 기도하며 제단 앞에 올릴 작품을 만든다. 꽃 송이송이 마다 사랑을 담고 믿음을 담고 기쁨을 담아 꽃다발을 만들고 꽃

꽃이를 만들어 사랑하는 주님의 이름으로 아버지 하나님 앞에 다소곳이 올려놓는다.

> 내 마음은
> 늘
> 차고 푸른 호수입니다.
>
> 그러나 당신이 오시면
> 뜨겁게 움직이는
> 화산입니다.
> 당신이 사랑으로
> 내 이름을 불러주시면
>
> 조금 더 총명해지고
> 조금 더 겸손해지고
> 조금 더 믿음이 깊어지는
> 한 송이 꽃입니다.
>
> 당신의 발걸음을 들으면
> 고요한 마음에 파문이 이는
>
> 가만 있을 수가 없어
> 맨발로 뛰어나가는
>
> 참 어쩔 수 없는
> 초롱초롱
> 초롱꽃입니다.
>
> **(이해인의 시 '초롱꽃')**

◆ 성례준비비

　성례준비비는 성례를 담당하는 부서에서 성례전을 준비하는 데 사용하는 지출을 말한다. 성례전은 주님께서 직접 제정하신 예식으로 세례와 성찬식이 있다. 교회에는 아무나 나올 수 있지만 성례전은 아무나 참여하지 못하는 특별히 구별된 예식이다. 성도들은 성례전에 참여함으로써 하나님의 임재를 확인하고, 하나님의 은혜와 사랑을 체험할 수 있으며, 주님의 몸 된 교회의 지체로서 공동체 의식을 회복할 수 있다.

　세례는 물로 성부와 성자와 성령의 이름으로 죄를 씻는 거룩한 예식이다. 세례 받는 날은 새 생명이 탄생하는 날이다. 옛 사람은 십자가와 함께 죽고 새로운 생명이 탄생하는 날이다. 하나님이 사랑하는 아들, 하나님이 기뻐하는 아들이 탄생하는 날이다. 성자 하나님이 나무에 달리시고 그 살이 찢기시며 목숨을 걸고 낳은 아들, 천하보다 귀한 생명이 태어나는 날이다.

　성례부 부원들은 아이를 받는 심정으로 물세례를 준비하고, 불같은 성령 세례가 함께 임하기를 기도한다. 그리고 한 형제자매를 주신 아버지께 감사하며 세례를 준비한다. 서로 사랑하며 서로 섬기며 살기를 아버지 앞에 다짐한다. 기뻐할 때 함께 기뻐하고 슬퍼할 때 함께 슬퍼하고 괴로워할 때 서로 위로하며 살기를 약속하며 세례를 준비한다.

　성찬식은 예수 그리스도께서 우리를 구원하기 위하여 십자가에 달려 찢기신 살을 기념하여 떡을 떼고, 흘리신 피를 기념하여 잔을 마시는 거룩한 예식이다. 성도들이 한 떡 덩어리에서 떡을 떼어 나누는 것은 주님은 교회의 머리요 교회는 주님의 몸이며 우리는 그 지체가 된다는 것을 나타내며, 잔을 나누는 것은 한 피로 구속함을 받았다는 것을 의미한다. 그러므로 모든 성도들은 살과 피를 나눈 형제자매들이라는 것이다.

성찬식은 성자 하나님 예수 그리스도께서 당하신 십자가의 고난과 죽음을 확인하는 장엄하고도 엄숙한 예식인 동시에, 주님을 사랑하고 교회를 사랑하고 형제자매를 사랑하는 마음을 회복하는 예식이며, 주님의 부활과 승리를 생각하며 그 날에 주님과 함께 나눌 천국잔치를 바라보며 소망 가운데 기쁨으로 드리는 예식이다.

성례부 부원들이 성찬식을 위하여 준비하는 떡은 그냥 떡이 아니다. 그 떡에는 그들의 기도가 들어 있고 십자가 앞에서 흘리는 눈물이 들어 있고 구원에 대한 감사가 들어 있다. 떡을 준비하며 그들은 이렇게 기도할 것이다. 주여 이 떡을 떼며 이 잔을 마실 때 주님에 대한 사랑을 회복하게 하소서, 형제자매들이 서로 사랑하게 하소서, 주님 오실 날을 헤아리며 믿음으로 승리하게 하소서, 그리고 이 떡을 떼고 이 잔을 마실 때 하늘의 풍성한 은혜로 충만하게 하시고, 우리들의 삶에 힘과 용기를 주시고 큰 기쁨을 주소서!

② 해외선교비

해외선교비는 해외선교를 담당하는 부서에서 해외선교를 위하여 사용하는 지출을 말한다. "그러므로 너희는 가서 모든 민족을 제자로 삼아 아버지와 아들과 성령의 이름으로 세례를 베풀고 내가 너희에게 분부한 모든 것을 가르쳐 지키게 하라, 볼지어다 내가 세상 끝날까지 너희와 항상 함께 있으리라 하시니라"(마 28:19-20) 해외선교부는 이 말씀을 붙잡고 비전과 꿈을 품고 세계 열방으로 향한다. 때로는 직접 선교사를 파견하기도 하고, 때로는 파견된 선교사들을 지원하기도 한다. 그들은 최전방에서 막혀 있는 길을 열어나가며 복음을 증거하는 선교사들이 그 사역을 잘 감당할 수 있도록 후방에서 지원한다. 후방에서 어떻게 지원하느냐에 따라 최전선에서 거두어들이는 열매의 양이 달라진다. 해외선교부는 특정지역에 선교사를 파견하면 그 선교사와 호흡을 같이 한다.

성령의 역사가 없이는 선교의 열매를 거둘 수 없다. 대충 두루뭉술하게 사역을 하고, 두루뭉술하게 기도하고, 두루뭉술하게 지원하면 성령의 역사를 구체적으로 체험할 수 없어 선교에 대한 기쁨을 얻을 수 없게 된다. 또한 선교사역에 대한 관심과 열정이 식게 된다. 시간이 지나 해외선교를 담당하는 부원들이 바뀌면 해외선교부와 선교 현지 간에 일체감은 사라지고 따로따로 놀게 된다. 해외선교부와 선교 현지의 선교사들이 하나가 되지 않으면 선교에 대한 교회의 비전과 꿈을 이룰 수 없다.

해외선교비에는 해외선교전략비, 해외선교추진비, 해외단기선교비 등이 있다.

◆ 해외선교전략비

해외선교전략비는 선교전략을 담당하는 부서에서 교회의 선교비전과 예산과 형편에 맞도록 선교 전략을 수립하는 데 사용되는 지출을 말한다. 선교전략이란 선교에 대한 장단기 비전을 제시하고, 선교 지역을 선택하고, 선교사의 훈련을 지원하고, 선교에 대한 실상을 교인들에게 알려 함께 동참하도록 하는 것을 말한다.

선교전략팀은 교회와 성도들이 품고 있는 선교에 대한 비전을 바탕으로 장기전략과 단기전략을 수립한다. 장단기 선교전략을 수립하기 위해서는 선교현장에 대한 많은 정보가 필요하다. 선교현장에 대한 다양한 정보를 수집하고 분석하여 구체적인 전략을 수립하지 않고 선교를 시작하면 많은 시행착오를 거치게 된다.

선교를 시작하기 전에 선교 대상 국가와 선교지역이 선정되면 그 지역에 대한 정보를 수집하고, 수집된 정보를 바탕으로 선교사를 선정하고, 선교사와 함께 선교지역의 실정에 맞는 장단기 선교전략을 수립한다. 이를 위하여 선교전략부는 선교지의 정치, 경제, 사회, 문화, 지리, 종교, 생활수준, 교육수준 등에 대한 정보를 수집하여 선교사와 공유하고 함께 머리를 맞대고 연구하여야 한다. 효과적인 선교 전략을 강구하고, 실현 가능한 장·단기선교계획이 수립되었을 때 비로소 선교를 시작할 수 있다.

장·단기선교계획에는 선교사에 대한 훈련, 선교의 기반이 되는 활동장소의 확보, 구체적인 선교활동 내용, 선교비용 등이 포함된다. 선교사는 선교의 핵심이다. 그러므로 선교사의 훈련은 대단히 중요하다. 선교사는 선교 현지에 파견되기 전에 국내에서 필수적인 훈련과정을 거치지만 그것만으로는 부족하다. 본격적으로 선교를 시작하기 전에 현지적응훈련이 필요하다. 선교사는 현지에서 가족과 합류하기 전에 현지 대학 등에서 언어훈련을 집중적으로 받는 동시에, 현지인과의 교제, 선교활동 장소의 물색, 선교대상의 선정과 선교방법의 수립, 현지 상황 파악 등의 자료를 마련하여 선교전략부와 정보를 공유하고 필요한 조치를 협의할 필요가 있다.

선교전략부는 현지 선교사와 지속적으로 정보를 공유해야 하며, 그 정보를 계속 축적하고 업데이트해야 한다. 그리고 새로운 정보를 바탕으로 장·단기선교전략을 수정하고 보완해야 한다. 정보가 업데이트되고 축적돼야 선교협력부의 부원들이 바뀌어도 선교가 흔들리지 않고 계속 지속적으로 추진될 수 있다. 전투 중에 후방의 지원부대가 흔들리면 전투 현장에서는 힘 있는 전투를 수행할 수 없다. 사람이 바뀌었다고 선교현장의 제반 상황을 다시 파악해야 한다고 자료를 만들어 보내달라느니 현재의 선교방법을 바꾸어보자느니 갑자기 엉뚱한 소리를 하면 선교현장에서는 힘이 빠지는 것이다.

선교전략부의 부원들이 바뀌었을 때 선교지에 대한 축적된 정보가 없으면 선교의 추진과정과 현장의 실상을 알 수 없어 선교에 대한 관심이 적어지고, 현지 선교사를 효과적으로 지원할 수 없으며, 구체적인 기도를 할 수 없다. 선교에 대한 협력과 기도가 없는 곳에서는 선교의 열매를 거두기가 힘들다.

◆ 해외선교추진비

해외선교추진비는 해외선교를 담당하는 부서에서 해외에 파견한 선교사들과 직접 연결되어 그들의 선교활동을 돕는 데 사용되는 지출이다. 해외선교지가 여러 곳인 교회에서는 지역별 또는 국가별 선교담당 팀을 구성하기도 한다. 다양한 국가를 한 팀에서 담당하면 전문화가 되기 힘들다. 한 국가에 선교사를 파견했을 때 그 나라에 대하여 파악해야 할 것이 많다. 그러므로 선교지를 가급적 세분화하고 전문화할 필요가 있다. 그래야 구체적으로 기도할 수 있고 하나님이 이루어나가시는 선교의 역사를 깨닫고 감사할 수 있다.

어떤 국가를 선교지로 담당한 팀은 그 국가에 대한 다양한 정보와 선교지의 실상을 수집하고 정리하고 축적하여야 하며, 그 축적된 정보를 현지의 선교사와 공유하여야 한다. 현지 선교사의 활동내용과 필요한 도움과 기도제목을 파악하여 함께 기도하며 협력해야 한다. 선교지에 보내는 선교헌금은 언제나 부족하다. 그러나 그 돈은 세상의 돈과 다르다. 그 헌금에는 교회의 선교비전과 교인들의 꿈과 기도가 담겨 있다. 선교현장을 담당하고 있는 선교팀이 선교헌금을 송금할 때 그 헌금이 사용되는 곳에 하나님의 역사가 일어나기를 소원하며 기도하며 보내야 한다. 선교 담당자들이 선교 현지의 실상을 알지 못하고 선교사와 함께 기도의 제목을 공유하지 못하고, 그저 교회에서 배정된 예산을 계획에 따라 의미 없이 규칙적으로 송금하는 것으로 그들의 할 일을 다 한 것으로 생각한다면 그들은 오히려 선교에 걸림돌이 될 것이다. 심지어 어떤 교회의 선교팀은 얼마 되지도 않는 선교비를 일정한 날짜에 정확하게 보내지 않고 들쭉날쭉하게 보내어 선교사들을 걱정하게 만들고 선교활동에 어려움을 주기도 한다. 어떤 경우에는 선교사를 위하여 기도하고 협력하기는커녕 선교의 열매가 없다고 채근하기도 한다.

하나님은 교회의 지원이 없어도 그리고 선교사가 없어도 하나님의 일을 할 수 있는 분이다. 그럼에도 불구하고 교회와 선교사들이 복음을 전하도록 하는 것은 선교사역을 통하여 그들이 창조주 하나님을 만나고 하나님의 역사를 보게 하시고 그들에게 은혜 베푸시기를 원하기 때문이다.

중국이 복음화 되어가는 과정을 살펴보면 이 사실을 잘 알 수 있다. 중국은 문화혁명을 거치면서 당시 500만 명 정도 되던 기독교인들을 무자비하게 탄압하고 숙청하기 시작하였다. 그 결과 문화혁명이 끝날 무렵인 1960년대 말에 문화혁명을 주도하던 모택동의 처 강청이 외신 기자들을 모아놓고 이제 중국에는 기독교인이 한 사람도 없다고 공언하였다. 중국 정부의 이런 발표는 1970년대 중국을 방문하였던 미국의 기독교 대표단이 '중국에는 단 한 명의 기독교인도 남아 있지 않다'

고 본국에 보고한 내용에서도 확인할 수 있다.

그러나 등소평이 실권을 잡고 개방경제를 지향하며 뚜껑을 열어보니 기독교인이 한 명도 없다던 중국 땅에 1억 명에 가까운 기독교인들이 자생하고 있었다. 선교사들이 모두 철수하여도 성령께서는 하실 일을 멈추지 않은 것이다. 하나님은 길거리에 나뒹굴고 있는 저 돌들로도 하나님을 찬양하게 할 수 있다. 그러나 하나님은 우리를 통하여 선교하도록 하고, 우리를 통하여 찬양을 받으시기를 원하신다. 왜냐하면 하나님은 하나님의 자녀들이 아버지의 말씀에 순종하여 죽어가는 생명을 구하러 낯선 땅에 가서 복음을 전하고 그 열매를 가지고 하나님을 찬양하는 아름다운 모습을 받기를 원하시기 때문이다.

해외선교사의 안타까움과 아픔이 해외선교부의 기도의 제목이 되어야 한다. 선교현지에서 가족들이 병이 들거나 사고를 당하면 속수무책이다. 본국에서 치료비를 넉넉하게 보내줄 수 있는 것도 아니다. 내가 아는 어떤 선교사님은 카자흐스탄에서 오랜 기간 사역을 하다가 사모님이 중한 병이 들었는데도 치료할 돈이 없어 어찌할 줄 몰라 하는 모습을 보았다. 대부분의 해외선교사들의 가장 큰 근심거리는 자녀들의 교육문제라 한다. 특히 문명의 혜택을 받지 못한 오지에서 선교를 하는 선교사들은 자식들의 교육을 신경 쓰지 않을 수 없다. 부모들이야 정상적인 교육도 받고 하나님으로부터 특별한 은혜를 받아 자신들이 선택하여 선교의 길을 가고 있지만, 자식들은 그렇지 않다는 것이다.

이외에도 해외에서 사역하는 선교사들에게는 걱정과 근심거리가 많이 있을 것이다. 해외선교부는 현지 선교사들이 당면하고 있는 문제를 앞에 놓고 함께 기도하여야 할 책임이 있다. 교회에서 책정해 준 한정된 선교예산을 앞에 놓고 선교사들이 사역을 하는 데 어려움이 없도록 기도하여야 한다. 넉넉하지 않은 선교비지만 오직 복음을 전하기 위하여 자신과 가족의 모든 인생을 걸고 헌신하는 선교사들을 위하여 구체적인 기도의 제목을 하나님 앞에 올려놓고 기도하여야 한다.

　선교지에 선교의 뿌리를 내리고 꽃을 피우고 열매를 맺기 위해서는 성령의 역사가 있어야 한다. 해외선교부가 해외선교사와의 긴밀한 정보교류를 통하여 선교현지의 실상을 상세히 파악하고 선교사가 요청하는 기도의 제목을 제단 위에 올려놓고 날마다 기도할 때 선교현장에 성령의 역사가 일어나고 선교의 아름다운 열매를 넉넉히 거둘 수 있게 될 것이다.

◆ 해외단기선교비

　해외단기선교비는 해외단기선교를 담당하는 부서에서 해외에서 자리를 잡고 선교하고 있는 선교사님들의 사역을 일시적으로 도우러 가거나 특별한 이벤트가 있어서 단기간 해외에서 선교활동을 하는 데 사용되는 지출을 말한다. 해외선교의 성격상 해외선교 팀이 현지 선교사의 협력 없이 단기간에 독자적으로 선교활동을 하기란 상당히 어렵다. 해외선교전략부와 해외선교추진부의 협조를 얻어 현지에서 필요로 하는 단기선교팀을 구성하여 파견해야 소기의 목적을 달성할 수 있다.

　해외단기선교는 현지 실정을 이해하고 현지인들과 교제를 나누고 선교사들을 위로하고 힘을 실어줄 뿐만 아니라, 단기선교에 참여하는 성도들에게 선교에 대한 비전을 품게 한다. 특히 젊은이들에게 눈을 뜨게 하고, 세계를 품는 마음을 가지게 하고, 일생을 걸고 도전할 수 있는 거룩한 꿈을 갖게 한다.

　해외단기선교를 갈 때는 현지에 있는 선교사와 호흡을 같이해야 한다. 선교를 떠나기 전에 사전에 준비해야 할 일들과 현지에서 할 수 있는 역할을 세밀하게 파악하여 숙지하고 면밀히 준비해야 소기의 성과를 얻을 수 있다. 연극배우가 무대에 설 때 관람객들 앞에서 연극을 실지로 하는 시간보다 훨씬 많은 시간 동안 사전에 준비하는 것과 마찬가지다. 연습시간이 짧으면 관람하는 사람들을 실망시키고 관중석은 비게 될 것이고 결국 그 연극은 실패로 끝날 것이다. 단기선교도 사전준비 없이 무작정 현지에 도착하면 현지선교사를 돕기 보다는 오히려 선교에 방해가 되기 쉽다.

단기선교를 가는 데는 비용이 많이 든다. 풍성하고 넉넉하게 여행을 가는 것과는 거리가 멀지만, 단기선교를 제대로 하려면 선교현지에서 해야 할 일과 도와주어야 할 것이 너무 많다. 단기선교를 가는 사람들의 여비를 마련하고 선교지에서의 활동비와 그곳에서 필요로 하는 물품들을 준비하려면 단기선교팀이 자체적으로 모든 비용을 감당하기가 벅찬 경우가 대부분이다. 그래서 단기선교는 교인들의 적극적인 후원이 필요하다. 그리고 이 모든 것이 준비되었다 하더라도 단기선교를 통한 선교의 열매는 사람의 힘으로 거둘 수 있는 것이 아니라 성령의 역사로 이루어지는 것이므로 단기선교는 기도하면서 준비하고 기도하면서 선교해야 한다.

③ 전도활동비

전도활동비는 전도를 담당하는 부서에서 국내에서 전도나 선교활동을 하는 데 사용하는 일체의 지출을 말한다. 교회가 해야 할 일이 많이 있지만 그 가운데서 중요한 것 두 가지를 들자면 '말씀을 가르치는 것'과 '전도하는 것'이다. 전도는 교회가 해야 할 일 중에서도 가장 핵심적이고 중요한 일이다. 예수 그리스도께서 하나님의 영광스러운 보좌를 떠나 이 땅에 오신 목적이 '복음을 전하는 것'이라 말씀하실 정도로 전도는 중요하다. "예수께서 이르시되 내가 다른 동네들에서도 하나님의 나라 복음을 전하여야 하리니 나는 이 일을 위해 보내심을 받았노라 하시고 갈릴리 여러 회당에서 전도하시더라"(눅 4:43-44) 예수님이 십자가에 못 박혀 죽으시고 사흘 만에 부활하여 승천하신 후 성령이 충만하여 일어선 제자들이 한 일들 중에서 가장 중요한 것이 전도하는 것과 가르치는 것이었다. "그들이 날마다 성전에 있든지 집에 있든지 예수는 그리스도라고 가르치기와 전도하기를 그치지 아니하니라"(행 5:42)

전도는 교회의 생명이다. 전도하지 않는 교회는 생명력이 없어 서서히 말라가는 나무와 같이 쪼그라들다가 사라진다. 죽은 심령들이 복음을 들어 생명을 얻고, 생명을 얻은 성도들이 모여 있는 교회가 살아 있는 교회다. 교회가 말라가면 성도들의 심령도 생명력을 잃고 말라간다. 교회가 살고, 교인들이 살기 위해서는 전도를 하지 않으면 안 된다. 전도는 해도 되고 하지 않아도 되는 선택적인 것이 아니라 하지 않으면 죽을 수밖에 없는 필수적인 것이다.

교회와 전도부가 할 일 중에서 가장 중요한 일은 교인들이 전도를 하지 않으면 도저히 참을 수 없도록 그 심령이 말씀 충만, 은혜 충만, 성령 충만하도록 하는 것이다. 심령이 메말라 있는 교인들은 전도를 할 수 없다. 이런 교인들은 복음을 전하겠다는 마음이 없고 전해 줄 것도 없다. 교회에서 전도하라고 강요하고 몇 명을 전도하였는지 실적을 발표하기 때문에 직분상 마지못해 의무감으로 전도를 한다 하더라도 생명을 전할 수가 없어 전도의 열매가 없다. 말씀에 깨달음이 있는 자가 말씀을 전할 수 있고, 은혜를 받은 자가 은혜를 나눌 수 있고, 새 생명을 얻은 자가 생명의 복음을 전할 수 있으며, 성령님은 이런 사람들이 전하는 곳에서 역사하신다. 성도들의 심령에 성령의 불이 타올라 생명의 역사가 일어나기 시작하면 전도하라 이야기하지 않아도 전도를 한다. 예산이 뒷받침되지 않아도 심령 속에서 일어나는 생명의 역사와 넘치는 기쁨으로 참을 수 없어 자신이 가진 모든 것을 드려 전도한다. 몸으로 전도하고, 미용기술을 이용하여 전도하고, 의술로 전도하고, 지식으로 전도하고, 자신의 돈을 써가며 자비량으로 어디서든지 전도한다.

 많은 교회들이 심령이 메말라 있는 성도들에게 전도방법과 전도기술만 가르쳐주고 전도하라고 독려한다. 물론 전도를 하다보면 하나님이 메말라 가는 성도들의 심령에 은혜를 주시기도 한다. 그러나 전도는 기도 없이, 성령 충만함이 없이 열매를 거둘 수가 없다. 전도 대상을 제단 위에 올려놓고 죽어가는 그 심령이 불쌍하여 날마다 눈물로 간구하며 전도할 때 성령의 역사가 일어나고 전도의 열매가 거두어지고 전도한 그 사람이 하나님의 역사와 은혜를 체험하게 되는 것이다. 전도방법과 전도기술은 이런 사람들에게 필요하고 또 이런 사람들이 효과적으로 이용할 수 있다.

 지금까지 전도부가 하는 일의 대부분은 전도행사를 주관하고 전도방법을 연구하고 전도 기술을 개발하여 습득할 기회를 제공하는 것이었다. 대부분의 교회들이 교회부흥을 위하여 추진한 전도행사는 총동원 전도주일, 교인배가운동, 이웃초청큰잔치, 경로잔치, 불우이웃돕기 바자회 등이었고, 전도방법으로는 전도지와 선물을 들고 가가호호 방문하여 문을 두드리거나 길거리에서 불특정 다수인들에게 전도지를 배포하면서 전도하는 것이었다. 그 동안 한국교회는 이와 같은 행사와 방법을 통하여 많은 전도의 열매를 맺고 교회가 성장해 왔으며, 그 중에는 전 세계의 교회들이 놀랄 만큼 큰 교회로 성장한 교회들도 있다.

그러나 이제는 주변 환경이 급속도로 변화되고 있다. 낙후되었던 지역이 개발되고 아파트가 대단위로 들어서고, 재래시장이 죽어가고 대형마트들이 들어서 대부분이 자동차로 시장을 보고 그것도 귀찮으면 집에 앉아서 인터넷으로 필요한 물건을 주문하는 등 주거환경이 폐쇄적인 공간으로 변하고 있다. 그리고 인터넷과 휴대전화 성능이 엄청난 속도로 발전하고 있어 혼자 있는 공간에서도 세상 돌아가는 모든 정보를 얻을 수 있다. 아파트에 사는 사람들대부분이 윗집, 아랫집, 심지어는 앞집에 누가 사는지 모를 정도로 폐쇄적으로 살고 있다.

혼자 폐쇄적인 공간에서 생활하는 사람에게 전통적인 방법으로 전도하고 전통적인 방법으로 믿음이 자라도록 양육한다는 것은 대단히 어려운 일이다. 자동차나 아파트와 같은 폐쇄적인 공간에 있는 사람에게는 전도지를 돌리기도 어렵고 더구나 대면하여 말로 전도하기란 거의 불가능한 일이다. 거기다가 하루 24시간이라는 한정된 시간에 엄청나게 밀려드는 정보의 물결 속에서 살다보니 예수 믿으라며 건네주는 전도지는 볼 시간도 없다. 그저 받자마자 대부분이 휴지통으로 들어간다. 어쩌다 전도하여 교회에 나와도 30분도 안 되는 설교를 듣고 교회 밖으로 나오자마자 잊어버리니 말씀이 뿌리를 내리지 못한다. 밀려드는 정보와 생각할 것이 너무 많아 머릿속에 설교내용을 오래 간직할 만한 공간이 없다.

이와 같이 급변하는 환경 속에서 전도를 효과적으로 하기 위해서는 전도부의 역할이 매우 중요하다. 전도부는 주변 환경의 변화를 읽고 전도현장에 불어닥치고 있는 위기현상을 잘 파악하여 적절한 대안을 모색하여야 한다. 믿음은 말씀을 들음에서 생기는데 폐쇄적인 공간에 갇

혀서 자신만의 세계에서 살고 있는 사람들은 말씀을 들을 기회가 없어 구원의 길에서 멀리 떨어져 살고 있다. 전도부는 이와 같이 폐쇄적인 공간에 갇혀 살고 있는 불쌍한 영혼들에게 다가가 저들을 구원할 수 있는 방법을 찾아야 한다. 그들이 즐겨 이용하는 휴대전화와 인터넷 망을 통하여 접촉할 수 있는 방안을 찾아 끊임없이 그들에게 다가가 그들을 밖으로 끌어내어 얼굴과 얼굴을 맞대고 복음을 전할 수 있어야 한다.

전도부는 전도가 효과적으로 추진될 수 있도록 전도를 성격별로 나누어 조직화하고 예산을 배정한다. 일반전도부, 방송선교부, 인터넷선교부, 의료선교부, 미용선교부, 군경선교부, 학원선교부, 교정선교부 등 교인들의 특기와 직업을 고려하여 적절하게 조직을 구성하고 필요한 예산을 배분하고 지원한다. 예산은 언제나 부족하다. 예산이 넉넉하면 좋겠지만 예산이 없다 해도 전도는 할 수 있다. 생명과 은혜와 성령님의 역사는 충만한 심령에서 심령으로 전해지는 것이지 물질에서 물질로 전해지는 것이 아니다.

전도부는 전도의 열매를 알차게 거둘 수 있도록 전도를 해서 모시고 온 분들에 대한 사후관리도 잘하여야 한다. 새신자를 돌보는 새신자위원회와 긴밀한 협조하에 그 새신자가 교회에 뿌리를 내리고 한 사람의 훌륭한 교인으로 성장할 때까지 지속적으로 관심을 가지고 잘 돌보아야 한다. 모셔온 새신자를 새신자위원회에 인도하는 것으로 전도부가 할 일을 다 한 것이 아니다. 전도의 열매가 알곡이 될 때까지 전도한 분과 전도부가 그 사람의 이름을 제단 위에 올려놓고 날마다 기도하며 그 사람을 보살피고 돌보아야 한다. 물독의 밑이 빠져 있으면 위에서 아무리 물을 부어도 그 물독에 물이 고이지 않는다. 농사는 열심히 지었는데 열매가 쭉정이로 가득하게 되지 않도록 사후관리를 잘 하여야 거두어들인 알곡으로 하나님께 영광을 돌릴 수 있다.

◆ 일반전도비

일반전도비는 전도를 담당하는 부서에서 교회의 주변지역을 중심으로 전도활동을 하는 데 사용하는 지출이다. 전도부의 부원들은 전교인들이다. 전도를 전담할 '전도특공대'와 같은 특정한 팀을 만들어 정기적으로 함께 모여 그 지역에 전도를 하기도 하지만, 전도부는 전교인들의 마음에 생명을 사랑하는 뜨거운 열심을 심어주어 생활주변에서 삶을 통하여 평소에 전도하도록 한다. 주변지역의 주민들과 접점을 넓혀 나가며 교인들이 자연스럽게 주민들과 접할 수 있는 기회를 다양하게 제공한다. 교인들이 지역주민들의 삶의 한 가운데로 파고들어가서 그들과 함께 호흡하며 전도할 수 있도록 한다. 그리고 그들의 피부에 와 닿는 것이 무엇인지 파악하여 그것을 도와주며 전도한다.

경제가 발전되고 삶의 질이 개선될수록 전도환경이 점점 열악해지고 있다. 골목골목 누비며 전도지를 돌리고 얼굴과 얼굴을 대면하여 전도할 수 있던 주택구조가, 아파트라는 폐쇄적인 건물로 대체되고 나니 이제는 얼굴과 얼굴을 대면하기는커녕 아파트 건물 안으로 들어가기가 힘들어 전도지조차 쉽게 전할 수 없게 되었다. 전도부에서는 교회의 주변지역을 세분화하여 특성에 맞는 전도방법을 강구하여 교인들이 전도를 보다 용이하게 할 수 있도록 하여야 한다. 교회주변의 주민들과 접촉할 수 있는 기회를 다양한 방법으로 만들어야 한다. 전도를 남다르게 많이 한 전도 전문가들의 의견을 듣고 그들과 머리를 맞대고 효과적인 전도방법을 마련하여 교인들이 전도할 수 있는 길을 열어주어야 한다.

내가 알고 있는 최권사님은 2천 명 가까이 전도한 분인데 그분의 전도 이야기를 들어보자. 최권사님의 말씀을 들으면 주변 환경이 어떻게 변하든지 전도는 목숨을 걸고 해야 열매가 있다는 것을 알 수 있다. 대충대충 복음을 전해서는 전도가 잘 되지 않는다는 것이다.

먼저 전도는 성령 충만한 가운데 해야 한다. 최권사님은 한 사람을 전도하기 위하여 일천 번을 목표로 기도한다. 죽어가는 한 영혼을 불쌍히 여기고 그 사람에게 복음을 전하기 위하여 일천 번을 기도하기로 작정하고 매달리는 사람에게 성령이 충만하게 임하시고 역사하실 수밖에 없다.

다음으로 전도하는 요령을 터득하고 그대로 행한다. 전도는 접촉에서부터 이루어지므로 접촉하는 기회를 늘린다. 길거리에서 누군가를 만났을 때 "안녕하세요" 하고 먼저 인사를 하고, 인사를 받아주면 "예수 믿으세요?"라 물어보고 '안 믿는다'고 대답하면, "하나님이 복 주시도록 기도하겠다" 하고 이름과 주소와 전화번호를 물어 수첩에 적는다. 사람을 접촉하여 그 사람의 신상정보를 파악하는 요령 중에서 가장 중요한 요령은 '칭찬'을 아끼지 않는다는 것이다. 일단 신상정보가 파악되면 그 때부터 그 사람을 위한 기도가 시작된다. 그리고 시간과 물질을 드린다. 일단 접촉이 시작되면 그 사람을 전도하기 위하여 백 번 이상 만날 각오로 기도하면서 틈만 나면 만날 수 있는 기회를 만든다. 만날 때마다 빈손으로 만나지 않고 선물을 마련하여 가지고 간다. 고기나 아이들 옷과 같이 돈이 좀 드는 선물을 가지고 가기도 하지만, 과자, 빵 등 조그마한 것이라도 들고 가지 그냥 빈손으로 찾아가지 않는다.

끝으로 전도한 사람이 마음의 문을 열고 교회에 나오기 시작하면 말씀으로 양육되어 성도로 바로 설 때까지 사후관리를 한다. 그 사람이 새신자부에서 양육되는 과정을 살펴보고 보살피며 교인으로 등록된 후에도 교회생활에 적응할 수 있도록 도와준다. 남여선교회에 가입하여 비슷한 연령의 교인들과 교제하며 활동하도록 권유하고, 어쩌다 교회에 나오지 않을 경우에는 그 사정을 파악하여 심방하기도 한다. 전도한 그 사람이 교회에 등록하여 출석하여도 2, 3년 동안은 그 사람을 위하여 기도하며 관심을 기울인다. 요약하여 말하자면 전도는 전도할 때부터 그 사람이 참된 성도가 될 때까지 끝까지 관심을 가지고 기도하고 돌보는 것이라는 것이다.

◆ 국내선교비

국내선교비는 국내선교를 담당하는 부서에서 본 교회와 멀리 떨어져 있는 농어촌이나 섬마을에 선교사를 파견하여 개척하거나 현지 선교사를 지원하는 데 사용하는 지출을 말한다. 농어촌이나 섬마을은 주민들도 적은데다 대체로 연세가 많은 분들이라 교회를 개척하여도 자활능력이 없다. 자활은커녕 오히려 교회가 주민들을 도와야 하는 실정이 대부분이다. 그곳에 사는 사람들도 하나님이 사랑하는 생명들이기 때문에 그곳에도 교회는 세워져야 한다. 뜻이 있는 목회자들이 사명을 가지고 들어가지만 고생은 많고 열매는 적은 곳이므로 자활은 되지 않고 거기다 세월이 지나면서 처음에 여기저기서 도와주던 선교비도 점점 줄어들어 낙담하여 주저앉는 경우도 많다.

농어촌 교회를 지원하는 많은 교회들이 한 교회를 독자적으로 전담하여 지원하는 경우는 드물다. 그러므로 농어촌의 미 자립교회는 목회자의 안면으로 이 교회 저 교회에서 십시일반 지원을 받아 교회를 운영한다. 목회자가 안면이 넓으면 지원금이 많아지고, 목회자가 발이 넓지 않으면 지원금이 적어 교회 운영에 많은 어려움이 따른다. 농어촌 교회를 관례적으로 지원하는 많은 교회에서 착각하고 있는 것은 농어촌의 어려운 교회들에게 지원하겠다고 약속한 돈만 부쳐주면 그것으로 농어촌 선교를 잘 감당하고 있다고 생각하는 것이다. 때로는 송금하는 날짜를 깜박하고 잊어버려 늦게 부쳐주는 경우도 있다. 부치는 사람에게는 얼마 되지 않는 돈일지 모르지만 받는 교회에서는 그 돈이 얼마나 요긴하게 사용되는지 제 날짜에 도착하지 않으면 별별 생각이 다 든다. 이제부터 지원이 끊긴 것은 아닌가, 어디 가서 또 손을 벌려야 하나, 그 돈이 없으면 교회가 어려워지는데 어떻게 하나 등등 만 가지 생각을 하고 열심히 기도한다. 선교비를 부치는 사람이 선교에 대한 사명감이 없으면 선교비를 늦게 부치고도 현지에서 어떤 일이 일어나고 있는지에 대한 감각이 없다. 선교에 대한 열정과 기도가 없이 선교를 담당하면 선교의 역사를 기대할 수 없을 뿐만 아니라 때로는 선교에 방해가 되기도 한다. 그리고 선교를 담당하는 담당자의 심령에 은혜가 없고 선교의 열매에 대한 기쁨이 없으며 나아가 하나님의 영광을 가리게 된다.

◆ 의료선교비

의료선교비는 교인들 가운데 의사, 약사, 간호사와 같이 의료업에 종사하는 사람들로 구성된 부서에서 의료 활동을 통하여 선교를 하는 데 사용하는 지출을 말한다. 예수님께서도 이 땅에서 복음을 전파하실 때 많은 병자들을 고쳐주셨다. 사람이 병들었을 때가 자신의 약함을 가장 잘 깨달을 수 있을 때며, 자신의 보잘 것 없는 참 모습을 발견할 때가 복음을 증거 하기에 가장 좋은 때다. 사람은 누구나 전능하신 하나님 앞에서 자신의 연약하고 보잘 것 없는 모습을 발견하였을 때, 자신의 힘과 능력을 믿고 교만하고 강퍅하게 살던 모습이 깨어지고 하나님을 의지하는 부드러운 마음이 된다. 이런 마음 밭에 전도의 씨를 뿌리는 것이 의료선교다.

우리나라에 개신교 선교사로 처음 들어온 언더우드, 아펜젤러, 앨런 같은 분들은 의사였으며, 의술과 교육을 통하여 선교의 문을 활짝 열었다. 특히 앨런은 고종의 어의로 측근에서 일제로부터 핍박 받는 고종을 보호하고, 언더우드 부인은 명성황후의 주치의로 활동하며 일본 제국의 독살의 위협으로부터 황후를 지킴으로써 황실의 적극적인 지원과 후원을 받아 한국 개신교 선교의 활성화에 큰 역할을 감당하였다. 이와 같이 의료선교는 사람들과의 신체적인 접촉을 통하여 그들의 병과 아픔을 치료해 주며 아주 폭넓게 효과적으로 복음을 전할 수 있다. 의료선교를 하는 활동지역도 다양하다.

먼저 의료선교 부원들은 본 교회를 중심으로 활동할 수 있다. 교회 내에서 가난하여 병원에 가기가 부담스러운 교인들을 돌보거나, 교회 인근의 가난하고 병든 주민들을 돌보며 선교활동을 할 수 있다. 우리끼리 예배드리고, 은혜받고, 좋아하는 폐쇄적인 교회의 모습에서 의술을 베풀고 사랑을 베푸는 교회의 참 모습으로 교회 주변 사람들의 인식을 변화시키고 복음을 전할 수 있다.

다음으로 국내에서 의료 혜택을 제대로 받기가 어려운 농어촌 벽지의 어려운 지역에 있는 교회로 가서 그 교회를 중심으로 그 지역의 주민들을 대상으로 의료선교를 하는 것이다. 의술에 복음이 실려 전해질 때 환자와 그 가족들의 마음의 문을 열기가 쉬워지고 그 곳에 믿음의 역사가 일어날 수 있다. 농어촌 벽지 교회에서 하는 의료선교는 그 교회에 대한 지역민들의 인식을 새롭게 하여 전도의 길을 넓혀줄 뿐만 아니라 그 교회 목회자와 교인들이 복음을 전하는데 큰 힘이 될 수 있다.

끝으로 해외에 있는 선교사들의 사역지를 중심으로 의료선교를 하는 것이다. 의술의 혜택을 받지 못해 고통에 시달리는 주민들에게 따뜻한 마음으로 의술을 베풀고 간호를 하며 전하는 복음은 사역지의 주민들의 마음 깊숙한 곳까지 쉽게 도달할 수 있어 믿음의 뿌리를 깊이 내리게 할 수 있다. 우리나라에 개신교가 들어와 처음부터 활발하게 활동을 할 수 있었던 것은 의술로 사람들의 마음의 문을 열게 하고, 교육을 통하여 글도 깨우치지 못한 사람들을 가르쳐 눈을 뜨게 하여 말씀을 읽을 수 있게 하고 복음을 전하였기 때문이다. 의술과 기도와 사랑이 어우러진 의료선교는 병 고침의 역사뿐만 아니라 사랑의 역사, 생명의 역사가 일어나게 한다.

◆ 미용선교비

미용선교비는 미용 기술이 있는 교인들로 구성된 미용선교부에서 이발이나 모발미용, 피부미용, 메이크업, 전신미용, 미용체조 등으로 봉사하며 선교활동을 하는 데 사용하는 지출을 말한다. 미용선교의 역사는 오래되었다. 미용선교의 장점은 머리를 정성스럽게 깎고 다듬고 만지는 동안 자연스럽게 복음을 전하거나, 피부를 손질하거나 화장을 해 줄 때 기분이 좋아진 상태에서 복음을 전하므로 거부감이 별로 생기지 않는다는 것이다.

요즘에는 돈이 없어 이발이나 머리 손질을 못하는 가정은 드물다. 그러나 아직도 도시의 특수 계층과 농어촌 지역이나 도서 지역에는 이발이나 미용을 무료로 봉사할 수 있는 곳이 많이 있다. 먼저 교회 안에서 지역주민들을 대상으로 미용선교활동을 할 수 있다. 특정한 요일을 정하여 무료미용을 원하는 지역주민들을 초청하여 미용선교를 하는 것이다. 무료미용을 원하는 주민들은 대체로 가난하고 의지할 데 없는 사람들이다. 그들에게 따뜻한 마음을 담아 미용서비스를 하면 어렵고 힘든 세상의 풍파 속에서 굳게 닫혀 있던 마음의 문이 열릴 수 있다. 그리고 열린 마음 밭에 복음의 씨앗을 심어나가는 것이다. 다음으로 자활능력이 없는 지역주민들이 모여 있는 곳을 대상으로 미용선교를 하는 것이다. 경로당, 양로원, 고아원, 지역복지센터 등에는 무료로 이발과 미용을 원하는 사람들이 있으며 이들을 대상으로 선교하는 것이다. 그리고 농어촌 지역이나 도서 지역의 교회와 연계하여 도움을 필요로 하는 교회를 중심으로 미용선교를 할 수 있다. 이발과 미용혜택을 쉽게 받을 수 없는 지역에서 교회를 중심으로 미용선교를 하면 그 교회의 전도활동에 많은 도움을 줄 수 있다. 그리고 미용선교를 담당한 부원들은 미용선교를 통하여 접촉한 그 지역 주민들과 그 교회를 위하여 기도할 수 있는 마음을 얻게 되고, 기도의 제목들을 하나님 앞에 올려놓고 기도할 때 하나님이 주시는 위로와 평강과 은혜를 누릴 수 있을 것이다.

◆ 군경선교비

군경선교비는 군경선교를 담당하는 부서에서 군인이나 경찰과 같은 특수집단에 대한 선교를 하는 데 사용하는 지출을 말한다. 특히 군인의 경우에는 외부와 차단된 폐쇄적인 공간에서 엄격한 규율에 따라 생활하는 청년들을 대상으로 복음을 전하기 때문에 전도할 수 있는 환경이 매우 좋다. 일단 교회에 나오면 내무반의 억압된 분위기에서 해방되고, 힘든 군 생활에서 잠시나마 쉼을 얻고 마음에 위로를 얻고 휴식을 취할 수 있다. 그러므로 군대에서는 사회에서 신앙생활을 하지 않던 청년들도 교회에 나오는 경우가 많다. 그리고 전도하는 방법에 따라 많은 청년들에게 복음을 전할 수 있다.

우리나라의 경우 아직까지 연대급까지는 군목이 있어 목사가 군인의 신분으로 복음을 전할 수 있다. 그러나 연대 이하 대대부터는 특별한 경우가 아니고는 군목이 없다. 부대 안에 교회가 있어도 군목이 없으므로 대부분의 경우 군목이 아닌 일반 목사들이 자비량으로 자원하여 목회를 한다. 군목이 있는 연대내의 교회나 군목이 없어 민간 목사들이 자원하여 목회하는 교회나 목회 형편이 열악하다. 특히 민간 목사들은 자비량으로 목회를 하기 때문에 교회 유지와 예배에 참여하는 군인들에게 줄 먹거리까지도 본인의 부담으로 해야 한다. 목회를 보좌해 줄 군종들이 있으나 전담 군종들이 아니라 일반 병사들과 똑같이 복무하면서 교회 일을 도우기 때문에 한계가 많아 목사가 거의 모든 일을 해야 한다. 군의 특성상 양육을 잘하여 봉사를 열심히 하는 병사가 있어도 2년도 안 되어 제대하고 교회를 떠나니 지속적으로 목사를 도울 수 없다. 아무리 군 목회가 힘들어도 군대는 새벽이슬 같은 청년들이 집단으로 모여 있는 황금어장이므로 군 선교는 교회가 놓칠 수 없는 선교현장이다.

군 선교가 강력하고 효과적이지 못한 것은 선교의 열매가 한 곳으로 모이지 않고 제대하고 나가면 사방팔방으로 흩어지므로 개 교회들이 적극적으로 선교 지원을 하지 않기 때문이다. 특정 부대의 장병들에게 전도하여 그 장병들이 제대한 후 선교를 담당하고 있는 교회로 나간다면 선교에 대한 열의와 상황은 완전히 바뀔 것이다. 개 교회의 이기주의 때문에 군이라는 황금어장에서 얻는 결실이 너무나도 적다.

한 교회가 한 부대를 전적으로 맡아 목사를 파견하고 인적자원과 물질을 지원하고 기도로 후원하면서 선교하면 우리나라 청년들을 복음화시키는 데 혁신적인 계기가 될 것이다. 다른 선교와 마찬가지로 군선교도 물질만 지원한다고 되는 것은 아니다. 어떤 교단에서는 총회에서 군 교회를 담당하고 있는 목사들에게 일괄적으로 매월 일정한 금액을 지원하여 군 복음화를 활성화시키려는 계획이 있다 한다. 그러나 돈으로 군 복음화가 활성화된다고 생각하는 것은 기업회계의 발상에서 나온 착상이다. 선교는 돈으로 해결되는 것이 아니라 기도와 헌신과 사랑이 바탕이 되고 거기에 물질이 들어갈 때 복음의 역사가 일어나는 것이다. 군 선교 문제의 해결방법은 오직 한 가지밖에 없다. 그것은 개 교회가 군 선교에 대한 비전을 가지고 특정 부대를 대상으로 목사를 파견하고 기도와 헌신과 사랑과 물질로 지원하는 것이다.

◆ 학원선교비

학원선교비는 학원선교를 담당하는 부서에서 인근 지역에 있는 학교를 대상으로 선교활동을 하는 데 사용하는 지출을 말한다. 학원은 연령과 학력수준이 비슷한 청소년들이 모여 있는 곳으로 청소년 사역의 황금어장이라 할 수 있다. 특히 대학교는 젊은 청년들이 대학입시를 준비하느라 그동안 억압되고 통제된 생활을 하다가 해방되어 자유분방한 생활을 시작하는 곳이고, 새로운 가치관을 확립하는 곳이고, 자신의 인생을 구체적으로 설계하고 준비하는 곳이다. 그리고 여러 가지 상이한 수업을 통하여 다양한 정보를 받아들이는 환경에 있으므로 기독교에 대한 선입관이나 편견이 많은 성인들보다 진리의 말씀을 자연스럽게 전할 수 있다.

학원선교는 주로 고등학교와 대학교를 대상으로 학교 내에 기독학생모임을 만들어 그 모임을 중심으로 선교활동을 한다. 교회는 인근 지역의 학교에 선교사를 파견하여 교회에 나오는 학생들을 중심으로 기독학생모임을 만들도록 하고, 그 모임을 중심으로 학교 내에서 예배를 드리고 전도하고 양육하여 훌륭한 믿음의 일꾼들을 양성하는 것이다. 비슷한 여건의 학생들이 모임을 주도하고 안면과 친분을 통하여 전도하므로 전도가 용이하고 연령과 지적 수준이 비슷하여 말씀을 증거하고 양육하기가 좋다. 학원선교에서 얻은 열매는 하나님께서 귀하게 사용할 수 있는 좋은 재원이 될 수 있다. 이들은 장차 사회 각계각층의 지도자가 될 사람들이므로 이들이 믿음으로 성장하고 말씀으로 변화될 때 사회를 변화시키고 이 나라를 변화시킬 수 있으며, 세계 복음화에도 많은 역할을 감당할 수 있을 것이다.

◆ 교정선교비

교정선교비는 교도소에 복무하고 있는 재소자들을 대상으로 선교하는 부서에서 사용하는 지출을 말한다. 세상 사람들로부터 죄인이라 손가락질 당하는 재소자들에게 복음을 전하고 말씀으로 양육하여 주님 안에서 믿음으로 새롭게 살도록 인도하는 것이다. 재소자들은 법에 의하여 정죄되어 사회와 격리된 공간에서 죗값을 치르고 있는 사람들이다. 국가에서는 이들이 교도소에서 생활하면서 죗값을 치르고 마음을 바로잡아 정상적인 사회 구성원으로 변화될 것으로 기대한다. 그러나 우리 사회의 어느 누구도 교도소 생활을 통하여 재소자들이 마음을 바꾸어 정상적인 사회인으로 살기를 다짐하며 출소한다고 생각하지 않는다. 대부분의 경우 억울하게 형을 살았다거나 운이 없어 형을 살았다고 생각한다. 재소자들 중에는 교도소 안에서 이전에는 몰랐던 다양한 범죄의 수법과 기술을 익히고 만기가 되어 출소하면 더 중한 범죄를 저지르는 경우도 있다.

교정선교부는 재소자들의 삶의 방향을 바꾸어주는 일을 한다. 세상 것을 탐하며 그것을 얻기 위하여 범죄하며 살던 재소자들에게 주님 중심으로 살아가도록 인도하는 역할을 감당한다. 재소자들뿐만 아니라 모든 사람들에게 말씀이 그 심령에 들어가 역사할 때 비로소 그들의 삶이 변화되는 것이다. 그러므로 교정선교부에서는 교도소에서 재소자들을 모아 예배를 드리고 말씀을 증거하며 사랑을 베푼다. 어떤 의미에서는 교정선교부의 하는 일이 이 땅에서 주님께서 하신 복음 전파 사역과 가장 근접한 사역이라 생각할 수 있다. 유대인의 서기관이 예수님이 죄인들과 함께 식사하시는 것을 보고 예수님을 비방할 때 예수님께서는 이렇게 말씀하신다. "예수께서 들으시고 그들에게 이르시되 건강한 자에게는 의사가 쓸 데 없고 병든 자에게라야 쓸 데 있느니라 나는 의인을 부르러 온 것이 아니요 죄인을 부르러 왔노라 하시니라"(막 2:17)

하나님은 세상에 의인이 한 사람도 없다고 말씀하신다. 재소자들뿐만 아니라 모든 사람들의 마음에는 죄의 근성이 자리 잡고 있다. 재소자들은 다만 생활여건과 열악한 환경으로 인하여 죄의 근성을 억제하지 못하고 세상의 법을 어김으로써 죗값을 치루고 있는 것이다. 재소자들의 삶의 방향을 바꿀 수 있는 것은 선진화된 교도행정도 아니고 선도교육도 아니고 물질도 아니다. 하나님의 사랑과 말씀이 그 심령에 임하고 성령의 역사가 있어야 재소자들의 삶이 바뀐다. 교정선교부에서 사역하고 있는 성도들은 우리 사회에서 가장 필요하고 가장 중요한 곳에서 가장 어려운 일을 감당하고 있는 것이다.

교정선교부에서 봉사는 리더들은 사회에서 지탄받는 가장 골치 아픈 사람들에게 복음을 증거하여야 하고 또 그들을 만나야 하고, 딱한 재소자들에게 영치금을 얼마라도 넣어주어야 하고 예배 때마다 먹거리를 제공해 주어야 한다. 교회에서 지원해 주는 교정선교비로는 턱도 없이 부족하다. 그럼에도 불구하고 그들은 하나님을 기쁘시게 하기 위하여 물질과 시간을 드리고 기도와 헌신으로 교정선교활동을 한다. 그들이 활동하는 만큼 우리사회가 더 밝아질 수 있고, 우리사회의 가장 어두운 곳까지 하나님의 나라가 확장되어 나갈 수 있다. 그들의 복음전도에 대한 열심과 기도가 아름답고도 풍성한 열매를 맺을 수 있도록 교회 차원에서 많은 관심을 가지고 지원을 해야 한다.

④ 교육비

교육비는 교회교육을 총괄하는 담당부서에서 사용하는 지출을 말한다. 교인들에게 말씀을 가르치고 양육하는 일은 교회가 하여야 할 가장 중요한 사명 가운데 하나다. 가르치는 일은 주님께서 부활하여 승천하시기 전에 제자들에게 분부한 지상명령이다. "내가 너희에게 분부한 모든 것을 가르쳐 지키게 하라 볼지어다 내가 세상 끝 날까지 너희와 항상 함께 있으리라 하시니라"(마 28:20) 하나님의 말씀은 그 깊이와 넓이와 높이가 측량할 수 없어 배우지 않고는 깨닫기가 쉽지 않다. 말씀에 대한 깨달음이 없으면 그 신앙은 바람에 나는 겨와 같고 흩어지는 낙엽과 같아 환경이 조금만 바뀌어도 교회를 쉽게 떠나버린다. 우리 주위에는 어려서부터 교회에 다니던 많은 사람들이 철이 들기 시작하면서 교회를 떠나 세상에 휩쓸려 사는 사람들을 흔히 볼 수 있다. 그들에게 복음을 증거 하다보면 그들이 어려서부터 교회에 다닌 관계로 성경에 나오는 이야기를 많이 알고 있으며, 오히려 그 얄팍한 지식이 복음을 전하는데 걸림돌이 되고 있다는 사실을 알 수 있다.

교육부는 먼저 가르치는 일에 필요한 환경을 조성하여야 한다. 교사를 확보하고 시설을 마련하고 물질을 지원한다. 가르치는 일에는 교육전문가들이 필요하다. 특히 교회교육은 학교 교육과 달리 믿음과 사랑이 충만한 교육전문가들이 필요하다. 교회교육 전문가들이 학교교육의 전문가가 될 수 있어도, 학교교육 전문가가 반드시 교회교육 전문가가 될 수 있는 것은 아니다. 교회교육을 담당하는 교사들은 가르치는 일에도 전문가가 되어야 하지만 그보다 앞서 그 마음에 깊은 믿음과 은혜가 있어야 하며, 심령을 불쌍히 여기고 사랑하는 마음이 충만하여야 한다. 교회 교사들이 단순한 성경지식만을 전하고 그 마음에 믿음과 사랑을 심어주지 못하면 그 사람은 세상 바람이 조금만 불어도 미련 없이 교회를 떠나게 된다.

학교교육은 시험이라는 과정이 있고 시험성적에 따라 학생의 진로가 결정되고 나아가 사회에서의 성공여부에 영향을 주기 때문에 학부모들의 관심도가 높고 학생들이 자발적으로 학업에 전념하도록 유인하기가 용이하다. 그러나 교회교육은 시험이라는 과정이 없는데다 부모님들의 관심도 적어 교육효과는 전적으로 교사들의 능력에 달려 있다. 그리고 교사들이 성경에 대한 지식을 잘 가르쳐 학생들이 말씀을 줄줄 외어도 그 마음에 하나님의 사랑과 믿음이 심어지지 않으면 열매가 적다. 그래서 교회교육이 성공적으로 이루어지기 위해서는 하나님의 사랑과 은혜를 체험한 믿음 있는 전문교사들의 확보가 중요하다.

그러므로 교육부가 해야 하는 일 중에서 가장 중요한 것은 믿음 있는 유능한 교사를 확보하는 일이다. 자라나는 어린이와 청소년들에게 비전과 꿈을 심어주고, 하나님의 사랑을 가슴에 담아주고, 그들의 이름을 하나님 앞에 올려놓고 한 심령 한 심령을 위하여 날마다 기도하는 교사가 필요하다. 어린이와 청소년들의 마음 밭에 뿌려진 하나님의 말씀은 교사들의 기도로 뿌리를 내리고, 사랑을 먹고 자라며, 헌신으로 열매를 맺는다. 이런 환경 속에서 자라난 청소년들이 하나님의 말씀과 믿음 위에 그들의 비전을 세우고 그 비전을 이루기 위하여 아름다운 꿈을 꾸고 그 꿈을 가꾸어나가며 그들의 삶을 통하여 하나님께 영광을 돌려드릴 수 있는 것이다. 참 교사는 어린이와 청소년들에게 은혜 받은 말씀을 심어주고, 하나님으로부터 받은 사랑으로 가꾸어나가며, 비전과 꿈이 이루어지도록 기도하며 기다린다. 참 교사 밑에서 자란 청소년들은 세상의 모진 바람이 불어도 말씀이 믿음 위에 뿌리를 내리고 사랑으로 가꾸어져 있어 그 신앙이 뿌리째 흔들리지 않는다. 그들은 비록 하나님의 사랑을 깨닫지 못하더라도 교사의 사랑은 기억한다. 그 사랑이 그들의 마음에 남아 있는 한 그들은 교회를 떠났다가도 반드시 돌아온다. 그래서 주일학교 교사는 참으로 중요하다.

대부분의 교회에서는 교사가 부족하기 때문에 교사를 하겠다는 사람이 있으면 교사로서의 신앙과 자질에 상관없이 학생들을 맡길 수밖에 없는 실정이다. 현실이 그렇더라도 자라나는 생명들의 중요성과 교회의 앞날을 생각해 보면 교육부는 믿음 있는 유능한 교사를 양성하고 확보하는 문제를 가장 중요한 핵심적인 일로 정하고 모든 역량을 동원하여 해결해 나가야 한다.

교육위원회는 교회실정에 맞도록 유초등부, 중고등부, 청년부 등 연령별로 교회학교를 나누어 각 학교별로 교육효과를 높일 수 있도록 체계화하고 조직화하여 지원한다.

◆ 유초등부 교육비

　유초등부 교육비는 초등학교 아이들의 신앙을 지도하고 하나님의 말씀을 가르치는 일을 담당하는 부서에서 사용하는 지출이다. 유초등부 교육은 학생들이 많으면 저학년을 대상으로 하는 유년부와 고학년을 대상으로 하는 초등부로 나누기도 한다. 초등학교 학생들 가운데는 가끔 말씀에 은혜를 받고 믿음의 뿌리가 잘 내린 아이들도 있으나, 대부분의 아이들은 말씀을 대충대충 듣고 얕은 지식을 습득하는 것이 보통이다. 그들에게 말씀이 뿌리가 내리고 믿음이 자라도록 하기 위해서는 어머니가 갓난아이를 돌보듯이 돌보아야 한다. 갓난아이는 헌신적인 어머니의 사랑을 먹고 자란다. 어머니는 헌신적인 사랑으로 아이들을 돌본다. 배고플 때는 젖을 먹이고, 똥오줌으로 더러워진 기저귀를 갈아주고, 목욕을 시켜주고, 때로는 따뜻한 가슴으로 품어주어 사랑을 확인시켜 준다. 그래야 아이들이 정상적으로 자란다.

　6.25전쟁이 일어난 후 우리나라에 전쟁고아들이 많아 그들을 돌볼 고아원들이 많이 생겼는데, 그 중에서 갓난아이들을 돌보는 한 고아원에서 일어난 일이다. 그 고아원은 외국에서 지원을 넉넉하게 하였기 때문에 갓난아이들을 양육하는데 부족한 것이 없었는데도 아이들이 시름시름 앓다가 죽어나가는 일이 발생하고 있었다. 고아원에서는 아무리 조사하여도 그 원인을 찾을 수가 없어 유아심리전문가에게 의뢰하여 유아사망의 원인을 조사하였다. 유아심리전문가들의 연구결과 밝혀진 유아사망의 원인은 놀랍게도 질병이 아니라 사랑결핍증이었다. 그래서 유아들을 돌보는 보모들에게 유아들에게 우유를 먹일 때 반드시 그 아이를 품에 안고 엉덩이를 토닥거리고 '사랑해'라고 말하면서 먹이도록 하였다. 그 후부터는 그 고아원에서 별다른 이유 없이 죽어나가는 아이

들이 없었다는 이야기가 있다.

　사람은 하나님의 사랑으로 창조되었기 때문에 태어날 때부터 사랑을 먹고 자라야 한다. 그래서 주님께서도 십자가에 달려 죽으신 후 사흘 만에 부활하여 디베랴 호수에서 고기잡이를 하고 있는 제자들에게 찾아가 떡과 구운 생선으로 아침밥을 준비하여 제자들이 먹도록 한 후에 베드로와 이런 대화를 나누셨다. "요한의 아들 시몬아 네가 이 사람들보다 나를 더 사랑하느냐 하시니 이르되 주님 그러하나이다. 내가 주님을 사랑하는 줄 주님께서 아시나이다. 이르시되 내 어린 양을 먹이라"(요 21:15) 그리고 두 번째도 '네가 나를 사랑하느냐'고 물으시고 '내 양을 치라', 세 번째도 '네가 나를 사랑하느냐' 물으시고 '내 양을 먹이라'고 부탁하셨다. 주님께서는 어린 양을 먹이든지, 양을 치든지, 먹이든지 주님이 맡겨주신 양은 주님을 사랑하는 그 사랑으로 돌보아야 한다는 것이다. 세상의 어린이나 청소년들은 물질과 지식으로 기르더라도 주님이 맡겨주신 어린이나 청소년들은 사랑으로 양육하여야 한다는 말씀이다.

　세상의 지식은 교사의 사랑이 없어도 가르칠 수 있지만, 하나님의 말씀은 사랑 없이는 먹일 수가 없다. 주일학교 교사는 성경지식을 가르치기 전에 먼저 사랑으로 아이들의 마음에 뛰어들어야 한다. 학교에서는 지식을 가르치지만, 교회학교에서는 하나님의 사랑을 어린 마음 밭에 심는다. 사랑을 받아본 사람이 사랑을 줄 수 있다. 그래서 교회학교 교사들에게는 성경말씀을 아는 것도 중요하지만 먼저 본인들이 하나님의 사랑을 깨닫고 그 사랑에 감격하여 누리는 것이 있어야 말씀에 사랑을 담아 전할 수 있다. 유·초등부 교사들의 마음에 하나님의 사랑이 없으면 천방지축인 아이들을 가르치기가 힘들다. 유·초등부 교육은 하나님이 주시는 특별한 은혜와 사랑이 있어야 감당할 수 있는 분야다.

유·초등부 교사들은 아이들에게 아름다운 꿈을 심어주어야 한다. 학교 교사들이 유·초등부 아이들에게 세상 사람들이 말하는 '꿈'을 심어준다면, 주일학교 교사들은 '거룩한 꿈'을 심어주어야 한다. 초등학교에서 아이들에게 자신의 입신출세를 위하여 위대한 정치가, 기업가, 과학자, 예술가가 되겠다는 꿈을 품게 한다면, 주일학교에서는 아이들에게 하나님의 영광을 위하여 위대한 정치가, 기업가, 과학자, 예술가가 되겠다는 '거룩한 꿈'을 품도록 하여야 한다. 특히 모든 것이 폐쇄되어 있는 아파트 문화 속에서 자란 아이들은 시야가 좁고 자기중심적으로 인격이 형성되기 쉽다. 교사들은 이런 환경 속에서 자란 아이들의 귀를 열어주어 하나님의 거룩한 말씀을 듣게 하고, 눈을 뜨게 하여 하나님의 거룩한 세계를 볼 수 있게 하고, 마음의 문을 열어주어 하나님의 사랑을 깨닫고 받아들이도록 하여야 한다. 하나님의 사랑을 넘치도록 받고 하나님을 사랑하며 사는 아이들을 하나님은 '내 마음에 합한 자'라 부르시며 그들과 함께 동행하며 그들이 나가는 길을 열어주시고 하나님의 영광을 위하여 그들을 들어 쓰실 것이다.

유·초등부 교사들은 담당하는 아이들의 평생교사로서 아이들을 돌보아야 한다. 교회는 교사들이 담당하고 있는 아이들의 '신앙기록부'를 만들도록 하여 그 아이의 일생의 신앙생활을 관리하며 돌보아야 한다. 아이들이 자라 학년이 올라가고 중학교, 고등학교, 대학교로 진학하고, 사회에 진출하여 사회생활을 할 때에도 신앙 안에서 연결의 끈을 놓지 않도록 해야 한다.

우리 아이들은 너무 바쁘다. 좋은 대학에 진학하여 좋은 입지에서 사회로 진출하기 위하여 배워야 할 것이 너무 많다. 학교 수업을 마치면 과외로 공부하기 위하여 학원을 한두 군데 다니는 것이 아니다. 또 재능 있는 아이들은 그 재능을 키울 수 있도록 전문 학원에도 다닌다. 부모님들이 아이가 주일에 교회예배에 안 빠지고 잘 나가도록 하는 것만도 여간 다행스러운 일이 아니다. 아이들은 머리에 담아야 할 것이 너무 많다. 그래서 하나님의 말씀이 아이들의 마음에 자리 잡기가 쉽지 않다.

인터넷과 핸드폰 문화가 발달되어 아이나 어른이나 할 것 없이 정보의 홍수 속에서 살고 있다. 교회에서 전하는 말씀이 아이의 가슴에 뿌리가 내리기도 전에, 밀려드는 정보의 물결 속에 그 말씀이 묻혀 흘러가버린다. 그리고 아이들을 유혹하는 게임이 인터넷에 널려 있다. 부모님들이 조금만 관심을 늦추어도 아이들은 부모가 모르는 사이에 인터넷 게임에 빠진다. 인터넷 게임에는 아이들에게 적합한 것도 있지만, 대부분의 게임이 아이들의 정서에 해악을 끼치는 것들이다. 특히 아이들이 부모 몰래 하고 싶어 하는 게임일수록 끼치는 해악이 크다. 인터넷을 통하여 잔인하고 충동적이고 선정적인 장면들이 걸러지지 않은 채 아이들의 마음 밭에 뿌려지고 그 아이들의 인격에 흠집을 내고 있다. 하나님의 말씀이 아이들의 마음 밭에서 뿌리내리기가 너무나도 힘든 환경 속으로 우리 사회가 달려가고 있다.

하나님의 말씀이 빛줄기가 되어 어두움을 뚫고 나아가 아이들의 마음 밭에 심어지고, 그 말씀의 씨앗이 뿌리를 내리기 위해서는 교회학교가 아이들과 계속해서 연결의 끈을 이어가야 한다. 교회학교가 아이들과의 연결의 끈이 이어져 있지 않으면 아이들은 그저 밀물과 같이 밀려왔다 소리 소문도 없이 썰물과 같이 빠져나가 버린다. 정보의 홍수 속에서 사는 우리 아이들이 교회와 연결된 끈이 없으면 우리 아이들은 세상 물결에 그저 떠내려갈 뿐이다. 아이들과 신앙 안에서 연결의 끈을 가지고 지속적으로 사랑을 나누기 위해서는 교회도 인터넷이나 휴대전화 문화를 이용할 수 있어야 한다. 인터넷이나 휴대전화를 이용하면 아이들과 연결의 끈을 이어가기가 과거보다 훨씬 쉽다. 그러나 불행하게도 많은 교회가 아이들이 세상의 잡다한 정보의 홍수 속에 휩쓸려 떠내려가도 깨닫지를 못하고 있다. 교회교육을 담당하는 부서는 세상으로 휩쓸려 떠내려가고 있는 저 아이들에게 생명줄을 던져줄 수 있는 방안을 강구해야 한다.

◆ **중고등부 교육비**

중고등부 교육비는 중고등학생들을 신앙으로 양육하고 하나님의 말씀을 가르치는 일을 담당하는 부서에서 사용하는 지출이다. 교회형편에 따라 학생들이 많으면 중등부와 고등부로 나누기도 한다. 중고등부는 초등학생에서 성년이 되는 청년부 사이에서 가교역할을 하는 중요한 시기다. 이 시기에 많은 학생들이 사춘기를 겪으며 가치관에 혼란을 가져오고 때로는 방황하기도 한다. 신앙적으로도 영적인 자각이 일어나는 시기로, 지금까지 교회에서 일방적으로 배워오던 하나님의 말씀에 대한 인식이 새로워지고, 그 말씀이 세상의 가치관과 마찰을 빚을 때 신앙의 뿌리가 없는 학생들은 흔들리기 시작한다. 거기다가 고등학생이 되면 대학입시라는 거대한 관문이 앞을 가로막고 있어, 하나님이 주시는 지혜와 능력과 힘으로 공부하여 그 관문을 통과하기보다는, 공부하는 절대시간을 늘리기 위하여 주일날 교회에 나와 드리는 예배조차 빠지는 것이 다반사다. 특히 초등학교 때까지는 부모님의 말씀에 못 이겨 교회에 나와 예배를 드리거나 별 의미 없이 습관적으로 예배를 드린다. 그렇기 때문에 중학생이 되었을 때 예배의 의미와 중요성을 바로 인식시켜주지 못하면, 고등학생이 되어 대학입시가 앞으로 다가왔을 때는 신앙으로 공부를 하기 보다는 공부 때문에 신앙을 잊어버리게 된다. 중고등학생 시절에 신앙이 뿌리를 내리지 못하고 대학에 진학하게 되면, 신앙의 힘과 세상의 세력이 부딪치는 대학생활 속에서 교회를 떠나 세상에 휩쓸려버리기 쉽다.

다른 교육부서와 마찬가지로 중고등부에서도 교사가 중요하다. 중고등학생이 되면 형식과 호기심으로 드리던 예배에서 '영과 진리'로 드리는 예배를 인식하기 시작하고, 그들의 심령은 비로소 갈급하게 은혜를 구하기 시작한다. 갈급한 심령에 하나님의 은혜로 흡족히 채워주기 위해서는 먼저 교사들이 풍성한 은혜를 누리고 있어야 한다.

문화가 발전되고 볼거리, 먹을거리가 풍성한 시대가 되어 교인들도 너무 바빠졌다. 많은 교인들이 주일에 예배가 끝나자마자 육신의 쉼과 즐거움을 위해 바쁘게 교회를 빠져나간다. 이런 환경에서 아이들을 가르치기 위해 시간과 물질을 드리며 헌신하는 교사를 구하기 쉽지 않다. 특히 믿음이 돈독하고 사랑이 충만하고 헌신적인 젊은 교사들을 구하는 것은 너무 어렵다. 어린 영혼을 사랑하는 교사를 확보하는 문제는 교인들의 신앙수준과도 관련이 있다. 교인들의 믿음이 말씀에 뿌리를 내리고 영적인 눈이 열리고 어린 심령에 대한 사랑과 비전과 꿈을 가질 때 좋은 교사를 확보할 수 있다. 좋은 교사를 확보하고, 어린 심령들의 마음에 하나님의 사랑을 심어주고, 말씀이 그 마음 밭에서 뿌리를 내리고 싹이 나게 하는 일은 돈으로 해결할 수 있는 것이 아니다. 그것은 오직 교인들의 기도와 하나님의 도우심과 은혜로 할 수 있는 것이다.

◆ 청년 교육비

　청년 교육비는 청년 교육을 담당하는 부서에서 대학생, 직장인 등 결혼하기 전의 젊은이들을 신앙으로 양육하고, 비전과 꿈을 심어주고, 그 꿈을 실현하기 위하여 도전하는 열정과 기회를 주기 위하여 교육을 하는데 사용하는 지출이다. 중고등학생들이 청년이 되면 부모로부터 간섭받는 일이 적어지고 일상생활에서도 성인으로서의 자유를 누린다. 자신의 앞날에 대한 결정을 스스로 해야 할 뿐만 아니라 신앙생활도 새로운 시각으로 접근한다. 그리고 새로운 환경 속에서 자신을 세워나가기 시작한다.

　신앙적인 측면에서도 많은 도전을 받게 된다. 물밀듯이 밀려오는 새로운 정보가 자신의 가치관에 영향을 주기 시작한다. 획일적으로 습관적으로 교회에 나가던 청년들이 새로 정립된 가치관에 따라 자신의 신앙에 대하여 생각하기 시작한다. 말씀이 마음 밭에 깊이 뿌리를 내리고 믿음이 자라난 청년들은 새로운 정보로 인하여 오히려 신앙생활이 풍성해지고 학교생활과 사회생활을 힘차게 해 나갈 수 있다. 그러나 말씀이 뿌리를 내리지 못하고 믿음이 없는 청년들은 세상의 거센 바람 속에 흔들리고 휩쓸려버린다.

　그동안 마음 밭에 뿌려진 말씀이 뿌리가 내리지 않아 세상의 물결 속에 모두 떠내려가 버리고 믿음이 뿌리내리고 있어야 할 자리에 의심과 비판이 뿌리내리게 된다. 그리고 그들은 미련 없이 교회를 떠난다. 이런 청년들이 하나님께로 다시 돌아오기 위해서는 그들의 삶 속에서 우리 주님의 마음을 아프게 하고 그들 자신도 엄청난 고난과 환란을 겪게 되는 경우가 많다. 그리고 값지고 소중한 세월이 낭비되고 열매 없이 흘러가버린다.

마치 하나님의 인도로 애굽에서 나온 이스라엘 백성들이 가나안 땅을 앞에 놓고도 믿음이 없어 들어가지 못하였을 때 하나님은 그들을 40년 동안 광야에서 고난의 여정을 겪도록 하여 불신의 뿌리를 모두 제한 후에 가나안 땅으로 인도한 것과 같이, 믿음이 없어 대학생활 하는 동안 교회를 떠나 세상으로 흘러들어가 버린 청년들도 다시 하나님께로 돌아오는 과정에 불신의 뿌리를 제하는 아픔과 시련의 인생여정을 겪게 되고, 하나님의 영광을 위하여 쓰임 받아야 할 청년의 시절이 죄와 더불어 살아가는 어두움의 시절이 되기도 한다.

신앙 안에서 잘 양육 받은 청년들은 새벽이슬과 같다. 이스라엘에는 비가 적은 대신에 새벽이슬이 풍부하다. 이스라엘은 지중해의 영향으로 대기 중에 수증기가 많다. 낮에는 동쪽에서 불어오는 뜨겁고 건조한 바람으로 인하여 데워져 있다가 밤에는 헤르몬 산에서 내려오는 차가운 바람으로 인하여 기온이 뚝 떨어지는 날씨로 인하여 이 풍부한 수증기가 새벽이 되면 이슬로 맺히게 되는데 이렇게 맺힌 이슬은 그 양이 엄청나게 많다. 이스라엘은 강우량이 매우 적은 나라지만 이 새벽이슬로 인하여 식물이 자라나고 목초지가 조성된다. 따라서 성경에서는 이 '새벽이슬'을 풍성한 수확이나 축복의 상징으로 나타내고 있다.

교회도 마찬가지다. 새벽이슬 같은 청년들이 잘 양육된 교회는 수확이 풍성하고 축복을 받은 교회다. 그리고 생명력이 넘치는 교회요 사랑이 풍성한 교회요 힘이 있는 교회다. 서구의 교회들을 보면 새벽이슬 같은 청년들이 교회성장에 얼마나 중요한지를 알 수 있다. 서구의 그 찬란했던 교회들이 새벽이슬 같은 청년들이 떠나버리고 나이 많은 노인들만 교회를 지키게 되었을 때 그 교회는 생명력을 잃어버리고 서서히 쪼그라들다가 덩그런 건물만 남게 되고, 심지어는 교회건물이 팔려

술집이나 레스토랑이 되는 경우도 있다.

    교회가 교회답게 지속적으로 성장하고 생명력이 넘치는 교회가 되기 위해서는 청년부에 대한 지원을 아끼지 말아야 한다. 청년들에 대한 전도활동을 활발히 전개하고 그들을 신앙으로 양육하는 데는 많은 관심과 기도와 물질이 필요하다. 세상에는 젊은이들을 유혹할 수 있는 먹을거리, 볼거리, 즐길거리들이 너무 많다. 이런 환경 속에서 청년들에게 전도하여 교회에 나오도록 하고 그들을 말씀으로 양육하여 말씀이 마음 밭에 깊이 뿌리를 내리게 한다는 것은 쉬운 일이 아니다. 그러나 청년들로부터 거두어들이는 믿음의 결실이 너무나도 아름답고 귀하기 때문에 교회는 그들을 전도하고 양육하는데 힘닿는 데로 지원하여야 한다. 교회가 각별한 관심을 가지고 말씀과 사랑으로 양육한 청년들이 신앙 안에서 싱싱하게 성장해 나갈 때 그들의 삶은 하나님의 은혜로 들에 핀 백합화같이 아름답게 피어나고 레바논의 백향목같이 우뚝 서게 될 것이다. 그리고 그들로 인하여 교회가 힘있게 성장해 나갈 것이며, 이 나라 이 민족이 복음 안에서 풍성함을 누리게 될 것이다.

    ⑤ 새신자관리비

    새신자관리비는 새신자를 담당하는 부서에서 전도를 받아 나오거나 또는 자발적으로 찾아온 새신자를 등록시키고, 접견하고, 한 가족으로 양육하는 데 사용하는 지출을 말한다. 새신자부에서 하는 일을 세부적으로 나누어보면 새신자를 접견하고 환영하는 일, 신앙의 본질을 가르치고 교회의 한 가족으로 잘 적응할 수 있도록 양육하는 일, 그리고 선발된 새신자 양육위원들에게 새신자를 잘 접견하고 양육할 수 있도록 교육시키는 일로 크게 나눌 수 있다.

◆ 새신자환영비

　새신자환영비는 새신자부에서 새신자를 환영하고 접견하는 일에 사용하는 지출을 말한다. 새신자를 처음 만나는 일은 대단히 중요하다. 새신자가 교회에 처음 나왔을 때는 모든 것이 생소한 환경이므로 누구나 긴장하고 경계하고 살핀다. 교인들이 자신에게 호의적인지 무관심한지 또는 적대적인지를 처음 만나는 사람을 통하여 파악하려 한다. 그러므로 새신자를 환영하는 사람은 특별히 친절하고 상냥할 뿐만 아니라 새신자의 마음을 따뜻하고 편안하게 해 주는 사람이어야 한다. 그러기 위해서는 소정의 교육도 필요하다. 새신자를 맞이하는 사람이 냉담하고 요식적이고 그저 무덤덤하면 그 새신자는 정나미가 떨어져 교회에 나오고 싶은 마음이 사라질 것이다. 한 사람을 전도하기 위하여 얼마나 열심히 기도하였으며, 얼마나 많은 시간과 물질과 정성을 들였는데 새신자를 환영하는 사람으로 인하여 새신자가 교회에 나오지 않는다면 하나님 앞에 얼마나 부끄러운 일이 되겠는가! 그래서 새신자를 환영하는 일은 아무나 하는 것이 아니다. 새신자를 주님이 보내어 주신 천하보다 귀한 생명임을 알고 귀하게 여기고 섬길 수 있는 사람이 새신자를 환영하여야 한다.

　새신자를 접견하는 사람은 새신자와 마주 앉아 차를 나누며 대화를 통하여 새신자 카드를 작성한다. 사무적으로 요식적으로 작성하는 것은 새신자의 마음의 문을 닫게 하는 것이므로 자연스럽게 대하고 친절하게 대화를 나누면서 그 사람의 신상명세를 파악하여 카드에 기록한다. 성명, 주소, 전화번호, 하는 일, 좋아하는 일, 특별한 재능, 가족사항, 기도제목 등을 파악하여 기재한다. 새신자의 상태를 파악하고 그의 마음에 위로와 평안을 주고 그 사람과 그 가정을 위하여 기도한다.

그리고 새신자가 받아야 할 양육과정을 소개하고 양육할 사람을 만나게 하여 양육과정을 밟도록 한다. 마지막으로 헤어질 때는 교회가 마련한 선물을 드리고 다음 주에도 꼭 나오도록 당부한다. 그리고 주 중에도 그 새신자가 다음 주일에도 꼭 나올 수 있도록 그 사람을 위하여 기도하고 안부를 물으며 관심과 사랑을 보인다.

◆ 새신자양육비

새신자양육비는 새신자를 양육하는 팀에서 새신자를 접견한 사람으로부터 새신자를 인계받아 그 사람이 교회의 한 구성원으로 신앙생활에 잘 적응할 수 있도록 교회를 소개하고 신앙의 본질을 가르치고 마음에 평안과 위로를 주는 소정의 양육과정에 사용하는 지출을 말한다.

새신자들은 주로 마음에 상처를 입었거나 세상살이에서 문제를 안고 찾아온 사람들이 대부분이다. 그 사람들은 상처를 치유받고 문제를 해결하고 마음에 평안과 위로를 얻을 수 있을 것이라는 기대를 가지고 교회를 찾아온다. 그들은 깨어지기 쉬운 유리그릇과 같다. 그 사람들을 대할 때는 따뜻한 가슴으로 다가가야 한다. 주님의 사랑을 가슴에 담고 가슴에서 가슴으로 다가가야 한다. 새신자들은 대단히 민감하므로 따뜻한 가슴으로 다가가야 마음의 문을 열게 되고 진실한 교제를 시작할 수 있다. 마음의 문이 열려야 그때부터 양육을 할 수 있고 복음을 전하며 신앙 안에서 교제를 나눌 수 있다.

양육위원은 새신자가 그 교회에서 정식으로 만나 신앙의 교제를 처음으로 나누는 사람이다. 따라서 새신자는 자신을 양육하는 사람에 대해 경계심을 갖기도 하고 어떤 사람인지 관심을 가지고 살펴보기도 한다. 일단 양육위원이 새신자의 마음에 들면 양육기간 동안 좋은 교제가 이루어지고 학습효과도 높아진다. 대부분의 경우 양육위원들은 새신자들의 기억에 오랫동안 남게 되고 그 교회에서 신앙생활 하는 동안에 언제나 가장 가깝게 느껴지는 사람이 된다. 새신자는 자신을 양육한 그 사람을 통하여 그 교회와 교인들을 평가하고 기독교를 평가한다. 그러므로 양육위원은 주님을 대신하여 주님의 마음으로 새신자를 양육하여야 한다.

새신자가 양육과정을 마치고 교인으로 등록하면 온 교회적으로 환영하여야 한다. 아들이 결혼하여 새 며느리가 한 식구로 들어올 때 온 집안이 환영하듯이, 새신자가 교회에 등록하면 새로운 식구가 공동체에 들어오는 것이므로 온 교회가 환영해야 한다. 교회는 주님을 대신하여 잔치를 베풀고 기뻐하며 즐거워해야 한다.

새신자를 영접하고 환영하는 일이 얼마나 중요한 일인지 주님은 세 번이나 사례를 들어가며 말씀하셨다. 누가복음 15장에 보면 먼저 양 일백 마리를 가진 사람이 잃어버린 양 한 마리를 찾고 너무 기뻐서 그 벗과 이웃을 불러 모으고 잔치를 베풀고 함께 즐거워하는 장면이 나온다. 다음으로 열 드라크마를 가진 여인이 잃어버린 한 드라크마를 찾기 위하여 등불을 켜고 온 집을 쓸고 찾는 장면이 나온다. 이 여인이 부지런히 찾다가 잃어버린 한 드라크마를 찾은 후에는 벗과 이웃을 불러 모으고 함께 즐거워한다. 끝으로 집을 떠난 둘째 아들이 자신이 받을 분깃을 미리 받아 가지고 나가 허랑방탕한 생활을 하며 모두 탕진한 후 알거지가 되어 아버지 집으로 돌아오는 장면이 나온다. 아버지는 '아직도 상거가 먼데'도 불구하고 거지가 되어 초라한 모습으로 돌아오는 아들을 알아보고 측은히 여겨 달려가 목을 안고 입을 맞추고 반갑게 맞이한다. 그리고 돌아온 아들에게 제일 좋은 옷을 입히고 손에 가락지를 끼우고 신을 신기고 살진 송아지를 잡고 잔치를 열어 풍악을 울리며 춤을 추고 집안의 모든 사람들과 함께 먹고 즐거워한다.

주님이 회개하고 주님 앞으로 나온 새신자를 얼마나 기뻐하시기에 세 번이나 사례를 들어가며 말씀하셨을까! 교회가 새신자를 환영할 때는 이와 같은 주님의 마음으로 환영해야 한다. 교회는 새신자에게 하나님 아버지의 마음과 사랑을 전할 수 있게 최선을 다해 영접해야 한다.

주님은 새신자가 교회로 나오면 모두 함께 '즐거워하고 기뻐하는 것이 마땅하다'고 말씀하시지만 교회가 대형화되어 갈수록 잔치 분위기는 고사하고 무관심하게 대하는 경우가 많다. 교회가 대형화되면 출석하는 교인들이 많아서 그런지 성도들 간의 관심과 관계가 멀어지는 경향이 있다. 기존의 성도들 간에도 얼굴조차 모르고 지내는 사람이 대부분인가 하면, 주일날 예배드리러 교회에 나와 보면 안내를 맡은 성도들이 교인들에게 인사하는 정도지 서로 모르는 성도 간에 인사를 나누는 경우가 드물다.

새로 교회에 나온 새신자들에게도 마찬가지다. 즐거워하고 기뻐하는 마음은 고사하고 인사조차 하지 않는다. 끼리끼리 인사하고 즐거워하고 끼리끼리 모인다. 상처받은 양들, 소외받은 양들이 교회에 찾아왔으나 발을 들여놓을 틈이 없다. "수고하고 무거운 짐 진 자들아 다 내게로 오라 내가 너희를 쉬게 하리라"(마 11:28) 말씀하시는 주님의 초대를 받고 왔지만 정작 쉴만한 곳이 없다. 오히려 교인들의 무관심 속에서 더 무거운 짐을 지고 교회를 떠나버린다. 이런 교인들을 향하여 우리 주님은 무섭게 경고하고 있다. "화있을진저 외식하는 바리새인들과 서기관들이여 너희는 천국 문을 사람들 앞에서 닫고 너희도 들어가지 않고 들어가려 하는 자도 들어가지 못하게 하는도다"(마 23:13)

이런 일에 대하여 주님은 또 다른 엄청난 경고의 말씀을 하고 있다. 만약 처음 교회에 나온 새신자가 교인들의 무관심으로 인하여 교회에 나오지 않으면 그 책임은 그 교회와 성도들에게 있다는 것이다. "그가 이 작은 자 중의 하나를 실족하게 할진대 차라리 연자맷돌이 그 목에 매여 바다에 던지는 것이 나으니라"(눅 17:2)

주님이 왜 이렇게 가혹한 말씀을 하고 계실까? 주님은 작은 자 하나를 구원하기 위하여 십자가에 달려 죽기까지 하셨는데 그 주님이 생명을 걸고 구원한 새신자를 교회와 교인들이 주님의 마음으로 영접하지 않아 교회에 나오지 않는다면 그 책임을 그 교회와 성도들이 담당해야 한다는 말씀이다.

◆ **새신자위원 양성비**

새신자위원 양성비는 새신자를 접견하고 양육하는 일을 맡은 교인들을 가르쳐 전문가로 양성하는 데 사용하는 지출을 말한다. 새신자를 어떻게 접견하고 양육하느냐에 따라 그 새신자가 교회에 정착하여 한 가족으로 지내느냐 그렇지 않으면 교회를 떠나버리느냐가 달려 있으므로 새신자를 접견하고 양육하는 일을 맡은 사람들의 역할은 매우 중요하다. 믿음이 없으면 새신자에게 믿음을 전할 수 없으며, 하나님의 사랑을 깨닫지 못하면 하나님의 사랑을 전할 수 없고, 십자가에 달리신 주님을 만난 일이 없으면 십자가의 은혜를 전할 수 없다. 교회를 찾아온 대부분의 사람들은 영적으로 갈급한 사람들이기 때문에 양육위원의 신앙상태와 그들을 맞이하는 마음가짐에 따라 많은 영향을 받는다. 양육위원은 교회를 찾아온 새신자에게 위로를 주기도 하지만 때로는 상처를 주고 교회를 더욱 멀리하게 만들기도 한다. 그러므로 교회는 새신자를 접견하고 양육하는 일을 맡은 교인들에게 특별한 관심을 가지고 정기적으로 교육을 실시하고 육성하여야 한다.

양육위원은 교인들 가운데서도 특별히 주님을 사랑하는 마음이 각별한 사람이어야 한다. 예수님이 베드로에게 "내 어린양을 먹이라"라는 말씀을 하기 전에 먼저 "네가 나를 사랑하느냐"라고 물은 이유는 주님을 사랑하는 사람만이 어린양을 먹일 수 있다는 뜻이다. 어린양을 먹이는 것은 쉬운 일이 아니다. 어린아이는 스스로 할 수 있는 것이 없다. 대소변을 가리도록 가르쳐야 하고 소화가 잘되는 부드러운 음식을 먹여야 되고 울며 떼쓸 때는 달래주어야 한다. 때로는 새신자가 턱도 없는 질문을 할 때도 있는데 그럴 때는 무시하지 말고 어린 아이를 대하듯이 알아들을 수 있도록 눈높이에 맞추어 설명해 주어야 한다. 어린양을 먹이는 일에 사랑과 정성이 필요하듯이 새신자를 양육할 때도 사랑과 정성으로 돌보아야 한다.

주님을 사랑하는 성도는 주님이 얼마나 자신을 사랑하는지를 아는 사람이다. 그는 주는 그리스도시요 살아계신 하나님의 아들이라는 사실을 아는 사람이다. 그리고 그 주님이 그를 구원하기 위하여 그의 모든 죄와 허물을 지시고 십자가에 달려 죽으셨다는 사실을 믿는 사람이다. 그 사람은 주님을 사랑할 수밖에 없고, 그 주님이 부탁하신 어린양을 주님의 마음과 사랑으로 양육하지 않을 수 없다. 그 사람은 주님을 사랑하듯이 어린양을 사랑한다. 양육위원을 통하여 주님의 마음과 사랑이 새신자의 마음에 전해질 때, 그 사람은 비로소 마음의 문을 열고 믿음의 첫발을 내딛게 되는 것이다. 양육위원은 새신자를 지옥에서 천국으로 안내하는 역할을 하는 사람이다. 새신자 양육이 얼마나 위대하고 값진 일이며 중요한 일인지 교회도 인식하고 양육위원도 인식하여야 한다. 교회는 양육위원들이 믿음의 든든한 기반 위에서 주님의 마음과 사랑으로 새신자를 양육할 수 있도록 지원해야 한다.

⑥ 사회활동비

사회활동비는 경조사, 구제, 지역봉사, 장애인 돕기, 재해봉사, 재능 나누기 등의 일을 담당하는 부서에서 사용하는 지출을 말한다. 사회부는 교회 차원에서 하나님의 사랑을 실현해 나가는 일을 담당한다. 교회와 교인들 간의 사랑의 관계를 깊게 하는 동시에 지역주민들과 사랑의 교제를 나누고 국내외를 막론하고 어려운 일을 당한 곳에 하나님의 사랑을 전하는 역할을 한다. 그러므로 사회부가 하는 일은 너무나도 광범위하므로 일을 하려면 한정이 없고 그에 따르는 재원도 엄청나게 필요하다. 때로는 사회부가 하는 일 중에 국가에서도 잘 감당하지 못하는 일들이 있다. 그러므로 사회부는 한정된 교회예산의 범위 안에서 교회 실정에 맞게 계획을 수립하여 선택적으로 그 일을 감당할 필요가 있다.

◆ 경조비

경조비는 혼사와 같이 교인들의 가정에 기쁘고 좋은 일이 있을 때 교회 차원에서 함께 기뻐하며 축하해 주거나, 초상을 당한 경우와 같이 슬픈 일을 당한 가정을 방문하여 함께 슬퍼하며 위로해 주는 일을 담당하는 부서에서 사용하는 지출을 말한다. 특히 교인이 사망했을 경우에는 교회의 한 지체가 주님이 계신 천국으로 돌아간 것이므로 신앙적인 측면에서 교회가 장례를 주도하여야 한다. 장례를 치르는 일은 믿음의 한 형제자매와 헤어지는 것이므로 온 교인이 함께 슬퍼하고 그 가족을 위로해 줄 뿐만 아니라 그 가정과 하나가 되어 장례를 맡아 치러야 한다. 위로예배, 입관예배, 발인예배, 하관예배에 이르기까지 처음부터 마칠 때까지 교인들과 함께 목사가 집례하고, 문상객들을 안내하고 식사를 접대하는 등 모든 일에 교회가 함께하는 것이 좋다.

교회가 어떻게 장례예배를 집례하고 장례절차를 감당하느냐가 상을 당한 가정뿐만 아니라 믿지 않는 친인척들에게까지 많은 영향을 미친다. 초상을 당한 집의 분위기는 언제나 엄숙하다. 이 세상이 전부인 것처럼 기세등등하게 살던 사람도 장례를 통하여 자신을 포함한 모든 인생이 결국에는 가야할 길로 가야 된다는 것을 알게 되고, 자신의 참 모습을 발견할 수 있기 때문이다. 사람은 자신의 참 모습을 발견할 때 복음을 가장 잘 받아들인다. 그래서 전도서는 지혜자는 잔칫집에 가는 것보다 초상집에 가는 것이 더 낫다고 말씀한다. "초상집에 가는 것이 잔칫집에 가는 것보다 나으니 모든 사람의 끝이 이와 같이 됨이라 산 자는 이것을 그의 마음에 둘지어다"(전 7:2) 초상집에 가야 인생길의 마지막이 어떤 것인지를 볼 수 있고, 죽은 사람의 영혼이 가야할 곳이 어딘지를 생각하게 되고 하나님을 찾게 되고 구원의 필요성을 인식할 수 있기 때문이다.

장엄하고 엄숙한 예배와 헌신적인 봉사와 마음에서 우러나오는 위로는 믿지 않는 친인척들에게 커다란 감동을 주고 교회에 대한 좋은 이미지를 갖게 하며 그 가정을 통하여 복음을 전할 수 있는 기회를 가져올 수 있다. 따라서 경조부의 일을 맡은 교인들은 믿음이 있고 사랑과 은혜가 충만한 성도들로 구성하는 것이 좋다. 교회에서 정한 담당하는 순서에 따라 하는 수 없이 경조부의 일을 맡게 되면 본인도 힘들고 경조사를 당한 가정도 은혜가 되지 않고 축하를 오거나 문상을 온 사람들에게도 교회의 이미지를 나쁘게 만들어 전도의 길을 막아버리게 된다.

◆ 구제비

　구제비는 가난하고 어려운 가정을 돕는 일을 담당하는 부서에서 사용하는 지출을 말한다. 경제가 발전하고 소득수준이 아무리 높아도 사람 사는 사회에는 언제나 도움을 기다리는 사람들이 많이 있다. 특히 자본주의 경제가 발전할수록 고아와 과부와 나그네와 같은 사회적 약자들이 많이 생겨난다. 시장경제가 발전하고 경쟁이 격화되는 사회가 될수록 가진 자와 가지지 못한 자, 강자와 약자 간의 간격이 벌어지는 양극화 현상이 일어난다. 지난 세기 동안 자본주의경제와 공산주의경제가 체제 경쟁을 벌린 결과 자본주의경제가 완승을 거두었지만, 자본주의 경제가 지니고 있는 문제는 여전히 심각하다. 돈이 세상을 지배하는 천민자본주의가 되면 하나님이 관심을 가지고 있는 고아와 과부와 나그네와 같은 사회적 약자들은 설 곳이 없다. 자본주의가 성경적 자본주의가 될 때 자본주의가 본질적으로 안고 있는 문제가 해결되고 인류에게 진정한 풍요를 가져다줄 수 있는 것이다.

　하나님은 백성들이 말씀에 순종하면 이렇게 복을 주시겠다고 약속하셨다. "네가 네 하나님 여호와의 말씀을 청종하면 이 모든 복이 네게 임하며 네게 이르리니, 성읍에서도 복을 받고 들에서도 복을 받을 것이며, 네 몸의 자녀와 네 토지의 소산과 네 짐승의 새끼와 소와 양의 새끼가 복을 받을 것이며, 네 광주리와 떡 반죽 그릇이 복을 받을 것이며, 네가 들어와도 복을 받고 나가도 복을 받을 것이니라"(신 28:2-6)

　요약해서 말하자면 참된 그리스도인들은 영원한 생명을 누릴 뿐만 아니라 이 땅에서도 하나님으로부터 복을 받아 잘 살게 된다는 것이다. 자본주의 경제에서 부를 축적하고 누리며 살 수 있다는 것이다. 따라서 부자가 죄가 되는 것은 아니다. 어떤 의미에서 부자는 하나님으로부터 축복을 받은 사람이다. 그러나 부자가 이웃이 가난하여 굶어 죽어가는 것을 보고도 방치하였을 때는 하나님은 그 부자에게 책임을 물으시겠다는 것이다.

구약의 구제는 이스라엘 백성들이 애굽의 노예생활을 벗어나 한 민족으로 자유를 누리며 경제생활을 하기 시작할 때부터 하나님께서 이스라엘 백성들에게 수없이 반복해서 강조한 말씀이다. 애굽에서 노예생활을 할 때는 애굽의 관원들이 시키는 만큼 일을 하고 나누어주는 배급으로 먹고살면 되었다. "우리가 애굽에 있을 때에는 값없이 생선과 외와 수박과 부추와 파와 마늘들을 먹은 것이 생각나거늘"(민 11:5) 이스라엘 백성들이 노예생활을 할 때는 돈이 없어도 시키는 일만 하면 먹고 살 수 있었다. 그러나 노예생활에서 해방되어 자유로운 경제생활을 시작하면서부터 부를 축적한 사람들과 절대적 빈곤에서 허덕이는 사람들이 생기게 되었다. 부자는 너무 잘 먹어 부자 병이 생겨 살을 빼러 다니고 가난에 찌들린 사람들은 영양실조가 되어 죽어가는 현상이 나타나기 시작하였다. 하나님은 자기 백성들이 너무 잘 먹어 병이 나 죽는 것도 싫어하시고, 가난하여 먹을 것이 없어 죽어가는 것도 그대로 두고 못 보신다.

구약에서 가난하고 어려운 사람의 대표적인 예로 고아와 과부와 나그네를 들고 있다. 하나님은 이와 같은 사람들을 구제하는 사람에게 범사에 복을 주시겠다고 말씀하시며, 하나님의 백성들이 이들을 적극적으로 구제하도록 격려하고 있는 것을 볼 수 있다. "너희 중에 분깃이나 기업이 없는 레위인과 네 성중에 거류하는 객과 및 고아와 과부들이 와서 먹고 배부르게 하라 그리하면 네 하나님 여호와께서 네 손으로 하는 범사에 네게 복을 주시리라"(신 14:29)

신약에서도 예수님께서 가난한 사람들에게 각별한 관심을 가지고 계셨다. 구원을 받고 영생을 얻은 사람들은 가난한 사람들을 도와주어야 한다고 말씀하고 있다. 마태복음 19장에는 영생을 얻으려고 갈급한 부자청년에 대한 이야기가 나온다. 부자청년이 예수님에게 와서 무슨 선한 일을 하여야 영생을 얻으리까 하고 물었을 때 예수님은 먼저 영생을 얻으려면 계명을 지키라고 말씀하시고 다음으로 그에게 "네 소유를 팔아 가난한 자들에게 주라 그리하면 하늘에서 보화가 네게 있으리라 그리고 와서 나를 따르라"(마 19:21)고 말씀하신다.

이 말씀은 이 부자청년이 가지고 있는 소유를 팔아 가난한 사람들에게 나누어주는 것이 구원의 조건이라는 것이 아니다. 재물에 집착하고 있는 이 청년의 마음을 예수님에게로 돌리기 위한 말씀이다. 이 청년이 예수님의 말씀대로 재물에 대한 집착을 버리고 예수님을 따랐다면, 이 청년은 자신을 구원하기 위하여 십자가에 달리신 예수 그리스도를 눈으로 보았을 것이고 믿고 구원을 얻었을 것이다. 예수님이 하신 말씀의 참 뜻이 여기에 있지만, 이 말씀 속에는 가난한 사람들에 대한 예수님의 관심도 들어 있다. 이 말씀 속에 예수 그리스도를 믿는 사람들이 가난한 사람들을 도와줄 것을 요청하는 메시지가 들어 있다.

누가복음 16장에는 예수님이 돈을 좋아하는 바리새인들에게 들려주는 '부자와 나사로'의 이야기가 나온다. 한 부자가 값비싼 옷을 입고 날마다 호화로운 생활을 하며 즐기고 있었는데, 그 집 대문 앞에는 나사로라 부르는 거지가 헌데 투성이로 버려진 채 배를 주리고 있었다. 거지 나사로는 부자의 상에서 떨어지는 것으로 주린 배를 달래다 죽었고, 부자는 배를 주리고 있는 나사로에게는 전혀 관심을 주지 않고 자신만을 위하여 호의호식하며 부른 배를 두드리다 죽었다. 죽은 후에 거지 나사로는 아브라함의 품에 안겨 영원한 안식을 누리고, 부자는 지옥 불에서 영원히 괴로워하며 지낸다는 이야기다. 예수님이 이 이야기를 한 이유는 예수님의 마음이 언제나 헐벗고 굶주리며 소외받고 있는 사람들에게 있다는 것이다. 예수님을 그리스도로 믿는 사람들이라면 예수님이 마음을 두고 있는 곳에 그들의 마음도 가 있어야 한다.

그러므로 구제는 교회가 당연히 하여야 할 일이다. 주님이 낮은 데로 오셨듯이 교회도 낮은 데로 향하여야 한다. 교회가 낮은 데로 눈길을 돌리게 될 때, 비로소 그 교회는 교회 주변에 도움을 기다리는 사람들이 많이 있다는 것을 알게 된다. 예수님이 부활하여 승천하신 후 복음사역에 전념하던 제자들도 구제하는 일에는 깊은 관심을 가지고 힘을 썼다. 사도행전에 보면 예수님의 제자들이 과부들을 구제하는 장면이 나온다. 특별한 어떤 일이 있을 때 한 번 구제하는 것이 아니고 매일 구제하였다. "그 때에 제자가 더 많아졌는데 헬라파 유대인들이 자기의 과부들이 매일의 구제에 빠지므로 히브리파 사람을 원망하니"(행 6:1) 디모데전서를 보면 초대교회에서 이와 같이 구제의 형평성 문제가 발생되어 불평이 일어나므로 구제의 대상이 되는 기준을 정하여 그 기준에 해당되는 과부들을 명단에 올려두고 지속적으로 관심을 가지고 구제하였다. "과부로 명부에 올릴 자는 나이가 육십이 덜 되지 아니하고 한 남편의 아내였던 자로서"(딤전 5:9)

한편 야고보서에는 교회가 고아와 과부를 돌보는 일을 하여야 하지만, 성도들도 각자가 경건생활의 일부로 고아와 과부를 돌보고 구제하는 일에 힘써야 한다고 말씀하고 있다. "하나님 아버지 앞에서 정결하고 더러움이 없는 경건은 고아와 과부를 그 환난 중에 돌보고 또 자기를 지켜 세속에 물들지 아니하는 그것이니라"(약 1:27) 고아와 과부가 환난을 당하는 것을 보고도 그냥 지나치는 것은 하나님 아버지 앞에 부끄러운 일이라는 것이다. 하나님 아버지가 눈여겨보고 불쌍히 여기는 고아와 과부에게 관심을 가지지 않는 하나님의 백성은 경건하지 않다는 것이다. 하나님 아버지의 사랑과 은혜로 살아가는 하나님의 자녀들은 마땅히 아버지께서 불쌍히 보시는 고아와 과부를 돌보게 되어 있으며 이런 사람이 하나님 앞에서 경건한 사람이라는 것이다.

구제부는 교회예산이 한정되어 있으므로 힘없고 어려움에 처한 가난한 사람들을 돌보되 지혜롭게 돌보아야 한다. 먼저 구제의 기준을 명확히 하고 구제 대상자 명단을 구제 기준에 따라 작성하여 지속적으로 돌보아야 한다. 구제의 기준이 명확하지 않거나, 구제를 불규칙적으로 하여 구제를 받는 사람의 마음을 불안하게 하면 구제를 하고도 좋지 못한 소리를 듣게 되고 결국에는 교회에 피해를 주게 된다.

그리고 구제를 할 때 염두에 두어야 할 중요한 마음가짐이 한 가지 있다. 그것은 구제할 때 구제받는 사람의 인격이 손상되지 않도록 하여야 한다는 것이다. 특히 우리나라 사람들은 전통적으로 유교 문화에 젖어 있어 체면을 아주 중요하게 생각한다. 밥을 굶고도 굶은 표시를 내지 않고 밥을 먹은 것처럼 이쑤시개로 이를 쑤시며 다니는 사람들이 우리나라 사람들이다. 도시락을 가지고 오지 못하는 가난한 아이들이 학교에서 다른 아이들이 보는 앞에서 주는 도시락을 먹지 않는 이유도 친구들 앞에서 구겨지는 체면 때문이다. 구제하는 방식이 잘못된 구제는 물질로는 도움을 줄지 모르지만 마음에 상처를 주게 되어 교회와 멀어지게 만든다.

끝으로 구제명단이 작성되면 구제 받는 사람들을 위하여 기도하며 사랑하는 마음으로 도와주어야 한다. 교회에서 주는 구제는 국가나 사회단체에서 주는 구제와 달라야 한다. 국가나 사회단체의 구제는 물질을 전달하는 데 그치지만, 교회의 구제는 전하는 물질에 하나님의 사랑과 위로가 담겨 있어야 한다. 국가나 사회단체에서는 떡으로만 구제하여 배고픔을 면하게 하지만, 교회는 떡으로만 구제하는 것이 아니다. 교회는 떡과 함께 사랑과 위로가 담긴 하나님의 말씀으로 구제하여 육신의 배고픔도 면하게 하지만 영적인 갈급함도 해소시켜 영원한 생명을 누리게 한다. 떡은 단지 육신의 생명을 소생시키지만 하나님의 사랑과 위로의 말씀은 영의 생명을 소생시키는 힘이 있다.

◆ 지역 봉사비

구제가 사회적 약자들에게 물질과 기도로 도와주는 일이라면, 지역봉사는 교회 인근지역에 있는 양로원, 고아원, 노인정, 지역복지센터, 지역아동센터, 호스피스센터 등 도움을 필요로 하는 곳에서 사랑과 노력으로 봉사하는 것을 말한다.

건강한 사람은 온몸의 구석구석까지 혈액순환이 잘되는 사람이다. 혈관내벽에 콜레스테롤이 붙어서 혈관이 막히게 되면 혈액순환이 잘되지 않아 심각한 병을 일으킨다. 머리의 혈관이 막히면 뇌졸중이나 뇌출혈이 일어나고, 심장 혈관이 막히면 심근경색증이나 협심증이 생기고, 각 지체의 동맥이 막혀 혈액을 공급받지 못하면 괴사가 발생하거나 마비가 일어나고 심각하면 죽음에 이른다.

사람 사는 사회도 마찬가지다. 경제가 발전하여도 돈의 흐름이 골고루 순환되지 못하고 막히면 치명적인 경제적 질병인 양극화가 발생한다. 부자와 가난한 자, 가진 자와 가지지 못한 자들 간에 이중적인 계층이 생기면 계층간의 충돌이 발생하고 계층 내에서 심각한 문제가 발생한다. 돈의 흐름이 막힌 사회는 가진 자들이 가지지 못한 자들의 타도의 대상이 되고, 가지지 못한 자들은 가진 자들의 멸시의 대상이 된다. 가진 자들은 수단과 방법을 가리지 않고 더 많은 부를 가지려고 사회를 부패시키고 스스로 타락의 길로 들어서고, 가지지 못한 자들은 가진 자를 증오하고 절망하며 과격해지고 폭력적으로 변해가고 사회는 병들고 무너지게 된다. 경제발전과 더불어 돈의 흐름이 막히지 않고 사회 구석구석까지 골고루 순환되어야 경제가 건강하게 성장해 나갈 수 있다.

사회가 건강하게 되려면 돈뿐만 아니라 모든 것이 골고루 순환되어야 한다. 지식을 가진 자는 지식을 순환시켜야 그 지식으로 스스로 행복을 누릴 수 있을 뿐만 아니라 배우는 자들의 삶의 질을 향상시켜 보다 성숙된 사회로 발전해 나갈 수 있다. 하나님으로부터 풍성한 사랑을 받은 자는 사랑이 갈급한 사람들에게 그 사랑을 나눠주어야 그 심령에 기쁨을 누릴 수 있고 사랑을 받은 자는 그 사랑으로 인하여 심령이 소생하고 더불어 하나님이 보시기에 아름다운 나라를 함께 만들어나갈 수 있게 된다.

지역봉사부는 하나님으로부터 받은 것을 필요로 하는 사람들에게 나누어주는 부서이다. 사랑을 나누고, 지식을 나누고, 재능을 나누고, 힘을 나눈다. 봉사를 해 본 사람들은 그 나누는 손길 위에 하나님이 얼마나 많은 축복을 하시는지 알고 누린다. 시기, 질투, 미움과 다툼이 쏟아져 나올 수밖에 없는 사람의 마음에 사랑과 희락과 화평과 자비와 양선과 오래 참음과 충성과 온유와 절제와 같은 성령의 열매가 풍성하게 열리게 된다는 것을 알게 된다.

지역에서 봉사하는 성도들 가운데는 전문적인 지식과 재능으로 봉사하는 분들이 있다. 가정 형편이 어려워 학원에 갈 수 없는 학생들에게 영어, 수학을 가르치고, 컴퓨터를 가르치고, 미술과 음악을 지도한다. 그래도 공부에 대한 의욕을 가지고 있는 학생들을 가르치는 일은 열심히 가르치기만 하면 된다.

그러나 지역의 초·중·고등학교에는 계층간의 마찰로 인하여 왕따를 당하는 학생들이 많이 있다. 이런 학생들의 대부분은 결손 가정에서 자라난 아이들이다. 가정에서 상처받고, 이웃에게 상처받고, 학교에서 따돌림을 당한 학생들이다. 공부에 대한 의욕은 상실한 지가 오래 되었고 조그만 일에도 민감하게 반응하며 신경질적이고 화를 잘 낸다. 지식과 재능만으로 이런 학생들을 가르칠 수 없다. 이런 학생들은 따뜻한 가슴으로 가르쳐야 한다. 그러므로 신앙이 없는 사람들은 지식과 재능이 아무리 뛰어나도 이런 학생들을 가르칠 수 없다. 하나님이 주신 사랑으로 가슴이 뜨거워진 사람들만이 이런 학생들을 가르칠 수 있다. 굳게 닫혀 있는 마음 문을 열고, 굳어있는 마음 밭을 기경하여 갈아엎어 옥토와 같은 마음으로 만들어낼 수 있는 사람은 성령님이 함께하는 사랑의 사람이다. 이런 사람들이 나락으로 떨어져 절망 가운데서 일어서지 못하고 있는 학생들에게 다가가 그들의 마음의 문을 열게 하고, 손을 잡아 일으켜 세워줄 수 있다.

지역봉사부에는 암이나 당뇨나 고혈압으로 쓰러져 죽음을 기다리는 말기환자들을 돌보는 호스피스 요원들이 있다. 죽음을 기다리며 절망 가운데 있는 사람들에게 믿음으로 위로와 소망을 주는 사람들이다. 호스피스 요원들은 천하보다 귀한 한 영혼을 구원하기 위하여 혼신의 힘을 다한다. 말씀을 증거하고 하나님의 사랑을 전한다. 목욕을 시키기도 하고, 머리를 손질해 주기도 하고, 안마를 해 주기도 하며, 죽음을 소망 가운데 평안히 맞이할 수 있도록 도와주기도 한다. 이들은 말기환자들이 십자가를 붙잡고 생명을 얻고 하나님 말씀으로 위로받는 모습을 바라보며 함께 기뻐하고 하나님께 감사를 드린다.

◆ 장애인지원비

장애인지원비는 장애로 인하여 몸이 불편한 사람들을 도와주는 부서에서 사용하는 지출을 말한다. 장애인들은 교회에 나와 성도들과 함께 하나님 앞에 예배를 드리고 싶어도 스스로 혼자 힘으로 교회에 나오기가 불편하여 예배를 드릴 수 없는 사람들이다. 장애인들도 하나님이 사랑하는 자녀들이다. 어떤 의미에서는 몸이 건강한 사람들보다 하나님의 관심과 눈길이 더 깊은 사람들일지 모른다. 부모가 자식들 중에서도 장애인 자식에게 더 마음이 쏠리듯이 하나님도 장애인 자녀들에게 더 마음을 두고 계신지 모른다.

장애인을 돌보는 일은 쉬운 일이 아니다. 대부분의 사람들은 장애인들을 기피한다. 예수님 당시의 유대사회에서도 장애인이 된 것은 자신의 죄 때문이라 생각하고 멸시하고 멀리하였다. 마태복음 9장에는 예수님이 날 때부터 맹인 된 사람의 눈을 밝은 눈으로 고쳐주는 장면이 나온다. 바리새인들이 예수님을 올무에 걸기 위하여 밝은 눈으로 회복한 그 맹인에게 예수님이 어떤 사람이라 생각하는지 물었을 때 그 맹인 되었던 사람이 예수님을 하나님께로부터 온 사람이라 말하자 그 맹인을 죄 가운데서 난 사람이라 몰아붙이고 쫓아버린다. "이 사람이 하나님께로부터 오지 아니하였으면 아무 일도 할 수 없으리이다. 그들이 대답하여 이르되 네가 온전히 죄 가운데서 나서 우리를 가르치느냐 하고 이에 쫓아내어 보내니라"(요 9:33-34)

기독교가 오랜 기간 동안 뿌리를 내려 그 사회의 문화에 많은 영향을 주고 있는 미국이나 서구에서는 장애인들에 대한 배려가 각별하지만, 우리나라의 경우는 유교의 양반문화가 깊이 뿌리를 내리고 있어 장애인들을 경시하는 경향이 있다. 그래도 요즘에는 정부에서도 장애인들을 배려하는 여러 가지 정책을 추진하고 있고 공공시설 등에 장애인들의 통행을 위한 시설들이 갖추어지고 있는 것을 보면 과거보다는 장애인들에 대한 시각이 많이 변하고 있다는 것을 알 수 있다. 그러나 우리사회의 저변에는 여전히 장애인들을 경시하는 풍조가 남아 있다. 우리가 어릴 때만하여도 장애인을 보면 재수 없다고 땅바닥에 침을 뱉는 사람들이 많이 있었다. 이런 환경 속에서 자라난 사람들이 장애인을 돌본다는 것은 어떤 의미에서는 기적이나 다름없다. 장애인을 돌보는 일은 하나님이 주시는 특별한 은사가 없으면 감당하지 못한다. 온전하지 못한 지체와 지저분한 옷차림과 불편한 거동 등 어느 것 하나 유쾌한 것이 없다. 그럼에도 불구하고 장애인들을 자식 같이 아끼고 사랑할 수 있다는 것은 하나님의 사랑과 은혜가 그들의 심령에 충만하기 때문이라 생각된다.

　장애인들이 많이 나오는 교회는 하나님의 사랑과 긍휼이 넘치는 교회다. 그 교회는 낮은 곳으로 임하는 주님의 은혜가 충만한 교회다. 예레미야 선지자는 하나님이 자기 백성들을 모을 때 맹인과 다리 저는 사람과 같은 장애인들도 함께 모으신다고 말씀하신다. 사람들은 장애인들을 멸시하고 멀리할지라도 하나님은 그들에게 긍휼을 베푸시고 정상인들과 함께 불러 모으시겠다는 것이다. "보라 나는 그들을 북쪽 땅에서 인도하며 땅 끝에서부터 모으리라 그들 중에는 맹인과 다리 저는 사람과 잉태한 여인과 해산하는 여인이 함께 있으며 큰 무리를 이루어 이

곳으로 돌아오리라"(렘 31:8)

경제가 발전되고 문화가 성숙할수록 외모보다는 인격을 존중하는 사회가 된다. 이제 우리나라도 옛날에는 생각하지도 못할 만큼 인격을 존중하는 사회가 되어가고 있고, 이에 따라 장애인들에 대한 배려도 높아지고 있다. 만약 교회가 장애인들을 멸시하고 멀리한다면 그 교회는 하나님으로부터도 멀어질 것이며 우리 사회도 그 교회를 멸시할 것이다. 교회가 교회다워지고 하나님으로부터 사랑을 받고 사회로부터 존중을 받기 위해서는 장애인들에 대한 특별한 배려와 사랑을 베푸는 곳이 되어야 한다.

나는 장애를 가진 사람들을 각별하게 돌보는 신실한 집사님을 알고 있다. 그 집사님은 집안에 좋지 않은 일이 생겨 마음이 편하지 않을 때도 장애를 가진 사람들을 만나기만 하면 얼굴에 함박웃음이 피어나고 자비로운 얼굴이 된다. 보통 사람들 같으면 불평불만을 쏟아놓을 수밖에 없는 상황에서 누가 그 집사님을 순식간에 기쁘고 즐거운 마음으로 바꾸어놓을 수 있겠는가! 장애를 가진 사람들도 그 집사님만 보면 좋아서 난리다. 이분들의 만남은 단순한 만남이 아니라 하나님을 사랑하는 아름다운 영혼들 간의 만남이며, 건강한 사람과 장애를 가진 사람들 간에 사랑이 교류되는 아름다운 만남이며, 우리 사회를 건강하게 만드는 만남이다.

◆ 나눔 활동비

나눔 활동비는 교인들이 지니고 있는 다양한 재능을 함께 나누는 일을 담당하는 부서에서 사용하는 지출을 말한다. 그림, 글씨, 조각, 도자기, 매듭과 같은 분야에서 예술적인 재능이 있는 사람들이 그 분야에 관심이 있는 사람들에게 가르치고 자신의 신앙을 고백할 수 있는 작품을 만들며 함께 사랑의 교제를 나눈다. 양식, 일식, 한식, 다과, 스파게티와 같은 특별한 음식을 만드는데 재능이 있는 사람들이 음식 만드는 것을 배우고 싶어 하는 사람들에게 가르치고 함께 음식을 만들어 이웃들과 함께 나누며 복음을 증거 한다. 음악에 재능이 있는 사람은 노래를 가르치고, 악기를 잘 다루는 사람은 악기로 연주하는 법을 가르쳐 불우한 이웃들을 위하여 주님의 이름으로 위문공연도 하고 연주회도 가지면서 주 안에서의 즐거움을 함께 나눈다.

특히 사회생활에서 은퇴하고 노년에 나눔 활동을 하며 주 안에서 서로 사랑의 교제를 나누는 것을 보면 얼마나 아름다운지 모른다. 자신이 그동안 갈고 닦은 재능을 베풀고, 새로운 분야에서는 어린아이와 같은 마음으로 배우며 도전한다. 가르침과 배움을 통하여 나이 들어가면서 굳어져가는 사고를 유연하고 부드럽게 하고, 식어가는 열정에 불을 붙인다. 그림을 배우는 사람들은 자신의 삶의 여정 가운데서 하나님이 베풀어주신 은혜와 사랑을 화폭에 담는다. 글씨를 배우는 사람들은 어렵고 힘들 때 다시 일어설 수 있도록 위로받고 힘을 주던 하나님의 말씀을 한 자 한 자 써내려가며 주님께 감사를 드린다. 도자기를 배우는 사람들은 인생길의 여정에서 하나님이 베풀어주셨던 그 은혜와 사랑을 도자기에 담아 구워낸다. 노래나 악기를 배우는 사람들은 구원의 기쁨을 함께 노래하고 함께 춤추며 함께 연주하며 하나님을 찬양한다.

◆ 재해봉사비

재해봉사비는 홍수나 폭우 등으로 인하여 수재를 당한 사람들과 지진이나 산사태, 화재 등으로 재난을 당한 사람들을 돕는 부서에서 사용하는 지출을 말한다. 재해봉사부는 물질과 헌신으로 하나님의 사랑을 세상에 전하는 역할을 한다. 그들은 재난을 당한 사람들에게 필요한 물품을 전달하며 노력으로 봉사하고 힘들어하는 그들의 심령을 하나님의 사랑으로 위로하고 그들의 삶이 하루속히 복구될 수 있도록 기도하며 그들의 심령에 복음의 씨앗을 뿌리고 싹이 날 수 있는 토양을 조성해 나간다.

조선 말기에 기독교가 들어온 후 대부분의 선교사들은 질병 등으로 재난을 당한 사람들을 치료하며 도와주며 복음을 전하였으며, 그들이 뿌린 복음의 씨앗으로 오늘날 우리나라에 기독교가 이렇게 성장할 수 있었다 해도 과언이 아니다. 마음 문이 닫혀 있고 생각이 굳어 있는 사람들에게 복음을 전하기 위해서는 먼저 마음의 문을 열도록 가까이 다가가야 한다. 그리고 물심양면으로 도와주며 굳어 있는 마음 밭을 기경하여 옥토와 같이 부드럽게 만들어야 전하는 말씀이 마음 밭에서 뿌리를 내리고 열매를 거둘 수 있다.

교회는 세상의 빛이 되고 소금이 되어야 한다. 빛은 어두운 곳에 있어야 빛의 역할을 할 수 있고, 소금은 맛을 잃고 썩어가는 곳에 있어야 소금의 역할을 할 수 있다. 교회와 성도들이 그 사명을 다하기 위해서는 하나님의 사랑을 가지고 세상으로 나가야 한다. 교회 안에서 교인들끼리 모여 우리끼리 잘살아보자고 생각하는 것은 빛과 소금의 역할을 포기한 것이나 마찬가지다. 교인들의 삶은 교회에 그 뿌리를 내리고 있지만 꽃이 피고 열매가 맺는 곳은 세상이며 삶의 현장이기 때문이다.

재해봉사부가 재해를 당한 사람들에게 전달하는 위문품은 일반사람들이 전하는 위문품과는 다르다. 세상의 위문품은 사람의 마음과 사랑이 담겨 있지만, 교회의 위문품에는 하나님의 사랑과 자비와 긍휼이 담겨 있다. 그러므로 재해봉사부에서 섬기는 성도들은 세상 사람들과는 달라야 한다. 재해를 당한 사람들이 재해봉사부에서 섬기는 사람들을 만났을 때 그들의 모습과 손길에서 하나님의 사랑을 느낄 수 있어야 하고 그들의 위로의 말 속에서 하나님의 위로와 기쁨을 얻을 수 있어야 한다. 그럴 때 비로소 세상 사람들의 굳어 있는 마음 밭이 기경되어 옥토와 같은 마음이 되고 그곳에 하나님의 말씀이 떨어질 때 뿌리를 내리고 싹이 나는 것이다.

⑦ 외국인선교비

외국인선교비는 국내에서 일을 하기 위하여 들어온 외국인들을 상대로 선교활동을 하는 부서에서 사용하는 지출을 말한다. 우리나라는 일제식민지를 거치면서 국토가 많이 피폐된 데다가 해방이 되자마자 6.25전쟁이 발발하여 그나마 남아 있던 산업시설이 거의 파괴되었다. 1961년 우리나라 국민소득은 약 82달러로 북한의 3분의 1, 필리핀의 10분의 1에 불과하였으며, 외국의 원조가 없이는 살아갈 수 없는 나라로 세계에서 가장 못사는 나라들 중 하나였다. 그 당시 우리나라 사람들은 국내에 일자리가 없어 요즈음 우리나라에 일자리를 얻으러 들어오는 외국인 노동자들처럼 일자리를 얻으러 많은 사람들이 우리나라를 떠나 외국으로 갔다.

그러나 우리나라는 하나님의 은혜로 이제는 세계에서 가장 잘 사는 나라들 중 하나가 되어가고 있다. 1인당 국민소득이 2만 달러를 넘어서고 수출 규모는 세계 10위권 안에 들어갈 정도로 경제가 비약적으로 발전하였다. 못살던 시절에는 궂은일도 마다하지 않던 사람들이 이제는 힘들고 어려운 일은 하지 않으려 한다. 인건비도 급격히 상승하여 노동

집약적인 제품을 생산하는 중소기업들은 제품원가가 상승하여 수지를 맞추지 못하고 문을 닫거나 인건비가 싼 해외로 공장을 이전하고 있다. 국내에서 공장을 가동하고 있는 중소기업들은 우리나라보다 못사는 나라에서 일자리를 구하러 들어온 사람들을 낮은 임금으로 고용하여 채산을 맞추고 있다. 외국인선교부는 우리나라에 일하러 온 이런 사람들에게 복음을 전하는 일을 한다.

우리나라에 선교사들을 통하여 복음이 들어온 후에 기독교는 빠르게 성장하였다. 교회 수가 늘어나고 교인들의 수가 폭발적으로 증가하면서 우리나라는 세계에서 미국 다음으로 해외에 선교사를 많이 보내는 나라가 되었다. 하나님은 선교사를 해외로 열정적으로 많이 보내는 우리나라에 은혜를 베푸셔서, 외국에서 많은 사람들이 일자리를 찾아 들어오도록 하시고 그들에게 복음을 전할 수 있는 기회를 주셨다. 우리나라에 들어온 외국인 근로자들은 이제 100만 명을 넘어서고 있다. 우리나라 교회는 이들에게 복음을 전할 수 있는 이런 좋은 기회를 놓치지 말아야 한다. 언어가 다르고 문화가 낯선 그들에게 복음을 전한다는 것은 쉬운 일이 아니지만 이것보다 좋은 기회가 없다. 특히 기독교가 발붙이기 힘든 이슬람국가에서 온 근로자들에게 복음을 전할 수 있는 것은 하나님이 우리에게 주신 특별한 선교의 기회로 보아야 한다.

그러므로 교회는 외국인 근로자들에게 복음을 전하기 위해 베풀 수 있는 것은 최대한 베풀어야 하고, 도울 수 있는 것은 무슨 일이든지 도와주어야 한다. 교회가 낯선 땅에 일하러 와서 외롭고 불안한 그들에게 평안과 안식을 누릴 수 있는 장소와 환경을 조성해야 한다. 문화가 다르고 언어가 다른 나라에 와서 적응하기에 힘겨워하는 그들을 사랑으로 품어주고, 일을 할 수 있도록 도와주고, 먹을 것과 입을 것을 함께 나누며 그들에게 복음을 전하여야 한다. 어렵고 힘들고 외로울 때가 잘 살고 평안할 때보다 복음을 전하기가 쉽다. 교회는 그들에게 일의 열매를 넉넉히 거둘 수 있도록 도와주는 동시에 믿음의 아름다운 열매도 함께 거둘 수 있도록 말씀과 사랑으로 양육해야 한다. 외국인들이 예수 그리스도를 믿고 영접하도록 하는 것은 하나님 앞에 드리는 가장 귀한 예물인 동시에, 외국인 자신들에게도 가장 값진 선물이 될 것이다.

믿음으로 일어선 외국인들이 본국으로 돌아가 복음을 전하기 시작하면 그것보다 확실하고 효과적인 선교는 없다. 국내에서 외국인들을 대상으로 선교하는 것은 해외에 선교사를 파견하여 그 나라 사람들에게 복음을 전하는 것보다 훨씬 쉽다. 종교 활동의 제약 문제, 언어 문제, 문화적인 충돌 문제, 비용 문제 등 어느 면으로 보나 효과적이다. 그러므로 교회는 이들에 대하여 체계적인 선교 프로그램을 마련하여 적극적으로 선교할 필요가 있다. 그들에게 우리나라 말을 가르치고 우리가 그들의 말을 배우며 서로간의 문화를 이해하게 될 때 복음이 효과적으로 전해질 수 있다. 외국인선교부는 그들에게 체계적으로 성경을 가르치고 기도와 경건의 훈련을 하도록 지원함으로써 그들의 믿음이 흔들리지 않는 반석 위에 설 수 있도록 도와주어야 한다. 그들이 흔들리지 않는 믿음을 가지고 본국으로 돌아가게 되면 한 사람 한 사람이 모두 훌륭한 선교사가 될 수 있다.

외국인선교부는 그들이 타 지역으로 이동하든지, 본국으로 귀국을 하든지 그들에게 관심을 가지고 신앙의 교제를 계속 하여야 한다. 인터넷이나 휴대전화 또는 우편을 이용하여 그들과 지속적으로 신앙의 교제를 유지할 때 그들은 비기독교적인 문화 속에서도 신앙을 잃지 않고 믿음을 지킬 수 있으며, 선교의 사명을 감당할 수 있을 것이다. 선교사를 파견하는 일에 비하면 이것은 그리 어려운 일이 아니다.

교회가 능력이 된다면 외국인선교부는 외국인 근로자들을 국가별로 모임을 가지도록 환경을 조성해 줄 필요가 있다. 국가별로 공동체 모임을 가지도록 신앙 지도자를 세워주고 예배를 드리고 교제를 나눌 수 있는 장소를 마련해 주고 필요한 예산을 지원해 주는 것이 좋다. 교회 안에서 자국민들 간에 이루어진 믿음의 교제는 본국에 돌아가서도 비기독교적인 문화를 극복하며 함께 신앙을 지켜나갈 수 있는 토양이 될 수 있다.

⑧ 총무비

총무비는 교회의 건물, 시설, 차량 등 교회의 자산을 관리하고 교회 행정을 지원하는 일을 담당하는 부서에서 사용하는 지출을 말한다. 총무부서는 교인들이 깨끗한 환경 속에서 예배를 드리고 각종 모임과 교제를 나누고 신앙적인 활동을 활발하게 할 수 있도록 좋은 환경을 조성해 준다. 총무부서의 일에는 자산관리, 교회행정, 경비, 청소 등 직원들이 하여야 할 고유 업무 이외에도, 교인들의 요구에 응하여야 하는 잡다한 일들이 많다.

총무부서에서 하는 대부분의 일은 교인들에게 서비스를 제공하는 것이다. 서비스를 제공받는 사람과 서비스를 제공하는 사람 사이에는 언제나 마찰이 일어날 수 있다. 교회도 마찬가지다. 우리나라의 경우 어느 교회나 교회에서 채용하고 있는 직원들은 사례금에 비하여 할 일이 너무 많다. 특히 주일은 더 심하다. 교인들 대부분이 주일에 예배를 드리러 교회에 나온 김에 일을 처리하기를 원하기 때문에 교회 직원들은 주일에 온 종일 쉴 틈 없이 바쁘다. 따라서 주일은 직원들이 과중한 일로 인하여 교인들이 원하는 서비스를 충분히 제공하지 못하는 경우가 발생될 수 있다. 이런 경우 직원들과 서비스를 만족스럽게 제공받지 못한 교인들 간에 마찰이 생기는 경우가 있다.

교인들이 교회직원에 대하여 가지는 마음가짐이나 태도는 그 사람의 신앙인격을 나타낸다. 교인과 직원의 관계는 사회 일반에서 적용되는 고용주와 피고용인의 관계가 아니다. 교회에서는 교인이나 직원이나 한 아버지를 모시고 있는 형제자매들이다. 그러므로 교회에서는 직원들이 교인들을 섬기듯이 교인들도 직원들을 아끼고 존중하여야 한다. 직원들이 교회와 교인들을 위하여 기도하듯이 교인들도 직원들을 위하여 기도해야 한다. 직원들이 성령 충만할 때 그 교회는 기쁨과 즐거움이 가득한 은혜로운 분위기가 된다. 직원들이 은혜가 떨어지고 시험에 빠지고 우울한 분위기에 쌓여 있으면, 그 교회는 구름이 잔뜩 낀 어둡고 차가운 교회가 된다. 교회가 하나님의 영광을 드러낼 수 있는 좋은 환경을 조성하기 위해서는, 교인들이 직원들을 위하여 기도하고 그들의 수고에 대하여 위로하고 격려할 필요가 있다.

◆ 관리비

관리비는 교회 건물과 시설을 관리하는데 사용하는 지출을 말한다. 관리부서는 건물이 손상되면 수리하고, 시설을 유지 보수하고, 음향시설이 양호한 상태를 유지하도록 점검 관리하고, 깨끗한 환경을 유지하기 위하여 청소하는 등의 일을 담당한다. 관리부가 담당하는 일을 충실히 하지 않으면 소중한 예배를 은혜롭게 드릴 수 없다. 화장실 등 주변 환경이 지저분하면 교회에 들어서는 교인들이 유쾌한 감정으로 예배를 드릴 수 없으며, 예배 중에 음향시설이 고장 나면 은혜로운 예배를 드릴 수 없다. 교인들은 주일에 하나님 아버지를 만나 예배를 드리기 위하여 몸과 마음을 가다듬고 거룩한 마음으로 교회에 나온다. 교회 입구에서부터 깨끗하고 쾌적한 환경이 마련되어 있으면 성도들은 즐겁고 상쾌한 마음으로 예배에 임할 수 있겠지만, 지저분하고 무질서하고 소란스러우면 은혜로운 예배를 드리기가 어려울 것이다.

관리부에서 근무하는 직원들이 일에 임하는 마음가짐은 세상 사람들의 마음가짐과는 다르다. 세상 사람들은 그들이 받은 대가만큼 일하고 그들을 관리 감독하는 사람들의 눈치를 살피며 일을 한다. 그러나 교회의 직원들은 사람에게 잘 보이기 위해 일하는 것이 아니라 하나님 앞에서 일한다. 그들이 예배를 위해 일하는 수고와 헌신은 거룩한 하나님 앞에 올리는 향기로운 예물이 된다. 일반적으로 교회 직원들의 임금 수준은 사회의 일반적인 임금 수준보다 적지만, 그들은 돈을 바라보고 일을 하는 것이 아니라 하나님을 바라보며 일을 한다. "주의 궁정에서의 한 날이 다른 곳에서의 천 날보다 나은즉 악인의 장막에 사는 것보다 내 하나님의 성전 문지기로 있는 것이 좋사오니"(시 84:10) 시편 기자의 이와 같은 고백이 교회 직원들의 고백이 될 때, 그 교회는 하나님의 성전다운 성전이요 주님이 거하는 궁정다운 궁정이 될 수 있을 것이다.

◆ 차량비

차량비는 교인들의 예배참석을 용이하게 하고, 교인들의 각종 모임과 행사를 지원하기 위하여 차량을 구입하거나 운행하고 관리하는 일에 사용되는 지출을 말한다. 차량 운행을 담당하는 직원들은 차량운행 계획을 수립하고 운행일지를 작성하며 차량의 운행상태가 양호한지 항상 점검하고 관리한다. 차량에 이상이 생기고 사고가 나면 교회에 커다란 시험거리가 생기게 된다. 믿음이 약한 사람들은 교회의 차량 사고를 신앙과 결부시키는 경향이 있다. 사람이 부주의 하거나 정비를 잘 못하여 사고가 나도, 그들은 하나님이 계시는데 어떻게 교회 차량에 사고가 발생할 수 있느냐고 말한다. 믿음이 약한 교인들은 사람의 잘못에 대한 책임을 하나님 앞으로 돌린다. 그러므로 차량을 점검하고 관리하여 안전하고 평안하게 교인들을 수송하는 것은 하나님 앞에 영광이 되는 것이다.

교회 차량의 주인은 교인들이 아니다. 교회 차량의 주인은 교회의 머리가 되시는 우리 주님이시다. 교인들 중에는 교회 차량을 운행하는 기사를 고용인으로 보고 가볍게 대하는 사람들이 있다. 세상 사람들의 눈으로는 그렇게 생각할 수도 있겠지만 교회는 전혀 아니다. 교회의 차량기사는 교회의 주인이신 주님을 위하여 일을 한다. 교회 차량기사가 사례금을 받는 것은 교인들의 헌금에서 주는 것이지만 교인들이 주는 것은 아니다. 그것은 교회의 주인이신 주님이 주는 것이다. 따라서 차량기사는 주님을 위하여 차량을 정비하고 세차를 하고 교통법규를 지키며 안전운행을 함으로써 세상 사람들의 눈에 주님이 멸시받지 않도록 한다. 주님을 위하여 차내를 깨끗하게 청소하고 쾌적한 분위기를 만들고, 주님이 사랑하는 성도들을 반갑게 맞이한다. 교회 차량을 운행하는 기사가 불친절하면 즐겁고 기쁜 마음으로 하나님 아버지 앞에 예배를 드리러 가는 성도들의 마음에 찬물을 끼얹게 된다. 교회 차량기사가 교인들을 맞이하는 것은 주님의 마음으로 맞이하는 것이며, 교인들은 차량기사를 대할 때 주님 안에서 한 형제자매로 대하는 것이다.

◆ 서무비

　서무비는 교적을 관리하고 행정적인 일을 처리하고 예배와 각종 행사를 지원하며 교회 외부와 관계된 일을 교회를 대신해 처리하는 등의 일을 하는 데 사용하는 지출이다. 교회 행정을 담당하는 사무실에는 많은 교인들이 드나든다. 교회와 관련되는 일이 생기면 일단 사무실을 방문하거나 서무를 담당하는 직원에게 전화로 문의하므로 사무실 직원들은 교인들과 접촉이 빈번하다. 특히 주일에는 사무실을 방문한 교인들의 요구에 응해야 하고 전화도 받아야 하고 정해진 일도 처리하느라 너무 바쁘다. 처리해야 할 일이 폭주하니 일이 즉시 만족스럽게 처리되지 않는 경우도 있다. 거기다가 성질 급한 교인들은 시간이 없다고 독촉을 한다. 일과 사람에 너무 부대끼게 되면 서무 담당직원들도 짜증스러운 모습으로 변한다. 이쯤 되면 교회나 사회조직이나 별다를 바 없다.

　은혜가 넘치는 교회인지 메마른 교회인지는 주일에 서무를 담당하는 부서를 들러보면 알 수 있다. 은혜로운 교회는 일 처리를 요구하기 전에 먼저 서무직원들의 평안을 묻고 주변의 교인들과 인사를 나눈다. 서무직원들이 일이 많아 힘들어 할 때 위로하고, 도와줄 수 있으면 도와주고 협력한다. 급한 교인들이 있거나 연세 많은 노인이 있으면 먼저 왔더라도 양보한다. 교인들은 교회의 손님이 아니다. 교회는 교인들이 대접을 받는 곳이 아니라 섬겨야 하는 곳이다. 서로서로 섬기는 마음이 있을 때 교회는 교회다운 교회가 된다. 아무리 일이 많아도 서무직원들의 얼굴에 웃음이 떠나지 않는 교회는 아름다운 교회다.

　서무부는 대외적으로 교회의 얼굴이다. 서무직원들의 말과 행동은 그 교회의 수준을 나타낸다. 서무직원들의 말과 행동이 거칠고 수준 이하면 세상 사람들은 그 교회를 거룩한 주님의 교회로 보지 않고 세상의 모임보다 못한 집단으로 멸시할 것이다. 교회는 하나님의 사랑과 자비와 인자하심을 나타내는 곳이다. 서무직원들의 태도와 말 속에는 하나님의 마음이 들어 있어야 한다. 교회라는 이름 때문에 교회에는 불쌍하고 연약한 사람들이 구걸을 하기 위하여 찾아오는 경우가 많다. 하나님의 사랑 때문에 교회에 가면 동냥을 거절하지 못한다는 것을 알고 찾아오는 사람들이 많다. 때로는 상습적인 사람들도 있다. 상습적이든 아니든 어떤 경우라도 교회는 십자가를 바라보고 찾아오는 사람들을 거절하지 않는 곳이다.

◆ 식당운영비

식당운영비는 교인들에게 식사를 제공하는 일을 담당하는 부서에서 지출하는 비용이다. 식당부에서 봉사하는 부원들은 어떻게 하면 자신들이 만든 음식으로 교인들을 즐겁게 할 것인지 생각하고 또 생각한다. 그들은 많지 않은 예산으로 머리를 모아 음식 메뉴를 마련하고 토요일이면 아침부터 싸고 좋은 재료를 구입하기 위해 도매시장을 비집고 다닌다. 비가 오나 눈이 오나 더울 때나 추울 때나 값싸고 질 좋은 음식재료를 준비하기 위해 여기저기 부지런히 살피며 다닌다.

음식재료를 마련한 다음에는 그것을 식당으로 운반하여 정성스럽게 잘 다듬어 조리 준비를 한다. 음식을 먹는 사람들은 몇십 분이면 식사를 마칠 수 있지만 음식을 만드는 사람들은 많은 시간과 노력과 정성을 드린다. 주일날은 아침 일찍부터 음식을 마련하고 배식을 준비한다. 교인들의 식사가 끝나면 뒷설거지가 남아 있다. 모든 조리 기구와 식기를 깨끗이 씻어 제자리에 두어야 하고 식당을 정리하고 음식물 쓰레기는 분리수거 하여 처리하여야 한다. 모든 것이 힘든 일이다. 노력에 대한 대가를 받는 것이 아님에도 하나님 아버지를 생각하며 헌신하고 봉사하는 일이기에 그들의 마음은 기쁘다. 주님을 사랑하기 때문에 주님의 양들에게 먹이는 것이 즐겁다.

교회 음식은 언제 먹어도 맛이 있다. 식사가 기름지고 풍성한 고급 음식은 아니지만 맛이 있다. 교회에서 먹는 음식은 적은 예산으로 인하여 비싼 재료를 사용하지 않지만, 그 음식에는 맛있는 음식을 만들 수 있도록 해 달라는 기도가 들어 있고, 주님께서 맡겨주신 양들에 대한 사랑이 들어 있고, 맛깔스러운 음식으로 섬기려는 애틋한 정성이 들어 있기 때문에 맛이 있다.

교회 식당에는 담이 없어야 한다. 있는 자나 없는 자나 누구나 와서 먹을 수 있어야 한다. "너희 중에 분깃이나 기업이 없는 레위인과 네 성중에 거류하는 객과 및 고아와 과부들이 와서 먹고 배부르게 하라 그리하면 네 하나님 여호와께서 네 손으로 하는 범사에 네게 복을 주시리라"(신 14:29) 돈 없는 자도 와서 먹을 수 있어야 하고 지나가는 나그네도 와서 먹을 수 있어야 한다. 돈이 없어 먹지 못하고 슬픈 마음으로 돌아가는 교인이 한 사람이라도 있다면 교회는 그 일로 인하여 하나님의 말씀대로 범사에 복을 받지 못할 것이다. 하나님의 눈길은 언제나 낮은 곳에 있는 사람들, 일용할 양식이 없어 하나님을 바라보고 있는 자녀들에게 머물고 있고, 소외된 이들의 슬픔과 아픔을 귀담아 들으시기 때문이다. 우리 주님은 지금도 이렇게 말씀하신다. "너희가 여기 내 형제 중에 지극히 작은 자 하나에게 한 것이 곧 내게 한 것이니라"(마 25:40)

◆ 전산운영비

전산운영비는 정보의 전달과 의사소통을 원활히 하기 위하여 전산시스템을 관리하고 운영하는 부서에서 지출하는 비용이다. 전산시스템이 잘 갖추어진 교회는 사무 처리, 정보의 전달, 의사소통을 신속하고 원활하게 할 수 있다. 특히 오늘날은 인터넷 문화가 발달하여 정보의 전달과정이 다양하고 의사소통이 빠르게 이루어지고 있다. 과거에는 하나님의 말씀이 교회 안에서 선포되거나 책으로 전달되던 것이 지금은 인터넷을 통하여 시간과 장소와 사람을 가리지 않고 신속히 전달될 수 있다. 다양한 정보의 홍수 속에서 복잡하게 머리 굴리며 살고 있는 사람들에게 복음이 전달되기 위해서는 정보전달매체를 효과적으로 이용할 수 있어야 한다. 그러나 대부분의 교회들은 아직까지 인터넷 문화가 어떻게 변하고 있는지 그리고 그것이 복음을 증거하는 데 얼마나 중요한지를 인식하지 못하고 있다.

예배를 드리고 교회 밖에만 나오면 밀려드는 정보로 인하여 예배를 통하여 받아들인 하나님의 말씀은 순식간에 사라져버리고 제목조차 기억하지 못하는 교인들이 많다. 하나님의 말씀이 우리의 생각과 마음을 다스리며 삶을 이끌어가야 하는데, 밀려드는 정보의 홍수 속에서 그 말씀이 하나도 남지 않고 모두 쓸려 가버린다. 이같은 문제를 교인들이 믿음이 없어서 그렇다고 단순하게 치부해서는 안 된다. 문화 속에 살며 문화의 지배를 받지 않고 올곧게 주신 말씀 붙잡고 믿음을 지키며 살 수 있는 교인들이 많지 않다. 대부분의 교인들이 문화의 지배를 받으며 살고 있는데 이들을 어떻게 할 것인가! 그리고 또 믿지 않는 사람들이 문화의 지배를 받으며 살고 있는데 그들은 어떻게 구원할 것인가! 이 문제는 교회가 무관심하게 그냥 지나칠 수 있는 문제가 아니다. 교회가 고민하고 기도하면서 해결해야 할 중요한 문제다. 하나님의 지혜가 필요한 때다. 이 문제는 교회가 문화와 타협하며 진리를 왜곡시키자는 이야기가 아니다. 교회가 하나님의 지혜로 문화 속으로 파고 들어가서 하나님의 말씀으로 교인들을 양육하고 복음전도의 길을 열어가야 한다는 것이다. 이와 같은 문제를 해결하기 위해서 교회는 전산시스템을 갖추고, 어떻게 효과적으로 운영하여야 할지를 연구하여야 한다.

효율적인 전산시스템을 갖춘 교회는 인터넷을 이용하여 찾아가는 목회로 목회의 영역을 확장해 나갈 수 있다. 발로 교인들 가정에 심방을 가는 데는 한계가 있다. 그러나 인터넷으로 찾아가는 심방에는 한계가 없다. 언제 어디서든지 심방하고 싶은 교인들을 찾아갈 수 있다. 인터넷을 통하여 말씀을 전할 수 있고, 위로할 수 있고, 함께 기도할 수 있고, 대화할 수 있다. 교회와 교인들 간에 인터넷과 휴대전화 망을 통하여 말씀과 위로와 기도와 대화의 장이 활발히 열리게 되면, 교인들이 세상의 잡다한 정보의 홍수 속에 휘말리지 않고, 교회를 생각하고 믿음의 식구들을 염려하며 기도하고 하나님의 말씀을 무시로 접하게 되어, 말씀에서 멀어지지 않고 그 말씀을 마음에 담고 살아갈 수 있도록 도와줄 수 있다.

교회는 인터넷과 휴대전화 망을 이용하여 예수 믿지 않는 사람들에게 전도할 수 있다. 전통적인 전도는 사람과 사람이 직접 만나서 복음을 전하고 교회로 인도하는 방식이다. 하지만 인터넷과 휴대전화 망을 이용하게 되면 전도하는 교인과 교회가 합력해서 동시 다발적으로 전도할 수 있다. 전도하는 사람이 전도하고 싶은 사람의 동의를 얻어 인터넷 주소, 휴대전화 번호와 그 사람의 인적사항과 여러 가지 형편을 교회에 전해 주면 교회가 그 사람에 맞는 맞춤형 전도를 할 수 있다. 교회가 직접 그 사람을 찾아가지 않더라도 그 사람의 마음 문이 열릴 때까지 메일을 이용하여 그 사람의 형편과 처지를 이해하고, 그 사람을 말씀으로 위로할 수 있으며, 그 사람을 위하여 기도할 수 있다. 관심 있는 교인들이 인터넷과 휴대전화 망을 이용하여 전도의 대상이 되는 믿지 않는 사람을 말씀과 기도로 위로하고, 그 사람을 아끼고 사랑하는 마음을 전할 때 거기에 하나님의 역사가 일어나게 되는 것이다.

 이와 같이 인터넷과 휴대전화 망을 이용하게 되면 교인들의 양육과 전도 방법에 획기적인 변화를 가져올 수 있다. 교인들 중에는 전산시스템과 인터넷 분야에 전문가들이 많다. 그러나 교회에는 이런 두뇌를 활용할 영적인 지도자들이 적다. 교회에서 대부분의 의사결정권을 가지고 있는 당회원들 가운데 전산시스템과 인터넷을 잘 모르는 분들이 많아 교회가 급속하게 변하고 있는 문화에서 멀어지고 있는 것이 문제다. 당회원들이 전산시스템이나 인터넷에 대하여 잘 몰라도 전문가들의 의견을 귀담아 듣고 그들을 활용할 수 있어야 한다.

⑨ 교역자 및 직원 사례비

 교역자 및 직원 사례비는 교회에서 시무하고 있는 교역자들과 직원들에게 지급되는 급여 형태의 지출을 말한다. 교회 일을 전담하고 있는 교역자와 직원들은 대부분이 돈을 벌 수 있는 직업을 별도로 가지지 않는다. 구약에서는 전적으로 성전을 섬기는 레위 지파에게 생업의 터전인 토지를 기업으로 주지 않고 이스라엘 백성들이 성전에 바치는 십일조와 제물로 생활하도록 하였다. "내가 이스라엘의 십일조를 레위 자손에게 기업으로 다 주어서 그들이 하는 일 곧 회막에서 하는 일을 갚나니"(민 18:21)

 십일조는 이스라엘 백성들이 하나님에게 바친 예물이며, 하나님은 이 십일조를 성전 일을 전담하고 있는 레위 지파에게 주어 그것으로 성전을 유지하며 생활하도록 하였다. 마찬가지로 오늘날 교회에서 목회자들이나 직원들에게 주는 사례비는 교인들이 하나님 앞에 바친 헌금으로 드리지만, 그 사례비는 교인들이 주는 것이 아니라 하나님이 그들에게 주는 것이다. 이런 의미에서 '사례비'라는 말은 적절한 용어가 아니다. '사례비'라는 말은 수고한 사람에게 '고마운 뜻으로 주는 돈'을 의미하므로 하나님 중심의 표현이 아니라 교인들 중심의 표현이다. '사례비'라는 말은 교인들이 주인이 되어서 고용하고 있는 교역자나 직원들에게 주는 돈을 의미하므로 '교회실체의 공준'에서 보면 적절한 표현이 아니다. '교회실체의 공준'에서는 교회의 주인이 교인들이 아니라 하나님이므로, 하나님이 교역자나 직원들에게 준다는 의미에서 '사례비'보다는 '분깃'이라는 표현이 더 적절한 것으로 보인다.

　1970년대 말 나는 잠실에 있는 조그마한 개척교회에서 집사로 섬기고 있었다. 그 교회의 재정담당 집사님은 은행원이었는데 믿음이 반듯한 신실한 분이었다. 당시에는 금융거래에 온라인이 되어 있지 않아 직장인들의 봉급은 현금으로 지급되었으며 교회도 마찬가지였다. 이 재정담당 집사님이 교역자들에게 '분깃'을 드릴 때는 교인들이 헌금으로 바친 돈을 그대로 드리지 않고 언제나 은행에서 새 돈으로 교환하여 드리는 것을 보았다. 한 번은 내가 그 재정담당 집사님에게 새 돈이나 헌 돈이나 사용하는데 차이가 없는데 왜 구태여 새 돈으로 바꾸어 드리는지 그 이유를 물어보았다. 그 집사님은 교역자에게 드리는 '분깃'은 하나님이 교역자에게 주는 것이므로, 깨끗한 새 돈으로 드리는 것이 하나님의 영광을 드러내는 것이라 생각한다는 대답을 듣고 감동을 받은 적이 있는데 아직도 기억에 생생하다. 그 집사님이 하는 방법이 옳은 일인지 그른 일인지를 여기서 이야기하자는 것이 아니다. 교역자를 대하는 그 집사님의 마음가짐이 아름답다는 의미에서 소개하는 것이다. 어쨌든 그 집사님은 하나님을 생각하며 재정을 담당하고 있었고, 나는 사람의 입장에서 돈의 가치만을 생각하고 판단한 것이었다.

⑩ 교회건축비

교회건물은 교인들이 모이는 곳이다. 예수 그리스도를 믿는 교인들이 하나님 앞에 예배를 드리기 위하여 모이고, 기도하기 위하여 모이고, 하나님의 말씀을 배우기 위하여 모이고, 자라나는 청소년들을 양육하기 위하여 모이고, 전도하기 위하여 모이고, 하나님이 원하시는 일을 하기 위하여 모인다. 모임을 위해서는 장소가 필요하다. 모이는 장소는 어디에 있어도 교인들이 모이면 교회다. 지상의 단독 건물로 한정할 필요가 없다. 건물 지하나 건물 중간이나 건물 옥상이라도 상관이 없으며 불가피할 경우에는 동굴이라도 상관이 없다. 기독교가 로마로부터 말로 표현할 수 없을 정도로 모진 핍박을 받던 초대교회 당시에는 교인들이 카타콤과 같은 지하 무덤에서 모여 예배를 드렸는데 그곳도 역시 교회다.

교회건물이 어떤 형태가 되어야 하는지는 교인들이 믿음으로 결정할 문제다. 정치, 경제, 사회, 문화의 흐름 속에서 신앙생활을 하고 있는 교인들이 예배를 드리고 가르치고 배우며 주님 안에서 자신들의 비전과 꿈을 실현시켜나갈 장소를 마련하는 것은 그 문화의 현장 속에서 공동체가 기도하며 믿음으로 선택하는 것이다. 교인들이 적게 모이는 교회는 작은 공간이 필요할 것이고, 교인들이 많이 모이는 공동체는 넓은 공간의 교회건물이 필요할 것이다. 아름답고 화려하고 웅장한 건물을 건축하든, 소박하고 작은 건물이나 공간을 마련하든 교인들이 선택

할 문제다. 교회공동체가 자신들의 형편과 처지를 감안하여 교회가 해야 할 일을 제대로 할 수 있는 공간을 최선을 다하여 마련할 것이다.

교회건축비는 교회공동체가 모이는 장소를 마련하기 위하여 사용되는 비용이다. 교인들의 수가 적을 때는 작은 장소로도 충분하지만, 교인들의 수가 수천 명 또는 수만 명이 되면 넓은 공간이 필요하고, 그 공간을 확보하기 위하여 때로는 큰 건물을 건축하기도 한다. 교회건물을 크게 건축하려면 막대한 비용이 들어간다. 가끔 큰 교회가 막대한 비용을 들여 교회건물을 웅장하게 건축하는 일로 인하여 사회적으로 파장을 일으키기도 한다. 그러나 이 문제도 교회건물의 크기와 비용으로 비판할 일이 아니며, 그 건물이 어떤 일을 위하여 어떻게 사용되는지를 알고 판단하여야 할 것이다.

유대인들의 회당은 유대인들의 삶의 중심이다. 회당은 유대인들의 예배 장소이기도 하지만 기도하는 곳, 학교, 법정, 식당, 공공 집회 장소, 공동 기금 관리소, 게스트 하우스 등 다양한 기능을 한다. 큰 건물의 회당이나 작고 보잘 것 없는 회당이나 회당의 기능이 살아 있으면 회당이다.

교회도 마찬가지다. 크고 화려한 교회건물이 있어도 교회로서의 기능을 상실하고 있으면 죽은 교회지만, 작고 보잘 것 없는 교회건물일지라도 교회의 기능이 살아 있으면 살아 있는 교회다. 교회가 교회다움은 교회건물의 크기에 좌우되는 것이 아니다. 유럽에 가면 크고 아름다운 교회건물들이 지금은 교회의 기능을 상실하고 그곳에 식당이나 카페와 같이 세상 사람들이 모여 즐기는 장소가 된 것을 가끔 볼 수 있다. 교회는 교회건물의 크기에 신경 쓰기보다는 교회의 기능을 살려나가는 데 먼저 관심을 가져야 한다. 교회의 기능이 살아 있으면 교회건물의 크기와는 상관없이 주님이 함께 하시는 교회, 교회다운 교회로서의 사명을 감당할 수 있는 것이다.

세상 사람들 중에는 우리나라에 교회가 너무 많다고 비판하는 사람들이 있다. 어두운 밤중에 높은 곳에 올라가 내려다보면 십자가가 많이 보인다. 그들의 말대로 우리나라에는 교회가 많다. 그럼에도 불구하고 교회는 세워지고 또 세워져야 한다. 이미 세워진 교회들 중에 교회로서의 역할을 감당하지 못하는 교회는 사라지기 때문에 교회는 또 세워져야 한다. 교회가 세워지면 교회공동체가 모이는 장소를 크게 확보하든 적게 확보하든 교회는 교회로서의 기능을 다할 수 있도록 최선을 다해야 한다.

교회가 장소에 비하여 교인들의 수가 늘어나 그 기능을 충분히 감당하지 못할 경우에는 교회건축을 계획하게 된다. 그럴 때 교회는 교회건축비라는 예산을 세워 자금을 마련하고 교회건축을 시작한다. 그러나 교회건축비가 당장 부담하기 어려울 정도로 많으면 수년 동안 돈을 모은 후에 건축을 시작하는 경우도 있다. 교회건축을 수년 후에 시작할 것을 계획하고 매년 일정한 금액을 저축하는 경우에는 현금흐름표 상에서는 매년 교회건축비로 지출하고, 지출된 금액은 교회건축기금이라는 특별계정에 넘겨 별도로 예금을 해 두었다가 교회건축이 시작되면 그 기금을 사용하여 건축비를 지급한다.

⑪ 개척교회설립비

새로운 지역에 교회를 개척해 나가는 일은 교회가 감당해야 할 중요한 사명 중 하나다. 주님의 나라를 확장해 나가기 위해서는 복음을 전파하여야 하고 복음 전파의 중심이 되는 곳이 교회이기 때문이다. 목회자나 성도가 사명을 가지고 개인적으로 교회를 개척하는 경우도 있고, 기존 교회가 지교회로 개척하는 경우도 있다. 여기서 말하는 개척교회설립비는 기존 교회가 지교회를 설립하기 위하여 지출하는 비용을 말한다.

보통 기존 교회가 지교회를 개척할 때는 담임 목사님을 중심으로 개척교회 설립 위원회를 만든다. 개척교회설립 위원회는 교인들에게 교회개척에 대한 비전을 제시하고 개척방향과 계획을 설명하여 교인들의 적극적인 동참을 이끌어내야 한다. 그러기 위해서는 개척교회설립 위원들은 많은 기도와 전문적인 연구가 필요하다. 우리나라에는 이제 교회가 포화상태에 이르고 있다. 전국 방방곡곡에 교회가 없는 곳이 없다. 그럼에도 불구하고 개신교의 교인 수는 줄어들고 있다 한다. 교인 수가 줄어들고 있는 데는 여러 가지 이유가 있겠지만 교회가 교회다움을 잃어가고 있는 데 가장 큰 원인이 있지 않나 생각한다. 그러므로 기존 교회가 지교회를 개척해 나가는 데는 분명한 비전이 있어야 하고 기도가 있어야 하고 전문적이고도 체계적인 연구가 있어야 한다.

교회가 포화상태에 있어도 개척교회는 끊임없이 세워져야 한다. 새로운 교회가 세워지지 않고 기존의 교회들이 사라져간다면 결국에는 우리나라가 복음의 뒤안길에 머물게 될 것이다. 다행스러운 것은 아직도 복음의 열정을 가지고 교회를 세우겠다는 하나님의 종들이 많다는 것이다. 세워진 교회가 사라지는 것도 하나님의 뜻이고 교회가 새롭게 세워져 성장해 나가는 것도 하나님의 뜻이다. 수십 년의 전통을 자랑하는 교회도 하나님의 뜻에 합하지 못하면 분란과 진통 속에서 주님의 마음을 아프게 하다가 사라질 것이며, 비록 작은 교회지만 어두운 곳, 낮은 곳, 주님의 손길을 기다리는 곳에서 빛이 되고 소금이 되어 하나님의 사랑을 실현해 나가는 교회라면 하나님이 세워나갈 것이다. 개척교회설립비는 이런 교회를 세우는 데 사용하는 지출이다.

당해 연도에 즉시 교회를 설립하지 않고 수년 후에 교회를 개척하기로 계획하고 현금을 적립하는 경우에는 현금흐름표 상에서는 매년 적립하는 금액을 개척교회설립비로 지출하고, 지출한 금액은 개척교회설립기금이라는 계정을 신설하여 개척교회를 세울 때까지 별도로 예금을 해 두고 관리해야 한다.

⑬ 기타 지출

위에 예로 든 지출항목들은 교회지출의 대표적인 항목들이다. 이 외에도 담임목사가 목회활동을 위하여 사용할 수 있는 목회활동비, 교역자와 직원들의 퇴직금 및 연금 비용, 교역자와 직원들의 교통비, 찬양대 지휘자 사례비, 각종 회의비, 각종 후원금, 노회상회비, 출판인쇄비, 세금공과금과 같은 공공요금, 고용보험료, 잡비 등 교회가 활동하는 데 따라 다양하게 지출이 발생할 수 있다.

교회회계의 지출 항목은 특정하게 정해진 것이 아니므로 개교회의 필요에 따라 교인들이 쉽게 이해할 수 있도록 적절하게 항목을 정할 수 있다. 교회가 성장함에 따라 새로운 사업을 확대해 나가게 되는데 이럴 경우에는 사업 확대에 따라 지출 항목이 늘어날 수 있다. 매년 반복적으로 지출이 발생하는 경우에는 별도의 항목을 신설하고, 그렇지 않고 일시적으로 일어나는 특수한 지출의 경우에는 고정적인 항목을 설정할 필요가 없으며 기타 지출 항목으로 한꺼번에 묶어 회계처리하면 된다.

제2절 재무상태표의 구성요소

1. 자산 항목

① 토지

재무상태표의 자산에 나타나는 토지는 교회 명의로 된 토지를 말한다. 소유권이 다른 사람의 명의로 된 토지는 현재 교회가 이용하고 있더라도 교회의 자산이 아니므로 재무상태표 상의 토지에 포함되지 않는다. 토지 항목에 표시되는 금액은 보통 구입당시의 가격으로 기록된다. 그러므로 토지에 표시되는 금액이 현재의 시가와 차이가 나는 경우가 대부분이다. 따라서 토지에 대한 이해를 돕기 위하여 토지의 위치와 면적과 구입년도와 같은 내용을 주석란에 기록하여 교인들이 알 수 있도록 한다.

② 건물

재무상태표의 자산에 나타나는 건물은 교회 소유의 건물을 말한다. 현재 교회가 이용하고 있더라도 교회 명의로 되어 있지 않은 건물은 재무상태표 상에 올려서는 안 된다. 다만 실질적으로는 교회가 소유하고 있는 건물이지만 편의상 일시적으로 담임교역자나 타인의 명의로 되어 있을 경우에는 재무상태표 상의 건물에 포함시키되 주석에 그 내역을 기록하여 교인들이 알 수 있도록 해야 한다. 건물도 토지와 마찬가지로 구입할 당시의 가격으로 금액을 기재하지만, 토지와 다른 점은 건물은 시간이 경과함에 따라 노후화되어 가치가 점점 감소한다는 것이다. 토지의 경우는 수명이 없고 시간이 지남에 따라 일반적으로 가격이 상승하지만, 건물의 경우는 시간이 지날수록 가치가 감소하고 수명이 다할 경우에는 철거하고 다시 건축해야 한다. 그러므로 건물의 구입 가격을 그대로 재무상태표 상의 건물 금액에 기재할 경우 그 정보를 보고 있는 교인들에게 정확한 정보를 제공해 줄 수 없게 된다. 따라서 건물의 경우도 그 건물의 위치와 구입년도와 예상하고 있는 수명과 수리보수가 얼마나 필요한지 등과 같은 정보를 주석에 기록하여 건물에 대하여 충분한 이해를 할 수 있도록 한다.

③ 건물 임차보증금

건물 임차보증금은 교회가 사용 중인 건물이나 교역자 사택용 주택이나 아파트에 대하여 교회가 건물주인과 임차계약을 체결하고 지급한 임차보증금을 말한다. 교회가 건물을 실질적으로 사용하고 있더라도 임차계약이 다른 사람의 이름으로 계약이 되어 있으면 교회의 권리가 아니므로 재무상태표 상에 기재되지 않는다. 임차보증금에 대하여도 임차건물의 소유주와 주소와 면적, 임차계약금액, 계약기간, 계약조건 등을 주석에 상세히 기록하여 교인들이 쉽게 이해할 수 있도록 해야 한다.

④ 집기비품

집기비품은 교회가 구입하거나 교인들이 헌물로 드려 교회가 소유하고 있는 집기비품을 말한다. 집기비품은 1년 이상 사용할 수 있는 자산으로 시간이 경과함에 따라 가치가 감소되고 수명이 다하면 폐기처분하고 필요할 경우 대체 구입하여야 한다. 대체로 교회가 소유하고 있는 집기비품의 종류는 다양하고 많은 편이다. 그러나 교인들이 그 내역과 관리 상태를 알고 있는 경우는 드물며, 어떤 의미에서는 거의 무관심하다 할 수 있다. 교회의 집기비품을 구입하는데도 교인들이 기도하며 드린 헌금이 지출된 것이므로 개인 소유의 집기비품보다 더 아껴 쓰고 깨끗하게 관리하여야 한다. 교회 교역자들이 집기비품에까지 관심을 가지고 관리할 수는 없으므로, 사무직원이나 교인들이 자기 개인의 물건같이 관심을 가지고 관리해야 한다. 교회가 집기비품을 효과적으로 관리하기 위해서는 집기비품 명세가 있어야 한다. 집기의 종류, 구입일자, 구입금액, 교체의 필요성 등을 주석에 기록하여 교인들이 관심을 가질 수 있도록 해야 한다.

⑤ 차량

차량은 교회가 소유하고 있는 차량을 말한다. 교회가 임차하여 사용하는 차량은 교회 소유가 아니므로 재무상태표 상의 자산에 포함되지 않는다. 차량도 시간이 경과함에 따라 노후화되고 사용기간의 종료가 가까워지면 처분하거나 폐차하고 새로운 차량으로 교체해야 한다. 차량도 구입가격이 상당하고 교인들의 헌금으로 구입한 것이므로 차량의 상태와 그 내역을 교인들이 알 수 있도록 주석에 상세히 기록해야 한다. 차량의 구입가격, 구입년도, 몇 인승인 지, 사용용도와 교체의 필요성 여부 등에 대한 내역을 주석에 기록하여 교인들이 관심을 가질 수 있도록 해야 한다.

⑥ 퇴직적립금

퇴직적립금은 교역자, 해외파견선교사, 교회직원들의 퇴직에 대비하여 퇴직금 지급 시 일시적인 현금 부족으로 지급하지 못하는 어려움을 피하기 위하여 매년 소정의 금액을 적립해 둔 예금을 말한다. 퇴직적립금은 교회를 섬긴 분들이 정년이 되어 은퇴를 한 후 노후 생활을 위하여 사용할 수 있도록 법에서 규정하고 있는 최소한의 금액을 매년 적립해 둔 것이다. 퇴직적립금은 교회의 이름으로 예금을 하고 있지만 실질적으로는 교회에서 사용할 수 있는 돈이 아니다. 그러므로 교회의 자금 사정이 아무리 어려워도 그것을 사용해서는 안 된다. 퇴직적립금도 법규에 적합하게 예금이 되고 있는지, 예금된 금액은 적절하게 관리되고 있는지 등을 주석에 기록하여 교인들이 알 수 있도록 해야 한다.

⑦ 교회건축기금

교회를 건축하기 위해서는 거액의 자금이 필요하다. 따라서 대부분의 교회에서는 교회를 건축할 필요가 있을 경우에 수년 동안 필요한 자금을 저축해 나간다. 교회가 교회건물을 건축하기 위해 헌금수입에서 일정한 금액을 적립하는 경우, 이 자금을 관리하기 위하여 일반적인 수입과 지출을 처리하는 회계와 별도로 만든 계정이 교회건축기금이다. 교회회계는 교회건축을 위하여 적립할 금액이 결정되면 현금흐름표 상에는 지출로 처리하고, 지출한 금액은 교회건축기금으로 이체한다. 교회건축기금에서는 이체 받은 금액을 금융기관에 적립하고 교회건축이 추진될 때까지 관리한다. 교회가 건축되기 시작하면 그동안 적립해 온 교회건축기금에서 건축비용을 지출하고, 교회건물이 완공되면 총수입금액과 총건축비용의 명세를 일목요연하게 정리하여 당회와 재직회와 공동의회에 보고하고 회계를 종료한다.

교회건축기금은 교회가 건축을 위하여 특별히 적립하는 예금이므로 금액이 크고 교회건물을 완공하기까지 기간도 수년이 걸릴 수 있으므로 보관 관리상의 위험이 높다. 그러므로 교회 감사는 교회건축기금의 적립된 금액을 은행의 예금 잔고와 수시로 비교하여 관리 상태를 확인해야 한다. 그리고 통장의 보관 관리 상태와 건축기금의 적립내역과 총적립 목표액과 교회건축에 필요한 총건축비용 등에 대하여 주석에 기재하여 교인들이 교회건축기금과 교회건축에 대하여 이해하고 기도할 수 있도록 해야 한다.

⑧ 개척교회설립기금

교회가 당해 연도의 헌금 지출의 범위 내에서 개척교회를 설립할 수 있으면 개척교회설립비라는 비용으로 처리한다. 그러나 교회를 개척하기 위하여 교회헌금에서 일정한 금액을 수년에 걸쳐 적립할 필요가 있을 경우에는 그 적립한 금액을 관리하기 위하여 일반적인 수입과 지출을 처리하는 회계와 별도로 특별계정을 만들어 관리하는데 그것이 개척교회설립기금이다. 일반회계에서 개척교회설립을 위하여 지출할 금액이 정해지면 현금흐름표 상에서는 개척교회설립비라는 비용으로 처리하고, 그 금액을 개척교회설립기금이라는 별도의 계정으로 넘긴다. 개척교회설립기금에서는 일반회계로부터 넘겨받은 돈을 별도로 은행에 예금으로 적립하고 개척교회를 설립하기 시작하면 그 적립한 예금에서 지출한다. 그리고 개척교회의 설립이 완료되면 그동안 일반회계에서 넘겨받은 총수입액과 개척교회를 설립하기 위하여 지출한 총지출액의 명세표를 작성하여 당회와 제직회와 공동의회(필요할 경우)에 보고하고 모든 활동을 종료한다.

개척교회설립기금도 금액이 크고 장기간에 걸쳐 예금을 해 둔 경우에는 그 자금을 특별히 관리해야 한다. 교회 감사는 비정기적으로 개척교회설립기금에서 적립하고 있는 통장 잔액과 은행예금잔고와 비교하여 확인하고 통장의 보관 관리 상태를 감사하여야 한다. 그리고 필요한 경우에는 개척교회설립기금의 현황과 추진상태와 기도의 제목 등을 주석에 기재하여 교인들이 이해하고 기도할 수 있도록 해야 한다.

⑨ 특정예금

교회는 특수한 목적을 위하여 장기적으로 기금을 조성하는 경우가 있다. 교회건축을 위한 기금, 개척교회를 세우기 위한 기금 이외에도 특정한 목적을 위하여 금융기관에 예치하고 있는 예금은 재무상태표 상에 자산으로 기록하여 관리한다. 이와 같은 예금에 대하여도 교회는 특별히 관리해야 한다. 교회감사는 비정기적으로 통장잔액과 금융기관 예금 잔고를 대조하여 확인해야 하고 통장관리 상태를 점검하여 안전하게 보관하고 있는지 확인해야 한다. 특정예금담당자는 예금목적, 금융기관명, 금액, 예금금리 등 그 내역을 주석에 기록하여 교인들이 알 수 있도록 해야 한다.

2. 부채 항목
① 차입금

교회회계에서는 원칙적으로 수입의 범위 안에서 지출이 이루어지도록 하여야 한다. 그러나 교회건축을 하는 경우라든지, 교회를 확장하거나 임차할 경우 자금이 없어 외부로부터 차입할 경우가 있다. 이와 같이 외부에서 빌린 돈을 차입금이라 하는데 차입금은 교회가 앞으로 상환해야 할 부채다. 차입금에 대하여도 교인들이 그 내역을 알 수 있도록 차입금액, 차입이유, 차입처, 상환일자, 차입금리, 차입조건 등을 주석에 기재해야 한다.

② 차량할부미지급금

차량할부미지급금은 차량을 할부로 매입하였을 경우 앞으로 교회가 상환해야 할 부채다. 차량할부 미지급금에 대하여도 차량금액, 할부기간, 할부금액, 할부조건 등을 주석으로 기재하여 교인들이 알 수 있도록 해야 한다.

③ 부채성 지원금

교회가 신학교나 고아원, 양로원, 요양원, 복지관, 병원 등에 일정한 기간 동안 일정한 금액을 지원하기로 서면으로 약속한 경우, 그 지원금은 교회가 앞으로 지원해야 할 일종의 기부성 부채에 해당한다. 기부성 부채는 법적으로는 강제성이 없으나 교회가 하나님 앞에서 지원해 주기로 약속한 것이므로 반드시 지켜야 한다. 일반 부채는 갚지 않으면 돈을 빌린 그 사람에게 부끄럽고 미안하지만, 교회가 약속한 부채성 지원금을 보내지 않으면 하나님 앞에 부끄럽고 죄송스러운 일이 된다. 이와 같은 부채성 지원금에 대해서도 재무상태표에 기재하는 동시에 지원하는 상대가 누구인지, 매월 지원해야 하는 금액, 지원 기간, 지원 총액, 지원 사유 등 그 내역을 주석에 기록하여 교인들이 알 수 있도록 해야 한다.

④ 기타 부채

위에서 설명한 부채 이외에도 교회가 의무적으로 상환해야 할 부채가 있으면 모두 재무상태표에 나타내고 그 내역을 주석에 기재한다.

3. 자본 개념의 부채

기업회계의 경우에는 자본이 대단히 중요하다. 재무상태표에서 차변에 기재되는 자산은 회사가 조달한 자금으로 운용한 결과를 나타내는 것이며, 대변에 기재되는 부채와 자본은 기업이 조달한 자금의 원천을 나타낸다. 이중에서 부채는 기업의 소유주 이외의 타인에게서 조달한 자금이며 일정한 기간 이내에 상환해야 한다. 자본은 기업의 소유주가 기업에 출자한 자금이므로 상환할 의무가 없으나 기업이 이익을 내었을 경우 이익의 전부 또는 일부를 소유주에게 배당금으로 지급하여야 한다.

그러나 교회회계는 기업회계의 경우와 다르다. 먼저 교회회계의 경우에는 자본금의 개념이 없다. 교회는 목회자나 성도나 또는 교회설립을 지원하는 모(母)교회가 헌금한 돈을 기반으로 설립된다. 이때 헌금한 돈은 헌금한 사람이나 교회가 권리를 주장할 수 있는 것이 아니며 그 헌금은 주님의 몸 된 교회 자체의 것이 된다. 그러므로 교회회계의 경우에는 기업회계와 같이 소유주가 권리를 주장하는 자본금의 개념이 없다. 다음으로 교회회계에는 이익의 개념이 없다. 교회는 영리단체가 아니다. 교회의 수입은 모두 헌금으로 받은 것이며, 지출은 헌금의 범위 안에서 교회의 목적을 달성하기 위하여 교인들이 결정한 일에 사용한 돈이다. 이 경우 헌금수입에서 지출을 하고 남은 돈이 있더라도 그 남은 돈은 이익이 아니며, 지출이 헌금수입을 초과하여도 손실이 아니다. 남은 돈은 다음 해에 이월하여 사용할 자금이며, 모자랄 경우 다음 해에 갚아야 할 부채가 된다.

제3절 주석의 기록

1. 주석의 필요성
◆ 기업회계의 경우

기업회계의 경우 재무제표의 주석을 보게 되면 그 기업의 개황, 주요 영업내용과 활동, 최근의 경영환경의 변화, 주요 경영정책, 재무제표 작성에 적용된 주요 회계정책 등 광범위한 정보를 상세히 알 수 있다. 기업은 또 기업에 영향을 미치는 중요한 정보가 발생할 경우에는 그 정보를 즉시 시장에 공시하여 그 기업의 실상을 이해관계자들이 알 수 있도록 해야 한다. 이와 같이 주석이나 공시를 통하여 기업이 중요한 정보를 즉시 알리는 이유는 그 정보를 이용하는 사람들의 이해와 밀접하게 관련되어 있기 때문이다. 한 걸음 더 나아가 정보가 홍수처럼 쏟아지는 복잡한 환경 속에서 근거 없는 정보로부터 그 기업을 보호하고자 하는 면도 있다.

◆ 교회회계의 경우

세상은 정보의 홍수 속에서 급속도로 변하고 있다. 인터넷과 휴대폰이 없는 사람들이 없을 정도다. 지식과 정보를 마음껏 받아 누릴 수 있는 환경 속에서 사람들은 모두가 스스로 똑똑하다고 생각한다. 정치, 경제, 사회, 문화 등 어떤 분야의 지식도 이제는 혼자만의 독점물이 아니다. 이미 사회의 모든 분야는 개방되고 있고, 앞으로도 더욱 개방되어 갈 것이다. 개방되지 않으면 개방되도록 하는 사람들의 요구가 더욱 거세어질 것이다.

그런데 교회는 어떤가? 교회는 이와 같이 급속한 변화의 물결 속에서 어떻게 대응하고 있는가? 교회는 교회 본연의 정체성을 가지고 있는가? 그러면 교인들은 어떤가? 성도는 거룩한 하나님의 백성인데 정보와 지식의 홍수 속에 살아가면서 세상 사람들과 구별된 성도로서 본연의 정체성을 가지고 있는가? 교회가 비전이 없거나, 교인들이 교회의 비전을 이해하지 못하고 그 비전 속에서 자신들의 꿈을 품지 못하면 이미 그 교회와 그 교인들은 자신의 정체성을 잊어버리고 있는 것이다. 정체성을 잊어버리고 있는 교회와 교인들은 급속한 변화의 물결을 힘차게 거슬러 올라가는 건강한 물고기와 같은 교회가 아니라, 그 물결과 함께 춤을 추며 떠내려가는 병든 물고기와 같은 교회나 다름없다.

물고기들 중에서 연어는 독특한 물고기다. 우리나라의 동해안 쪽에 있는 강을 모천으로 하는 연어는 강에서 부화하여 새끼로 자라다가 6cm정도 자라면 바다로 나가 북태평양 지역에서 70cm 이상 성장하여 3년에서 5년 가까이 살다가 자신이 태어난 하천으로 돌아와 알을 낳고 죽는다. 연어가 북태평양에서 부화하고 자란 동해안의 모천(母川)까지 그 먼 거리를 어떻게 찾아오는지에 대해서는 여러 가지 학설이 있으나, 대체로 모천(母川)의 냄새를 맡으면서 찾아 돌아온다고 하는 의견이 유력하다. 연어는 모천(母川)이 오염되면 자신이 자랄 때의 모천(母川)의 냄새와 다르기 때문에 돌아오지 못한다는 것이다.

교회도 마찬가지다. 교회가 교회로서 지녀야 할 거룩한 비전을 상실하고 교인들이 꿈을 품을 수 없는 교회는 세상의 급변하는 정보의 물결 속에서 살던 교인들이 돌아가고 싶어 하는 교회가 아니다. 이 교회나 저 교회나 설교 잘 하는 목사님이 계신다는 교회로 수시로 이동하며 영적인 갈급함을 잠깐 잠깐 해소하고, 또 세상의 물결 속에 휩쓸려 함께 흘러가게 되는 것이다. 귀동냥을 하며 이리 저리 떠돌아다니는 교인들은 '말씀이 육신이 되신 영적인 신비'를 체험할 수 없다. 주님의 몸된 교회의 비전을 가슴으로 품고 자신의 꿈을 가꾸어나가는 성도가 주님과의 깊은 영적인 교제 속에서 '말씀이 육신'이 되는 하나님의 역사를 이루어나갈 수 있다.

교회와 교인들 간에 비전이 공유되고, 그 비전을 이루기 위하여 하나가 되고, 그 비전 속에서 교인들이 꿈을 품고 그 꿈을 실현해 나가기 위해서는 충분한 정보의 교류가 있어야 한다. 그러나 불행하게도 많은 교회들이 정보의 소통 채널이 막혀 있다. 정보의 채널이 막혀 있으면 교회와 교인들이 유기적으로 하나가 될 수 없다. 교회에 조금만 어려움이 발생하면 그 어려움을 위하여 함께 기도하며 해결하려는 성도들은 없고 모래알같이 양 사방으로 흩어지며 미련 없이 떠나버린다. 모천의 냄새가 사라져버린 강에 연어가 돌아가지 못하듯이, 정보의 채널이 막혀 교회의 냄새가 사라져버린 교회에 교인들은 돌아가지 않는다.

교회회계의 '주석'은 교회와 교인들 간에 정보가 교류될 수 있는 중요한 채널이다. 주석을 통하여 교인들은 교회의 비전과 그 비전을 이루기 위하여 필요한 정책, 교회의 주요 활동내용, 최근의 교회 주변의 환경변화, 교회 각 부서별 활동계획 등을 알 수 있으며, 이러한 정보를 공유하는 교인들은 본인이 꿈을 가지고 일을 하고 싶은 곳을 찾을 수 있고, 그곳에서 자신의 거룩한 꿈을 이루어나갈 수 있다. 교인들이 교회를 통하여 자신들의 꿈을 이루어나갈 때, 그들은 하나님의 역사를 체험할 수 있고, 거룩한 꿈을 품고 교회의 비전에 적극적으로 동참할 수 있고, 그 비전을 이루어나가는데 어려움이 발생하거나 장애가 생기면 교회와 함께 기도하며 해결해 나갈 것이다. 교회회계의 주석은 교회의 비전과 교인들의 거룩한 꿈이 하나가 되도록 하는 중요한 역할을 한다.

2. 교회회계의 주석에서 제공하는 정보

(1) 교회의 정체성과 개황

교회가 소속되어 있는 교단과 그 교단의 정체성, 교회의 설립 배경과 성장 과정, 담임 목사 소개, 교회의 비전, 교회의 조직과 추진하고 있는 중요한 활동, 등록교인과 출석교인의 수, 새벽기도 참여 교인의 수, 수요예배 참여 교인의 수, 구역활동상황, 교회에서 구제에 관심을 기울여야 할 교인들의 수, 교회건축 현황 등에 대해 교인들이 교회에 대하여 충분히 이해할 수 있도록 기술한다.

(2) 최근의 교회 주변의 환경 변화

세상 사람들의 교회에 대한 시각, 지역주민들과 주변 사람들의 본 교회에 대한 인식, 본 교회의 선교활동 여건과 환경, 본 교회의 전도활동에 대한 주변 사람들의 인식, 전도활동 매개체의 주요 내용 등을 기술한다.

(3) 교회의 비전과 주요 정책

교회가 설립 시부터 지금까지 추구해 온 비전들을 제시한다. 이 비전을 달성하기 위한 교회의 주요 정책을 기술한다.

(4) 교회의 정책을 이루기 위한 주요 활동

교회의 주요 정책을 추진하기 위한 최근의 교회활동과 그 활동의 성과를 설명하고, 그 활동을 추진함에 따른 어려움과 이를 극복하는 과정에서 일어난 하나님의 역사와 그에 따른 결과를 기술한다. 그리고 최근의 환경변화에 따른 앞으로의 활동계획을 설명한다.

(5) 재무제표 항목에 관한 보충설명

현금흐름표의 경우 수입부의 항목인 십일조, 감사헌금, 절기헌금, 건축헌금, 특별헌금 등에 대하여 예산과 비교한다든지, 전년도 실적과 비교한다든지 하여 교인들이 이해할 수 있도록 하고, 지출부 항목에 대해서는 해당 부서별로 그 부서의 비전과 정책, 금년의 주요 계획, 추진현황, 추진상의 문제점, 앞으로의 계획, 기도의 제목 등을 기술한다.

재무상태표의 경우 자산과 부채의 각 항목별로 상세한 내역을 기록하여 교인들이 교회의 자산과 부채에 대해 알 수 있도록 한다.

5장
교회회계의 인식과 기록

제1절 교회회계의 인식기준

　교회회계의 기간도 기업회계의 경우와 마찬가지로 보통 1월 1일부터 12월 31일까지 1년 단위로 한다. 새해가 시작되면 지난해까지의 모든 회계처리는 마감을 하고 다시 시작한다. 제직회와 공동의회를 거쳐 확정된 사업계획과 예산에 따라 새해 1월 1일부터 교회활동이 다시 시작되고 헌금이 들어오고 지출이 일어나기 시작하면 회계처리가 시작된다. 이와 같이 교회활동이 시작되고 헌금의 수입과 지출이 일어나기 시작하면 어느 시점에서 수입, 지출, 자산, 부채로 재무제표에 계산하여 넣느냐 하는 문제가 발생되는데 이것이 교회회계의 인식기준이다.
　교회회계는 현금주의를 채택하고 있으므로 현금의 수입과 지출이 일어났을 때를 기준으로 회계처리를 한다.
　예를 들자면 수입의 경우 교회의 특수한 목적을 위하여 교인들이 앞으로 얼마를 헌금으로 내겠다고 작정하는 경우가 있는데, 이 경우 작정을 하였더라도 현금으로 들어오기까지는 헌금수입으로 회계처리하지 않고 기다렸다가 현금이 들어왔을 때 회계처리를 한다. 그리고 금붙이나 부동산 등 현금이 아닌 현물이 교회헌금으로 들어온 경우에도 별도로 기록하여 관리하되 회계처리를 하지 않고 기다렸다가 처분하여 현금이 들어왔을 때 회계처리를 한다.
　지출의 경우 특정한 부서에서 연간사업계획에 따라 특정한 물건을 구입하기로 계약하여 그 물건을 반드시 구입할 수밖에 없을지라도 현금이 지출될 때까지 회계처리를 하지 않는다. 가끔 교인들 가운데는 구입할 물건의 가격도 알아보지 않고 어림짐작으로 회계로부터 먼저 돈을 받아 물건을 구입하고 돈이 남았을 때 그것을 다른 용도에 사용하기 위하여 보관하고 있는 경우가 있는데, 이 경우에도 현금의 실제 지급금액이 회계에서 처리한 지출금액과 상이하게 나타나므로 교회회계처리기준에 맞지 않는 것이다. 교회회계에 대한 이해가 부족한 교인들은 지출을 하고 남은 돈을 회계로 반납하라 하면 불쾌하게 생각하는 경우가 있다. 교회의 돈은 하나님의 것이기 때문에 기업회계보다 더 용도가 분명하고 사용금액이 정확해야 한다. 교인들 가운데는 남은 돈을 자신이 보관하고 있더라도 언젠가는 교회를 위하여 사용할 터인데 왜 그렇게 까다롭게 구느냐 하는 식으로 교회 돈을 관리하는 분들이 있는데 이것은 교회회계 원리에 맞지 않을 뿐만 아니라, 분명하지 않은 것을 싫어하시는 하나님이 보시기에도 옳지 않은 것이다.

교회에서 자산을 매입하거나 처분하는 경우에도 현금주의기준을 적용한다. 먼저 자산을 매입한 경우의 예를 들어보자. 교회가 복사기를 구입한 경우 복사기 가격의 일부를 계약금으로 지급하고 나머지는 내년에 지급하기로 하고 복사기를 먼저 인도받아 사용하고 있더라도 현금으로 지급한 계약금만 회계처리하고 나머지 금액은 회계처리하지 않고 별도로 메모로 처리해 두었다가 내년도에 현금으로 지급할 때 회계처리한다.

다음으로 교회가 가지고 있던 자산을 처분한 경우의 예를 들어보자. 교회가 사용하던 자동차를 처분한 경우, 계약금을 받든지 처분대금을 받든지 현금으로 받았을 때만 회계처리하고 나머지 대금은 메모로 기록해 두었다가 결산 시까지 현금이 들어오지 않으면 내년에 현금이 들어왔을 때 수입으로 회계처리한다.

이와 같이 앞으로 교회가 갚아야 할 부채 성격의 채무나 또는 앞으로 교회가 현금으로 받아야 할 권리가 있는 경우에도 결산 시에 회계처리를 하지 않는다. 다만 이와 같은 내용을 주석으로 기재하여 교인들이 알 수 있도록 할 필요가 있다.

제2절 현금주의와 복식부기에 의한 교회회계

회계처리 방식에는 단식부기와 복식부기의 두 가지가 있다. 단식부기는 용돈이나 가계부를 현금출납장에 기록할 때와 같이 현금의 수입이나 지출금액과 그 내역만 기록하는 방식이다. 이와 달리 복식부기는 거래가 지니고 있는 원인과 결과를 동시에 기록하는 회계처리 방식인데 이러한 거래의 속성을 '거래의 이중성'이라 한다. 교회회계는 현금주의에 의하여 거래를 인식하되 복식부기 원리에 따라 회계처리한다.

먼저 단식부기의 예를 들어보자. 주일날 십일조가 1,000,000원 현금으로 들어왔을 경우, 단식부기의 회계처리방식은 현금출납장에 헌금수입 날짜와 십일조라는 내역을 기록하고 수입란에 1,000,000원이 들어온 것으로 기재하면 된다. 그리고 교회가 구제비 100,000원을 현금으로 지출하였을 경우에는 현금출납장에 현금지출 날짜와 구제비라는 내역과 지출금액을 기록하면 회계처리는 끝난다.

그러나 복식부기의 경우는 다르다. 먼저 십일조가 1,000,000원이 들어온 경우에는 거래의 원인인 십일조 1,000,000원이 수입항목으로 대변에 기록되고 그 결과로 들어온 현금 1,000,000원이 차변에 동시에 기록된다. 실무적으로는 먼저 현금출납장에 날짜와 십일조라는 수입내역을 기록하고 수입란에 1,000,000원을 기록한 다음 십일조라는 계정의 대변에 현금 1,000,000원을 기재한다.

(차변) 현금 1,000,000   (대변) 십일조 1,000,000

그리고 구제비 100,000원이 지출된 경우에는 거래의 원인인 구제비 100,000원이 지출항목으로 차변에 기록되고, 그 결과로 지출된 현금 100,000원이 대변에 동시에 기록된다. 실무적으로는 먼저 현금출납장에 날짜와 구제비라는 지출내역을 기록하고 지출란에 100,000원을 기재한 다음 구제비라는 계정의 차변에 현금 100,000원을 기재한다.

(차변) 구제비 100,000   (대변) 현금 100,000

이와 같이 복식부기에서는 모든 회계처리가 차변과 대변에 이중으로 동시에 기록되므로 차변 합계 금액과 대변 합계 금액은 항상 일치하게 된다. 위의 두 가지 사례의 경우 차변 합계 금액 1,100,000원(현금1,000,000+구제비100,000)과 대변 합계 금액 1,100,000원(십일조1,000,000+현금100,000)이 서로 일치한다. 그러므로 현금의 수입이나 지출이 일어났는데도 그 원인이 누락된 경우에는 차변 합계와 대변 합계가 일치하지 않게 되므로 자동적으로 회계처리의 정확성 여부가 검증된다. 이와 같이 복식부기에는 '자동검증기능'이 있다.

제3절 계정의 기록

교회회계는 현금주의에 의하여 복식부기의 방식으로 회계처리를 하므로 교회회계에서 나타나는 계정은 현금이 들어오고 나가는 것을 기록하는 현금계정과 현금이 들어오는 원인을 기록하는 수입 항목별

계정과 현금이 지출되는 원인을 기록하는 지출 항목별 계정이 있다. 현금이 들어올 경우에는 현금계정의 수입란에 기록하는 동시에 수입부의 해당 계정에도 동시에 기록하며, 현금이 나갈 경우에는 현금계정의 지출란에 기록하는 동시에 지출부의 해당 계정에 동시에 기록한다. 그러므로 현금계정의 현금잔액은 언제나 수입부 계정의 합계에서 지출부 계정의 합계 금액을 차감한 금액과 일치하게 된다. 이 금액이 일치하지 않으면 회계처리에 오류가 발생되었다는 것을 의미하며 발견 즉시 그 원인을 찾아 바로 잡아주어야 한다.

실무적으로 회계처리 할 경우에는 보통 현금계정 대신에 편의상 현금출납장을 사용한다. 그리고 현금이 들어오고 나간 원인을 기록하는 계정은 크게 수입부와 지출부로 나누어진다. 수입부에 속하는 계정으로는 십일조, 감사헌금, 주일헌금, 부활절헌금, 성탄절헌금, 부흥회헌금, 주일학교헌금, 기타헌금 등이 있고, 지출부에 속하는 계정으로는 예배비, 선교비, 전도비, 교육비, 구제비, 관리비 등이 있다. 수입부와 지출부의 계정과목은 해당 교회의 회계규모와 실정에 맞도록 늘리거나 줄일 수 있다.

회계처리 절차

제1절 현금수입 회계처리 절차

교회회계처리는 모두 문서로 이루어진다. 말로 약속하고 회계처리를 하는 경우는 없다. 현금수입의 경우 들어온 모든 헌금을 십일조, 감사헌금, 주일헌금, 추수감사절헌금, 성탄절헌금 등 헌금의 원천별로 구분하여 계수한 후 현금수입집계표에 수입항목별로 기록하고 합계금액을 산출한다. 이 합계금액이 그 주일의 현금수입 총액이다. 교회회계가 현금수입집계표를 작성하면 이 집계표 상의 현금합계액과 실지로 계수한 현금총액이 일치하는지를 확인하고, 일치할 경우 이 집계표의 결제란에 교회회계 담당자와 재정위원장(또는 담임목사)이 서명하고 현금수입 총액을 확정한다. 만약 집계표 상의 현금합계액과 실지로 계수한 현금총액이 일치하지 않으면, 계수한 현금총액이 정확한지 다시 확인하거나 현금수입집계표 상의 금액 계산이 정확하게 되었는지 확인하는 등 그 원인을 찾아 바로잡아 주어야 한다. 그런 다음 교회회계는 확정된 현금수입집계표 상의 현금 명세와 금액을 현금출납장에 기록하는 동시에 수입원장에 있는 십일조, 감사헌금, 주일헌금, 추수감사절헌금, 성탄절헌금 등 수입항목별 계정에 각각 기록한다.

제2절 현금지출 회계처리 절차

교회회계에서 현금지출은 지출결의서를 근거로 이루어진다. 교회에서는 연간 활동계획에 따라 부서별로 예산을 배정하고, 각 부서에서는 배정된 예산을 근거로 필요할 경우 회계로부터 돈을 지출받아 사용한다. 교회회계에서 돈을 지출받을 때는 먼저 해당 부서에서 해당 부서

회계 담당자가 지출결의서를 작성하여 부서장의 날인을 받아 사용의 정당성을 확인하여야 하며, 부서회계 담당자는 이 지출결의서를 교회회계 담당자 앞으로 제출하여 돈을 받는다. 이 지출결의서에는 해당 부서명과 지출항목, 총예산, 필요 금액, 지금까지 총사용금액, 예산잔액, 지출용도를 기재하여야 한다. 교회회계는 해당 부서로부터 지출결의서를 제출받으면 교회회계에서 관리하고 있는 해당부서의 지출항목원장 상의 계정과 대조하여 가용 예산잔액의 범위 안에 있는지와 사용용도의 적합성 여부를 확인하고 현금출납장과 해당 부서의 지출항목 계정에 기록한 후 현금을 지급한다. 교회회계 담당자는 현금이 지급된 지출결의서에 날인을 하고 재정위원장(또는 담임목사)의 확인을 받은 후 문서철에 보관한다.

돈을 수령한 해당부서에서는 교회회계 앞으로 제출한 지출결의서의 사본을 문서철에 보관하여야 하며, 수령한 금액은 해당부서에서 관리하고 있는 현금출납장의 수입란에 기록하고, 지출용도에 따라 돈을 사용한 경우에는 현금출납장의 지출란에 사용한 금액을 기록하고 영수증을 받아 지출결의서의 뒷면에 첨부하여 지출의 정당성을 객관적으로 확인할 수 있도록 하여야 한다.

제3절 현금잔액 관리

교회회계는 당일의 현금수입집계표 상의 현금수입 총액에서 지출결의서에 의하여 지출된 현금지출 합계액을 차감한 금액을 산출하여 실제 현금잔액과 일치하는지 여부를 확인하여야 한다. 계산상의 금액이 실제 현금잔액과 일치하지 않는 경우에는 즉시 그 원인을 규명하여야 한다. 실무적으로 바쁘게 일을 하다보면 100,000원을 지출하여야 하는데 1,000,000원을 지출한 경우도 발생할 수 있다. 이럴 경우에는 지출한 사람이 일일이 지출결의서를 살펴보고 현금을 받아간 교인들에게 전화를 하여 확인하여야 하는 경우도 있다. 일이 이 지경까지 가면 교회회계에 대한 신뢰도가 낮아질 수 있으므로 현금을 지급할 경우에는 돈을 받아가는 사람에게 그 자리에서 정확한지 반드시 확인을 하도록 하는 것이 좋다. 그리고 계산상의 금액과 실제 현금잔액이 일치하다는 것이 확인되면 현금잔액관리표 상의 결제 란에 교회회계와 재정위원장(또는 담임목사)이 날인을 하고 당일의 회계처리를 마감한다. 그리고 현금잔액은 다음날 즉시 금융기관에 예금하여야 하며, 재정위원장은 다음 주일 회계업무를 시작하기 전에 지난 주일의 현금잔액이 정확하게 예금통장에 입금되었는지를 확인해야 한다.

제4절 소액현금제도

앞에서 언급한 바와 같이 교회회계에서 이루어지는 현금지출은 모두 해당부서의 회계담당자와 부서장의 서명을 받은 지출결의서를 제출하여야 이루어진다. 그런데 교회행정을 책임지고 있는 부서와 같은 곳은 교회회계담당자가 부재중인 주중에도 일상적으로 소액의 경비지출이 빈번하게 일어나는데 그럴 때마다 지출결의서에 담당 부장의 서명을 받고 회계담당자를 교회로 나오게 하여 필요한 돈을 지급받아 일을 처리한다는 것은 번거로운 일일뿐만 아니라 현실적으로 매우 어려운 일이다. 이와 같은 번잡한 일을 피하고 교회 일을 효과적으로 처리하기 위하여 도입한 제도가 소액현금제도다. 소액현금제도는 예상하지 못한 소액의 현금지출이 주중에도 빈번히 일어나는 부서에 대하여 일정한 금액의 현금을 미리 지급해 준 다음, 그 돈으로 필요시마다 사용하도록 하고 일정한 기간마다 또는 미리 지급받은 돈의 잔액이 일정한 금액 이하로 떨어질 경우 사용한 금액을 지출결의서로 청구하도록 하여 다시 보충해줌으로써 업무를 원활히 추진하도록 하는 제도다. 소액현금제도를 이해하기 위하여 사례를 들어 설명해 보자.

① 소액현금의 지출
교회에서 소액의 경비지출이 가장 빈번히 일어나는 곳은 교회행정을 책임지고 있는 사무실이다. 교회회계는 1월 첫 주일에 지금까지의 경험을 바탕으로 사무실에서 한 달간 사소하게 빈번히 지출되는 비용이 500,000원 정도라고 판단되면 교회행정을 책임지고 있는 사무장으로부터 지출결의서를 제출받고 현금 500,000원을 미리 지급한다.

② 소액현금의 사용
교회 사무실에서는 지급받은 500,000원으로 각종 소액의 경비 지출이 일어날 때마다 교회회계에서 지출을 받지 않고 이 소액현금을 사용한다. 사무실에서는 1월 10일 보일러 수리비로 180,000원을 지급하였고, 1월 15일 사무용품 40,000원을 구입하였고, 한 달간 교통비 130,000원을 사용하였다. 2월 첫 주일이 되면 교회 사무실에서는 1월 중에 사용한 소액현금 350,000원과 그 내역을 지출결의서에 기재하여 회계에 제출한다.

③ 소액현금 사용액의 보충

교회회계에서는 2월 초에 사무실로부터 지출결의서를 제출받고 1월 중에 사용한 소액현금 내역과 증빙서류를 확인한 후 신청한 금액 350,000원을 지출하여 사무실에서 보유하고 있는 소액현금이 다시 500,000원이 되도록 보충해 준다. 이때 교회회계에서 회계처리하는 지출항목은 소액현금이 아니라 지출내역인 수리비, 사무용품비, 교통비가 된다.

이와 같이 소액현금제도를 이용하면 해당부서에서는 소액경비를 간편하게 지출할 수 있어 편리하고, 교회회계는 번잡한 회계처리 업무를 크게 줄일 수 있다.

7장

재무제표의 작성

제1절 현금흐름표의 작성

교회회계는 현금주의를 채택하고 있기 때문에 기업회계와 같이 결산절차가 복잡하지 않다. 교회회계는 보통 매월 말을 기준으로 예산 대비 현금흐름표를 작성한다. 먼저 현금흐름표의 수입부의 경우 원장에 있는 십일조, 감사헌금, 주일헌금, 부활절헌금, 추수감사헌금, 성탄절헌금 등 각 수입계정별로 한 달간의 수입금액을 합계하여 마감하고 현금흐름표 상의 해당 항목의 금액란에 기록한다. 현금흐름표 상의 수입부의 각 항목의 금액이 모두 기록되면 합계금액을 산출하고 현금출납장의 수입총액과 대조하여 일치하는 지를 확인하고 일치하면 수입부의 결산이 종료된다.

현금흐름표의 지출부의 경우에도 원장에 있는 예배비, 선교비, 전도비, 교육비, 새신자비, 경조비, 구제비, 총무비, 재정비 등에 속한 세부지출항목별로 일일이 한 달간의 지출금액을 합계하여 마감하고 현금흐름표 상의 해당 지출항목의 금액란에 기록한다. 현금흐름표 상의 지출부의 각 항목의 금액이 모두 기록되면 합계금액을 산출하여 현금출납장의 지출총액과 대조하여 일치하는지를 확인하고 일치하면 지출부의 결산이 종료된다.

연말 결산의 경우에도 마찬가지다. 12월의 결산이 위와 같은 절차로 마감되면, 수입부와 지출부의 각 항목별로 연간 수입합계와 지출합계를 산출하여 각 계정을 마감하고 현금흐름표 상의 수입부와 지출부의 각 항목에 기재한다. 현금흐름표 상의 연간 수입항목의 합계금액과 지출항목의 합계금액의 차액이 현금출납장의 12월말 잔액과 일치하면 회계처리가 정확하게 된 것이므로 연말결산이 종료되고 현금흐름표의 작성이 완료된다.

제2절 재무상태표의 작성

교회회계의 재무상태표는 기업회계의 재무상태표와 다르다. 기업회계의 재무상태표는 차변에 자산, 대변에 부채와 자본이 기록되고, '자산=부채+자본'의 등식이 성립한다. 그러나 교회회계의 재무상태표에는 차변에 자산이 기록되고, 대변에는 부채만 기록되고 자본은 기록되지 않는다.

교회회계에는 손실이나 이익의 개념이 없고 자본의 개념도 없다. 그러므로 기업회계와 달리 차변의 자산계정과 대변의 부채계정의 합계액이 일치하지 않는다. 구태여 차변과 대변의 합계액을 일치시키려면 자본과 유사한 '기금'과 같은 개념을 도입하여 자산에서 부채를 차감한 금액을 기록하여 차변과 대변의 합계액을 일치시킬 수 있다. 그러나 그럴 경우 오히려 재무상태표를 보는 교인들에게 교회의 목적이 자본 또는 기금을 증가시키는데 있는 것으로 오해할 수 있는 여지가 있게 되어 혼란을 줄 수 있을 것으로 보인다. 차변과 대변의 합계 금액이 일치하지 않음에도 불구하고 교회회계에서 재무상태표를 작성하는 이유는 자산의 경우 교회가 보유하고 있는 자산의 보유상태에 대한 정보를 교인들에게 알려주는 동시에 그 자산을 효율적으로 관리하기 위한 것이며, 부채의 경우 교인들에게 부채가 있다는 것과 그 부채의 금액, 상환조건, 이자지급 등 교회가 부담하여야 할 지급의무에 대한 정보를 교인들에게 알리기 위한 것이다.

교회회계에서 재무상태표를 작성할 경우 먼저 교회가 소유하고 있는 자산을 파악한다. 모든 자산은 재무상태표의 차변에 매입가격으로 기록하고 기간이 지남에 따라 자산의 가치가 감소하는 부분 즉 감가상각은 하지 않는다. 자산에 대한 상세한 정보는 주석으로 표시하여 각 자산의 매입일자, 매입금액, 교체시기와 관리상태 등을 교인들이 알 수 있도록 한다. 재무상태표 상에 자산을 기록하는 목적은 이익을 산출하거나 자본을 파악하기 위한 것이 아니라, 보유자산의 상태를 교인들이 알고 그 자산이 교회가 지속적으로 성장하는 데 기여할 수 있도록 관리하고 보수하고 대체할 수 있도록 하기 위한 것이다.

부채는 교회가 앞으로 상환하여야 할 채무로 재무상태표의 대변에 기록한다. 재무상태표에 기록된 부채의 금액만으로는 그 부채에 대한 정보를 상세히 알 수 없으므로, 부채에 대한 상세한 정보를 주석으로 기록한다. 주석에는 교회가 매년 상환하여야 할 금액, 금리, 상환조건 등을 기록하여 부채에 대하여 교인들이 알 수 있도록 하여 교인들이 기도하고 상환에 협력할 수 있도록 한다.

교회자산 및 부채 관리

제1절 자산의 관리

1. 현금성 자산의 관리

교회가 보유하고 있는 현금성 자산에는 현금예금, 퇴직적립금예금, 각종 기금예금, 소액현금 등이 있다. 현금성 자산은 도난이나 유용과 같은 사고가 발생할 가능성이 가장 높은 자산이다. 재정위원장은 교회회계가 사용하는 예금통장 잔액이 현금출납장의 잔액과 일치하는지를 매주일 회계업무를 시작하기 전에 확인하여야 한다. 만약 일치하지 않는 경우에는 그 원인을 찾아 즉시 바로잡아 주어야 한다. 그리고 퇴직적립금 통장, 각종 기금 통장은 별도 금고에 보관하여 관리해야 하고 퇴직금이나 각종 기금을 입출금할 때마다 통장잔액이 장부상의 금액과 일치하는지를 확인해야 한다.

2. 비품의 관리

교회의 각종 비품은 개인 소유가 아니므로 가장 소홀하게 취급하기 쉬운 물품이다. 교회의 비품이 성전에서 사용하는 성물이라 생각하면 가정에서 소유하고 있는 물품보다 더 아끼고 세심하게 관리해야 하지만, 현실적으로는 그렇지 못한 경우가 대부분이다. 예를 들어보자. 여름에 사용하는 선풍기의 경우 가을이 되면 각 가정에서는 깨끗하게 닦아 먼지가 앉지 않도록 비닐을 씌워 별도로 보관한다. 그러나 대부분의 교회에서는 가을이 되면 여름에 사용하던 선풍기를 가정에서와 같이 깨끗하게 정비하고 포장하여 보관해 두는 경우가 드물며, 대충 그대로 방치해 두는 경우가 대부분이다. 인간의 행동을 지배하는 이기적인 마음에서 비롯된 개인소유와 공동소유의 차이점이 교회의 비품관리에서 그대로 나타나고 있는 것이다. 비품을 구입한 돈이 성도들이 믿음으로 드린 헌금이라는 사실에 비추어볼 때, 교회의 비품은 어떤 의미에서는 가정에서 사용하고 있는 물품보다 더 깨끗하게 체계적으로 관리할 필요가 있다.

어떤 목사님은 하나님은 영이시므로 영과 진리로 예배를 드리면 되지 교회 물건에 대하여 성스러운 취급을 하는 것은 그 물건들을 우상화할 가능성이 있다고 말씀하는 분도 있다. 그러므로 아이들에게 교회물건을 너무 성스러운 것으로 생각하지 않도록 해야 하며, 그러기 위하여 아이들이 교회 건물 안에서 벽에 낙서를 해도 상관하지 말아야 한다고 주장한다. 물론 교회 건물이나 물건을 너무 성스러운 것으로 인식하는 것도 문제가 되지만, 반대로 자신이 거주하는 주택은 깨끗하게 관리하고 가정에서 사용하는 물건은 아껴 쓰면서 교회건물이나 물건에 대해서는 아무렇게나 사용하고 방치하도록 하는 것이 어떤 의미에서는 더 큰 문제가 될 수 있다. 이런 문제로 인하여 유년주일학교 아이들이나 신앙이 깊지 않은 성도들의 마음에 하나님에 대한 거룩한 마음, 경외하는 마음이 사라지게 된다면 믿음의 뿌리가 깊이 내리는 데 커다란 장애가 될 수 있다.

지난 몇 년 사이에 유명 연예인이 여러 명 자살하였다. 나는 요즘 유명 연예인이 자살하였다는 뉴스가 나오면 가슴이 철렁한다. 장례식장의 장면이 텔레비전 화면에 나오면 행여나 또 죽은 연예인이 기독교인이 아닌지 신경을 곤두세우고 고인의 위폐를 제일 먼저 살펴본다. 왜냐하면 지난 몇 년 사이에 죽은 연예인들 중 한두 명을 제외하고 대부분이 기독교인들이었기 때문이다. 그들은 모두가 위패에 십자가 표시와 성도라는 글을 남기고 죽었다. 나는 십자가가 그려진 저들의 위패를 볼 때마다 목사로서 많은 부끄러움을 느낀다. 오늘날 우리나라 기독교의 가르침에 어떤 문제가 있기에 하나님의 자녀들이 저만한 어려움도 극복하지 못하고 우리 아버지 하나님이 가장 싫어하시는 자살을 선택하였을까?

하나님이 누구신가! 우리가 믿는 하나님 여호와는 태초에 천지만물을 창조하시고 그 만물을 주관하시는 전능하신 분이며, 그 하나님은 우리 아버지가 되시고, 우리를 사랑하시기를 독생자를 십자가에 못 박으시기까지 사랑하시는 분이 아닌가! 거룩한 백성이라는 성도들의 마음에 하나님에 대한 거룩한 마음, 하나님을 경외하는 마음이 있기는 있는 것인가! 만약 저들이 하나님의 사랑을 알지 못하고 하나님에 대한 거룩한 마음과 경외하는 마음이 없어 자살을 하였다면 그것은 교회의 책임이 크다. 그리고 나 같은 목사의 책임이 크다.

성경이 시작되는 창세기 1:1, "태초에 하나님이 천지를 창조하시니라"는 말씀이 우리들의 마음에 각인되지 않으면 그 후의 모든 말씀은 힘을 얻지 못한다. 어려서부터 하나님에 대한 거룩한 마음과 경외하는 마음을 교회가 가르치지 못한다면 신앙의 뿌리가 견고한 반석과 같은 믿음 위에 내리지 못하여 고난이 닥쳤을 때 흔들릴 수밖에 없다. 전능하신 창조주 여호와 하나님, 만군의 하나님 여호와 앞에 예배를 드리는 교회 건물을 귀하게 여기고, 교회에서 사용하는 물건을 소중하게 여기는 마음을 가지도록 가르치는 것이 중요한 것은 그것이 믿음의 뿌리를 견고히 내리도록 하는 데 필요하기 때문이다.

내가 미국에서 공부하고 있을 때 가끔 미국인 교회에서 예배를 드리는 경우가 있었다. 미국인들이 예배드리는 모습 가운데 가장 인상 깊었던 것은 아이들이 부모님들과 함께 예배를 드리는데 그 아이들이 어른들의 예배 분위기를 조금도 방해하지 않고 조용히 함께 예배를 드리는 것이었다. 우리나라 어린이들이 대예배 시간에 주위를 산만하게 하는 모습에 익숙해 있던 나는 너무나도 신기하였다. 미국 아이들이 우리나라 아이들보다 날 때부터 성품이 좋아서 그런 것은 아니다. 미국 아이들도 우리나라 아이들과 마찬가지로 가만히 있지 못하는 본능을 가지고 있는 것은 마찬가지다. 다만 부모들이 아이들을 어떻게 가르치고 있느냐에 따라 차이가 날 뿐이다. 어릴 때부터 하나님과 예배에 대한 거룩함과 경외함을 가르쳐야 그 아이의 마음에 깊이 각인시킬 수 있을 것이다. 강물을 막고 있는 둑이 무너지는 것은 작은 구멍에서 시작된다. 작은 일에 관심을 가지지 않으면 큰일에서 문제가 터져나오게 되어 있다.

교회에서 사용하는 비품을 관리할 때는 적어도 가정에서 물품을 관리하는 그 이상의 마음가짐으로 관리해야 한다. 교회는 보유하고 있는 비품을 비품별로 구입수량, 단가, 금액, 교체시기, 보관 장소, 기말재고 조사현황 등을 구체적으로 장부에 기록하고 세심하게 관리할 수 있도록 해야 한다. 그리고 비품을 관리하는 부서에서는 분기별, 반기별 또는 적어도 1년에 한 번은 비품의 현황과 관리상태를 파악하여 교인들이 비품에 대하여 관심을 가지고 사용하거나 관리할 수 있도록 재무제표의 주석란에 기재하여 보고 해야 한다.

3. 교회차량의 관리

대부분의 교회에서는 차량이 좋든지 나쁘든지를 불문하고 자체 차량을 보유하고 운행하고 있다. 차량은 교인들을 실어 나르는 역할을 하기 때문에 안전관리가 대단히 중요하다. 만약 교인들을 태우고 가던 차량이 정비 불량으로 사고가 발생하여 인명피해라도 나면 교회가 큰 시험에 빠진다. 특히 교회차량이 개인 소유가 아니므로 관리가 소홀하기 쉽다. 차량은 어느 특정한 사람이 지속적으로 관리하고 운행해야 그 상태를 용이하게 파악할 수 있다. 그렇지 못할 경우 교회차량에 문제가 발생해도 쉽게 인식할 수 없으며, 차량의 성능을 알지 못하는 사람들이 운행하므로 차량이 쉽게 손상되고 사고가 나기 쉽다. 그러므로 교회에서는 차량에 대하여 특별한 관리시스템을 도입하여 관리할 필요가 있다. 차량관리에 필요한 규정을 만들어 관리하지 않으면 다양한 성품의 교인들을 통제하기가 어려워진다. 그리고 차량관리부에서는 매년 차량의 출고년도, 구입년도, 구입가격, 차량의 성능, 교체시기, 관리상태, 관리상의 협조사항 등을 재무제표의 주석란에 기재하여 교인들이 차량의 안전운행을 위하여 기도하고 안전관리에 협조할 수 있도록 보고하여야 한다.

4. 토지 건물의 관리

교회의 자산 중에서 가장 큰 비중을 차지하는 것이 토지와 건물이다. 만약 토지 건물 부분에서 문제가 발생되면 교회가 큰 시험에 빠진다. 그럼에도 불구하고 대부분의 교회가 토지 건물에 대하여 무관심하다. 토지를 매입하거나 건물을 신축하거나 증축하거나 하는 등의 문제로 교회가 시험에 드는 경우가 가끔 있다. 교인들이 교회가 사용하고 있는 토지 건물에 대한 정보를 충분히 알고 있고 교회의 실정을 이해하고 있으면 문제가 되지 않을 일도 정보교류의 부재로 인하여 문제가 확대되어 교회가 어려움에 처하는 경우가 있다. 그러므로 교회의 토지, 건물을 관리하는 부서에서는 교회가 소유하고 있는 토지 및 건물의 소재지, 구입금액 또는 건축비용, 소유권, 근저당권 설정 여부 등에 대하여 매년 등기부 등본을 확인하고, 교회의 정상적인 절차를 거치지 않은 권리관계의 변동이 있는지, 관련 서류는 금고에 보관하고 있는지를 확인하여 주석에 기록하여 보고해야 한다. 그리고 토지 건물이 교인들이 예배를 드리고, 교회학교에서 말씀을 가르치고, 교인들이 신앙 활동을 하는데 불편함이 없는지 등에 대한 정보도 아울러 주석에 기록하여 교인들이 평소에 함께 기도하고 협력할 수 있도록 하는 것이 좋다.

5. 교회자산의 감가상각 문제

교회가 소유하고 있는 비품, 차량, 건물 등의 유형자산은 시간이 지남에 따라 가치가 감소하고 사용가능한 기간(내용연수)이 지나면 교체하여야 한다. 감가상각이란 시간이 지남에 따라 자산의 가치가 감소된 부분을 취득가격에서 차감시켜 장부가격을 낮추는 것을 말하며, 이 차감한 금액을 감가상각비라 한다. 감가상각의 대상이 되는 자산은 유형자산 중에서 토지와 건설 중인 자산을 제외한 모든 자산이다.

기업회계에서 감가상각을 하는 목적은 감가상각비를 비용화하여 수익에서 차감시킴으로써 이익을 합리적으로 산출하는 동시에 해당 자산을 다시 매입할 수 있는 자금을 회사 내에 유보시키기 위한 것이다. 기업이 영업활동을 통하여 벌어들인 수익에서 감가상각비를 차감하지 않고 그대로 모두 이익으로 처리할 경우, 그 이익이 모두 배당금이나 세금 등으로 회사 밖으로 나가버리게 되어 그 자산의 사용기간이 끝나 폐기하였을 때 다시 구입할 수 있는 자금이 남아 있지 않아 기업 활동이 위축된다. 그러므로 기업에서는 자산의 가치가 감소된 부분을 감가상각비라는 비용으로 처리하여 수익에서 차감하고 이익을 산출한다.

다시 말해서 감가상각비는 기업에서 이익을 합리적으로 산출하기 위하여 산정한 비용이다.

그러나 교회회계에서는 이익의 개념이 없으므로 기업회계에서 감가상각을 하는 목적이 그대로 적용되지 않는다. 합리적인 이익 산출이라는 관점에서 보면 교회회계에서 감가상각을 할 필요가 없다. 따라서 교회회계에서 유형자산에 대하여 감가상각을 하는 경우는 거의 없다. 대부분의 교회에서는 유형자산의 수명이 다하면 폐기 처분하고 그 자산이 다시 필요할 경우 교회의 경상예산으로 구입하던지 경상예산에서 구입할 수 없을 정도로 금액이 클 경우에는 교인들에게 특별헌금을 내도록 하여 구입한다.

그러나 교회회계에서도 감가상각의 개념이 전혀 필요없는 것은 아니다. 교회 자산을 효율적으로 관리하고, 사용하고 있는 유형자산의 대체 시기와 대체할 경우 필요한 자금을 사전에 교인들이 알 수 있도록 정보를 제공하여 재 구입에 필요한 자금을 사전에 알도록 하여 미리 예비할 수 있도록 한다는 점에서 감가상각의 개념을 도입할 수도 있다. 감가상각제도를 도입하면 교회자산이 수명을 다하였을 때 폐기하고 다시 매입할 경우를 대비하여 매년 그 자산의 감가상각비에 해당되는 금액을 기금으로 적립할 수 있어 한꺼번에 교인들이 자금 부담을 하지 않고 그 자산을 다시 구입할 수 있다.

교회회계가 감가상각제도를 도입하였을 경우의 회계처리를 예로 들어보자. 교회가 2005년 1월에 냉장고를 500만원에 구입하였다. 이 냉장고의 수명은 5년이며 5년이 지나면 폐기처분할 예정이다. 이 교회는 2005년 12월 말에 500만원의 5분의 1인 100만원을 감가상각하게 된다. 교회의 일반회계에서는 감가상각 금액 100만원을 비용으로 처리하고 현금을 인출하여 감가상각 충당기금으로 넘겨준다. 감가상각 충당기금에서는 100만원을 받아 금융기관에 적립을 해 둔다. 이와 같은 방법으로 5년 동안 회계처리하면 감가상각충당기금에는 500만원의 예금이 적립되어 수명이 다한 냉장고를 폐기하였을 때 500만원의 예금을 찾아 다시 구입할 수 있다. 이와 같은 방법의 장점은 교회가 한꺼번에 거액의 자금을 마련하지 않고 매년 조금씩 부담하게 되므로 교회활동에 별다른 충격을 주지 않고 냉장고를 구입할 수 있다는 점이다.

제 2 절 부채의 관리

교회회계에서는 원칙적으로 들어온 현금의 범위 내에서 지출하므로 부채가 발생하지 않아야 한다. 그러나 교회가 건물을 건축하거나 교회가 필요로 하는 토지나 기존의 건물을 매입할 경우에는 일시에 거액의 자금이 필요하므로 외부에서 자금을 빌려와 사용하고 앞으로 서서히 갚아나가는 경우가 있다. 외부에서 자금을 차입할 경우에는 차입 조건에 따라 교회가 예산을 운용하여 활동하는 데 많은 영향을 받을 수 있다. 그러므로 사전에 교회의 상환능력, 금리, 연도별 상환금액 등을 감안하여 차입하여야 한다. 교회가 매년 상환할 수 있는 능력보다 더 많은 금액을 상환하는 조건으로 자금을 차입한다면 정상적인 교회활동도 위축되고, 상환 약속을 지키지 못할 경우에는 신용이 떨어져 금리가 올라 상환부담이 더 늘어나게 되어 많은 어려움을 겪을 수 있다.

차입금의 종류에는 1년 이내에 상환하여야 할 단기차입금, 상환 기한이 1년 이상인 장기차입금, 장기차입금이 기간이 경과하여 상환기한이 1년 이내로 단축된 유동성 장기차입금 등이 있다. 그러므로 교회가

1년 이내에 상환하여야 할 차입금은 단기차입금과 유동성 장기차입금의 합계액이다. 이 차입금은 교인들의 동의하에 특정한 목적을 위하여 차입한 것이므로 교인들이 함께 기도하며 상환하여야 한다. 그러므로 교회회계에서는 차입금의 종류와 매년 상환하여야 할 금액, 금리, 상환연도 등을 교인들이 알 수 있도록 주석에 기록할 필요가 있다.

9장

회계보고

제1절 회계보고 대상

1. 당회

교회회계는 매월 예산 대비 현금흐름표를 작성하여 당회가 현금의 수입과 지출 현황을 알 수 있도록 보고해야 한다. 당회는 이 현금흐름표에 나오는 회계정보를 이용하여 교회가 추진하고 있는 정책을 검토하거나 교회활동의 추진 속도를 조정하고, 나아가 사업추진부서의 활동이 계획대로 추진되고 있는지 살펴보고 계획대로 추진되지 않을 경우 그 이유를 알아보고 원활하게 추진될 수 있도록 협의한다.

2. 제직회

교회회계는 제직회가 열릴 때마다 예산 대비 현금흐름표를 작성하여 그동안의 현금의 수입과 지출 현황을 보고해야 한다. 제직회는 실질적으로 사업을 추진하는 곳이므로 부서별로 현금흐름표의 회계수치가 사업을 집행한 해당부서의 회계수치와 일치하는지를 확인해야 한다. 그리고 교회가 계획한 활동이 효과적으로 추진되고 있는지를 살펴보고 미진한 부분에 대해서는 원활하게 추진될 수 있도록 함께 기도하고 협력해야 한다.

3. 공동의회

공동의회는 교회의 최고 의사결정 기구다. 교회회계는 매년 말 결산한 내용과 새해의 예산안을 공동의회에 보고하여 승인을 받아야 한다. 특히 결산서에는 각 부서에서 활동한 내용을 주석에 기재하고, 예산서에는 새해에 각 부서에서 활동할 내용을 기재하여 공동의회가 알 수 있도록 해야 한다. 공동의회는 결산서에 기재된 각 부서의 활동결과를 하나님 앞에 올려놓고 감사의 예배를 드리고, 예산서에 기재된 각 부서의 새해 활동계획을 하나님 앞에 내어놓고 하나님의 은혜로 풍성한 결실을 거둘 수 있도록 함께 기도하고 협력해야 한다.

교회가 점점 성장해 갈수록 공동의회에서 장로, 안수집사, 권사와 같이 투표로서 선출하는 직분자들을 뽑기가 어려워진다. 교회법에 따라 투표를 하여 교회 봉사자들을 선출해야 하지만 교회가 클수록 교인들이 많아 누가 어떤 일을 해 왔고 또 하고 있는지 알 수가 없다. 그래서 대형 교회에서는 장로나 안수집사가 되려면 주차요원이 되어야 한다는 말이 나온다. 주차요원이 되어야 승용차로 오는 교인들에게 얼굴을 가장 잘 알릴 수 있어 선거에 유리하다는 것이다. 그래서 대형교회에서는 서로 주차요원이 되려고 경쟁이 치열하다는 것이다. 교회가 하는 일이 광범위하고 많은데 왜 하필 교회 임직자가 되기 위해 주차 안내와 같이 교인들의 눈에 잘 뜨이는 일에 관심이 집중될 수밖에 없는가? 이것은 교회가 성장해 갈수록 교회 안에서 정보 교류에 상당한 문제가 있다는 것을 의미한다.

이 문제는 교회회계에서 회계정보로 상당한 부분 해결할 수 있다. 교회회계에서 공동의회에 보고하는 결산서와 예산서의 주석에 매년 각 부서의 주요 활동결과와 활동계획이 기재되어 보고되므로 공동의회 참석자들은 그 기록을 보고 해당 부서의 임원들과 멤버들이 어떤 일을 하였으며 앞으로 어떤 비전을 가지고 일을 추진할 계획인지 알 수 있다. 이와 같은 정보들이 매년 지속적으로 공동의회에 보고되므로 공동의회에서는 해당 부서의 부원들이 교회의 한 지체로서 어떤 비전을 가지고 어떤 꿈을 실현시켜나가며 하나님께 영광을 돌리고 있는지를 알 수 있고 이와 같은 정보를 임직자를 선정하는데 활용할 수 있다. 이와 같이 정보의 교류가 원활히 이루어지면 교인들이 교회활동을 하는 데 특정한 활동에 몰려들지 않고 자신의 적성과 하나님이 주신 은사에 적합한 활동을 선택해 즐겁게 봉사할 수 있도록 하며, 이로 인하여 교회의 모든 활동이 활발히 추진될 수 있고 좋은 결과를 얻을 수 있게 될 것이다.

제2절 회계보고 내용

1. 비교재무제표의 보고

교회회계는 회계보고의 효율성을 높이기 위해 현금흐름표와 재무상태표를 전년도 자료와 금년도 자료를 비교할 수 있도록 보고해야 한다. 왜냐하면 회계정보는 당해 연도만의 자료를 가지고는 교인들이 충분이 이해를 할 수 없기 때문이다. 먼저 현금흐름표를 살펴보자. 현금흐름표 상에 금년도 실적을 보고 할 때는 금년도 예산과 금년도 실적을 비교할 수 있도록 하는 동시에 전년도 실적과 금년도 실적을 비교할 수 있도록 보고해야 한다. 금년도의 교회 헌금수입이 예산 대비 얼마나 달성되었으며 전년도 대비 얼마나 증가되었는지 또는 감소되었는지 알 수 있도록 해야 한다. 그리고 교회활동별 현금지출이 금년도 예산 대비 얼마나 사용되었으며 전년도 대비 얼마나 지출되었는지 알 수 있도록 보고해야 한다. 그리고 헌금의 수입과 지출 내용을 좀 더 명확히 이해할 수 있도록 주석과 연결시켜 보고해야 한다.

다음으로 재무상태표를 살펴보자. 재무상태표는 자산과 부채를 전년도 자료와 금년도 자료를 비교할 수 있도록 보고해야 한다. 먼저 자산의 경우 전년도 자료와 금년도 자료를 서로 비교하여 특정한 자산이 얼마나 늘었는지, 특정한 예금이 얼마나 사용되고 얼마나 남아 있는지 그리고 그 예금으로 추진하고 있는 계획이 순조롭게 달성될 수 있을 것인지, 금년도에 교체할 자산의 종류와 그 자산을 교체하는 데 필요한 자금은 얼마나 되는지를 알 수 있도록 해야 한다. 그리고 부채의 경우도 전년도 자료와 금년도 자료를 서로 비교하여 교회가 갚아야 할 차입금이 전년도보다 얼마나 줄었는지 또는 얼마나 늘었는지, 차입조건에 맞도록 상환되고 있는지, 연체는 안 되었는지 등에 대하여 알 수 있도록 해야 한다.

2. 감사보고서의 보고

교회의 감사는 재무제표에 기재된 내용들이 사실과 부합하는지를 감사하여 그 결과를 당회, 제직회, 공동의회에 보고해야 한다. 먼저 감사는 정기적으로 교회회계의 회계처리가 올바로 되었는지를 감사하고, 다음으로 각 부서별로 회계처리와 장부정리 및 영수증처리가 바로 되어 있는지를 확인한다. 그리고 잘못 되었을 경우에는 즉시 시정하도록 하고 중대한 오류에 대해서는 감사보고서에 기재하여 그와 같은 오류가 반복적으로 발생하지 않도록 해야 한다. 교회 자산에 대해서는 예금통장의 잔액과 장부잔액이 일치하는지를 확인하고, 통장의 보관 및 관리 상태를 점검하고, 유형자산의 관리 상태와 각종 계약서, 권리증 등 주요 서류의 보관 상태를 확인하여 보고해야 한다. 그리고 감사결과 지금보다 더 좋은 방향으로 개선할 사항이 있으면 함께 보고해 교회의 각 부서에서 교회활동에 반영할 수 있도록 한다.

10장

내부통제

제1절 내부통제의 필요성

　교회에서 내부통제가 필요한 이유는 교회의 목적을 효과적으로 달성하고, 부정과 오류를 사전에 방지하여 교회와 교인들과 교회자산을 보호하고, 나아가 회계기록의 정확성과 회계정보의 완전성을 확보함으로써 교회 지도자들에 대한 신뢰성을 높이려는 데 그 목적이 있다. 내부통제가 확립되어 있지 않으면, 교회가 어렵고 힘들어질 때 지도자들의 신뢰성 문제로 인하여 교회와 교인들에게 많은 시련과 아픔을 안겨다주는 일이 발생될 수 있다.

　내부통제는 교회 일을 하는 교인들을 불신하기 때문에 만들어진 제도가 아니라, 오히려 일을 하는 교인들을 보호하기 위한 제도로 이해해야 한다. 내부통제제도가 확립되어 있지 않으면 교회가 어렵고 힘들 때 사탄의 역사로 인하여 오해와 루머가 나돌아 선한 일꾼들이 상처받고 시험에 들 수 있다. 평소에 내부통제제도가 확립되어 있으면 모든 교인들이 교회회계정보는 확실히 믿을 수 있다는 학습효과를 가지게 되어 어지간한 루머와 모함에도 교회가 흔들리지 않으며, 교회와 교인들에게 해악을 끼치는 루머와 모함이 뿌리내릴 토양이 조성되지 않는다. 교인들이 내부통제제도가 교회에 당연히 필요한 정상적인 제도라는 것을 인식하지 못하면, 교인들에 따라서는 내가 개인의 이익을 위하여 일을 하는 것이 아니라 교회를 위하여 헌신하고 봉사하는 마음으로 일을 하는데 기분 나쁘게 내가 한 일에 대하여 감사하고 확인한다고 불평하는 사람들이 생길 수 있다. 교인들 사이에 이런 분위기가 확산되면 내부통제제도를 만들어놓아도 효과적으로 시행할 수 없고 오히려 교인들의 반발로 교회가 활동하는 데 힘을 잃게 된다. 그러므로 교회는 내부통제제도가 효율적으로 시행될 수 있도록 내부통제를 시행하기 전에 교육을 통하여 내부통제제도의 중요성과 당연성을 교인들에게 인식시킬 필요가 있다. 내부통제에는 업무절차의 준수에 의한 내부통제와 감사에 의한 내부통제가 있다.

제2절 내부통제의 방법

1. 업무절차의 준수에 의한 내부통제

평상시의 내부통제는 업무절차를 준수하도록 함으로써 이루어질 수 있다. 교회회계 업무는 현금의 수입과 지출 시에 회계담당자와 회계책임자 간에 서류에 의한 확인절차를 거치도록 하고, 회계업무가 종료되어 남은 현금을 금융기관에 예치할 필요가 있을 때는 예치한 후 그 결과를 통장에 의하여 사후에 회계책임자가 반드시 확인하도록 함으로써 상호견제가 이루어지도록 한다. 그리고 예배를 마친 후 헌금을 옮길 때는 반드시 두 사람이 한 조가 되어 헌금을 옮기도록 하여 헌금을 옮기는 과정에서 일어날 수 있는 불필요한 오해를 불식시켜야 한다. 교인들 가운데는 가끔 헌금을 하였는데 자기 이름이 헌금자 명단에 빠졌다고 재정부에 찾아와서 불평하는 분들이 있다. 그러면 재정부에서는 그 원인을 찾아 해명해 주어야 한다. 나이 많은 분의 경우 가끔 본인이 실수해 헌금을 내지 않고 헌금을 한 것으로 착각하여 찾아와 불평하는 경우가 있는데, 이럴 경우 내부통제제도가 잘 갖추어져 있으면 불필요한 오해에서 벗어날 수 있다.

각 부서의 경우 계획된 업무를 수행하기 위하여 교회회계로부터 현금을 수령할 때 사전에 해당 부서의 회계 담당자가 지출결의서에 서명을 한 후 부장의 확인을 거치도록 하고, 현금을 수령하여 집행한 경우에는 사용한 영수증을 지출결의서와 함께 보관하도록 해 정당한 사용을 객관적으로 입증할 수 있도록 해야 한다. 그리고 각 부서의 회계 담당자와 부서장은 교회회계가 제직회나 공동의회에 회계보고를 할 때 담당부서의 지출액이 회계보고서 상의 지출액과 일치하는지 확인해야 한다.

2. 감사에 의한 내부통제

현물감사의 방법에는 전수감사와 샘플링감사가 있다. 전수감사란 감사 대상이 되는 모든 자료를 일일이 직접 확인하여 감사하는 방법이며, 샘플링감사는 전수감사를 하지 않고 일부 자료를 무작위로 추출하여 감사하고 일부자료에 문제가 있으면 전수감사를 하고, 문제가 없으면 전체 자료에 문제가 없는 것으로 간주하는 감사 방법이다.

전수감사의 대상은 감사 대상에 문제가 발생하면 교회에 중대한 영향을 미치는 것들이다. 현금예금 잔고 확인, 예금 통장의 금액과 금융기관의 예금 잔고가 일치하는지에 대한 확인, 각종 권리증의 확인, 차입금 잔액의 확인 등은 문제가 발생되면 교회에 중대한 영향을 미칠 수 있으므로 모두 전수감사의 방법에 의해 감사를 해야 한다.

현금예금 잔고의 경우 입금 및 출금 일자와 금액에 대해 전수감사를 하지 않고 월말 잔액만 확인하는 것이 관행이 되면, 회계 담당자가 분기중에 현금을 사적인 용도로 유용을 하다가 월말에만 현금 잔액을 장부 잔액과 일치시켜 놓을 수 있다. 대부분의 현금 사고는 현금을 사적인 용도로 유용하다가 일이 잘못 되었을 경우 발생한다. 회계담당자가 교회가 보유하고 있는 현금을 사적으로 유용하여 주식투자를 하다가 큰 손실을 보거나, 개인적으로 돈을 빌려주고 이자를 받아 착복을 하다가 돈을 빌려간 사람이 상환하지 못하게 되면 교회에 큰 손해를 끼치게 되며 나아가 교회가 큰 시험에 들 수 있다. 이런 문제를 사전에 예방하기 위해서는 우선 교회회계를 담당하는 사람을 잘 뽑아야 하지만 누가 회계를 맡든지 사고를 사전에 예방할 수 있는 시스템을 만드는 것이 중요하다. 사람은 누구나 어려운 궁지에 몰리면 약해진다. 궁지에 몰린 사람이 딴 생각을 하지 못하도록 시스템을 만들어놓는 것이 그 사람을 살리는 길인 동시에 교회를 안전하게 보호하는 길이 된다.

목사, 파견한 선교사, 교회 직원들의 퇴직금 통장이나, 특별한 목적을 위해 적립해 둔 예금 통장의 잔액을 장부 잔액과 실재 은행예금 잔액과 일치하는지를 상호대조하는 것도 전수 감사의 대상이다. 예금통장 잔액과 장부 잔액이 일치해도 은행예금의 실재 잔액이 다를 수 있다. 예를 들자면 은행에 통장 분실신고를 하고 새로운 예금 통장을 발급받아 예금을 출금하여 유용하고, 종전에 사용하던 예금통장을 교회에 보관하고 있는 경우에는 장부 잔액과 통장 잔액이 일치하지만 은행에는 예금이 없는 것과 같은 사고가 발생하게 되는 것이다. 예금통장 잔액과 은행의 실재 예금 잔액이 일치해도 그 금액이 장부 잔액보다 적으면 문제가 있으므로 그 원인을 규명해야 한다. 감사가 장부 잔액과 예금통장 잔액과 은행의 실재 예금 잔액이 일치하는지를 확인하고 거래 내용에 대하여 전수감사를 하게 되면 현금사고를 제도적으로 사전에 방지할 수 있다.

각종 권리증에 대하여도 감사는 정기적으로 권리증의 내용이 사실과 일치하는지를 등기부등본을 발급받아 확인해야 한다. 교회 자산에 대한 권리관계를 오랜 기간 동안 확인하지 않아 교회도 모르는 사이에 권리관계의 변화가 있게 되면 교회에 큰 문제가 일어날 수 있다. 교회가 부채로 안고 있는 차입금 잔액의 확인도 마찬가지다. 교회에서는 차입금을 정상적으로 상환한 것으로 알고 있으나 실제로는 차입금 상환자금을 사적으로 유용하고 교회에는 차입금을 상환한 것으로 보고하는 것과 같은 사고가 발생할 수 있으므로 감사는 실제 차입금 잔액이 장부상의 잔액과 일치하는지를 확인해야 한다.

샘플링(sampling)에 의한 감사는 전수감사를 하기에는 감사의 분량이 많고 샘플링에 의한 감사를 해도 전수감사를 한 경우와 유사한 결과를 얻을 수 있는 경우에 실시한다. 예를 들자면 지출결의서가 업무절차에 따라 처리되고 있는지, 장부정리가 체계적으로 빠짐없이 기록되고 있는지, 돈을 사용하였을 경우에 증빙서류는 잘 보관하고 있는지 등과 같이 절차나 방법이 정해진 방법대로 준수되고 있는지의 여부에 대한 감사는 샘플링 감사로도 파악할 수 있다. 이와 같은 절차상의 업무는 문제가 발생해도 교회에 중대한 영향을 끼칠 우려가 있는 사안이 아니므로 지금 발견하지 못하면 다음 감사 때 발견하여 시정시키면 된다.

이와 같이 한 번의 잘못됨으로 교회에 치명적인 손상을 입히는 중요한 사안의 경우에는 실물을 반드시 확인하는 방법으로 전수검사를 하고, 업무처리 절차와 같이 실수가 있어도 큰 문제가 발생하지 않고 다음에 고치면 되는 경우에는 샘플링 감사를 함으로써 감사의 효율성을 높일 수 있다.

3. 감사의 자격

대부분의 교회에서는 교회 감사를 장로님들이 순번제로 돌아가면서 하거나, 고참 장로님들이 맡고 있다. 교회회계감사는 아무나 하는 것이 아니다. 먼저 신앙심이 깊고 합리적인 성품을 가진 장로님이 담당해야 한다. 교회 장로님들 가운데는 연세가 많아 사고의 유연성이 없어지고 합리적인 판단능력이 결여되어 권위의식과 고집이 강한 분들이 있는데 이런 분들이 회계감사를 맡게 되면 온 교회가 시끄럽게 된다. 담당자들이 사리에 맞게 설명을 해도 자신의 주관과 고집대로 감사를 하여 권위의식을 가지고 고치라고 주장하면 회계담당자들이나 교회활동을 하는 각 부서의 일꾼들이 일할 의욕을 상실하게 된다.

다음으로 교회회계감사는 감사에 대한 전문적인 지식이 있어야 한다. 감사에 대한 전문적인 지식이 없을 경우에는 감사를 소홀히 하게 되어 교회회계에 문제가 발생되어도 발견하지 못하고 장기간 동안 방치하게 되어 문제가 크게 확대될 수 있다. 이럴 경우 미숙한 감사로 인하여 작은 일로 처리할 수 있는 것이 크게 확대되어 교회와 교인들에게 큰 상처를 줄 수 있다. 그리고 감사에 대한 전문적인 지식이 없으면 회계처리절차나 업무처리절차에 대해 보다 좋은 방향으로 고칠 수 있도록 조언을 할 수도 없고, 때로는 말도 안 되는 엉뚱한 소리를 해 담당자들을 실망시키는 경우가 있다.

끝으로 교회회계감사는 감사를 실지로 할 수 있어야 한다. 감사로 임명되었음에도 사회생활이 바쁘다는 이유로 감사를 하지 않거나 성격상 성실하게 감사를 할 수 없는 분은 교회감사로는 부적합하다. 많은 교회의 경우 이름만 감사로 올려놓고 교인들을 믿어야지 누구를 믿겠느냐고 주장하며 감사를 거의 하지 않는 분들이 있다. 이런 분들이 감사가 되면 교회의 모든 분야가 해이해지고, 다음에 다른 분이 감사가 되어 성실하게 감사를 하려고 하면 회계담당자들이나 업무담당자들이 불평을 하게 되어 원만한 감사가 이루어지기 어렵다. 그러므로 교회는 신앙심이 깊고 합리적이고 전문적인 지식이 있는 성실한 분을 감사로 선정할 수 있도록 온 교인들이 함께 기도해야 한다.

11장
회계결과에 대한 평가

제1절 회계결과에 대한 평가의 의미

　기업의 경영자는 회계기간이 종료되면 1년 동안 그 기업이 영업한 결과와 재무상태를 재무제표로 작성하여 공시한다. 기업의 이해관계자들은 기업이 공시한 회계정보를 이용하여 경제적인 의사결정을 하기 시작한다. 투자자들은 그 기업의 주식을 처분해야 할지 그대로 가지고 있어야 할지 아니면 더 많은 투자를 해야 할지를 결정한다. 특히 기업의 주인인 주주들은 경영자의 경영성과에 대한 평가를 하고 경영자와 종업원들에게 성과에 걸맞는 보상을 한다. 채권자들은 그 기업에 투자한 채권을 회수해야 할지 그대로 계속해서 투자해야 할지를 결정하게 되고, 노조는 경영성과를 가지고 종업원의 복지를 향상시키기 위해 경영자와 교섭을 하기 시작하며, 국가에서는 경영성과를 기초로 세금을 부과한다. 이와 같이 기업의 회계기간이 끝나고 회계정보가 공시되면 그 기업이 한 해 동안 이루어놓은 성과를 가지고 모든 이해관계자들이 분주하게 평가하고 움직이기 시작한다.

　교회는 어떤가. 교회가 기업과 같을 수는 없지만 교회도 회계기간이 종료되면 1년 동안의 활동결과를 하나님 앞에 내어놓고, 교인들과 함께 그 결과에 대하여 평가를 해야 한다. 새해를 시작할 때 하나님 앞에 약속한 계획들과 비교하고 한 해 동안 어려운 환경 속에서도 최선을 다할 수 있도록 함께 해 주신 하나님 앞에 감사하며 그 결과를 평가해야 한다.

제2절 회계결과에 대한 부서별 평가

　각 부서에서도 한 해의 회계기간이 종료되면 그동안 활동한 결과를 정리하여 부원들과 함께 평가해야 한다. 각 부서에서는 새해가 시작되기 전에 모든 부원들이 함께 모여 지난 한 해 동안 하나님 앞에 약속한 계획이 어떻게 이루어졌으며, 그동안 기도한 제목들이 어떤 열매를 맺고 있는지를 살펴보고, 그 결과를 하나님 앞에 내어놓고 감사하고 서로를 격려하는 시간을 가진다. 그리고 그 평가결과를 검토하여 잘 된 점과 잘 못 된 점을 함께 생각해 보고 새해에 해야 할 일들을 계획하는 데 반영하고 적절한 예산을 편성한다. 이와 같은 평가과정을 해외선교부를 예로 들어 설명해 보자.

　해외선교를 담당하는 부서에서는 한 해의 회계기간이 종료되면 그 해 동안 활동한 결과를 정리하여 부원들과 함께 하나님 앞에 내어놓고 겸허하게 평가한다. 한 해 동안의 계획이 어떻게 추진되었으며 그 결과는 어떻게 나타나고 있는지, 그리고 현지 선교사와의 정보교류는 어떻게 이루어지고 있고 선교현장을 위한 기도제목이 무엇이었으며 그 기도제목들이 어떻게 이루어지고 있는지, 해외선교의 현지사정은 어떻게 변하고 있는지 등에 대하여 부원들이 머리를 맞대고 함께 검토해야 한다. 그리고 그 결과를 하나님 앞에 내어놓고 감사의 예배를 드리고 부족했던 일들을 정리하여 좀 더 잘할 수 있는 방법을 모색한다. 그리고 이 모든 평가결과를 새해의 계획을 작성하는 데 반영한다.

제3절 회계결과에 대한 교회의 평가

회계결과란 교인들이 하나님 앞에 믿음으로 드린 헌금을 각 부서에서 사용해 활동한 결과로 거두어들인 열매를 말한다. 교회마다 헌금에 대해서 많은 관심을 가지고 지나칠 정도로 강조하지만, 그 헌금이 사용된 결과에 대해서는 지나칠 정도로 무관심하다. 따라서 대부분의 교인들이 교회 헌금을 사용하는 각 부서에서 어떤 비전을 가지고 어떤 일을 하고 있는지 알지 못한다. 각 부서의 비전과 이 비전에 따라 계획하고 추진되고 있는 일이 무엇이며 그 결과는 어떤 것인지를 교인들이 알 수 있어야 함께 기도하고 함께 힘을 모아나갈 수 있다. 그러므로 각 부서에서는 회계결과와 함께 재무제표의 주석란에 그 부서의 비전과 이 비전을 이루어나갈 수 있는 구체적인 계획과 추진 결과에 대하여 기록하여 보고함으로써 교인들과 함께 정보를 공유하고 기도의 제목을 함께 나눌 수 있어야 한다. 각 부서의 비전과 활동에 관한 정보교류가 원활하게 이루어질 때 각 부서의 활동이 자연스럽게 평가되고 관심 있는 교인들이 원하는 부서에 참여하여 함께 꿈을 이루어나갈 수 있게 된다.

제4절 회계결과에 대한 하나님의 평가

기업의 경영성과에 대한 평가는 기업의 주인인 주주들이 한다. 교회에서도 교회의 한 해 동안의 활동결과인 회계결과를 최종적으로 평가하는 분은 교회의 주인이신 하나님이다. 제직회와 공동의회가 교회 회계 결과에 대해 평가하는 것은 각 부서에서 한 해 동안 한 일을 돌이켜보고 그와 같은 결실을 이룰 수 있도록 역사하신 하나님께 감사하고 서로를 격려하며 다가오는 새 해를 준비하기 위한 것이다.

교회회계의 결과는 단순히 숫자의 개념으로 평가할 수 있는 것이 아니다. 왜냐하면 하나님은 교회가 주님 앞에 내어놓은 그 결과 속에 담겨져 있는 교인들의 믿음과 기도와 눈물과 헌신을 더 중요하게 보시는 분이기 때문이다. 우리는 예수님이 성전에서 무리들이 헌금하는 것을 보시고 하신 말씀을 알고 있다. 예수님은 부자들이 헌금을 많이 하는 것과 가난한 과부가 두 렙돈을 헌금하는 것을 보시고 그 가난한 과부가 다른 모든 사람들보다 더 많이 넣었다고 말씀하셨다. 예수님은 세상 사람들이 많고 적음을 평가하는 기준으로 평가하신 것이 아니라, 그 헌금 속에 들어 있는 정성과 마음으로 평가하신 것이다. 이와 같이 교회회계의 결과도 돈을 사용한 크기에 따라 평가되는 것이 아니라, 적은 돈이지만 기도와 눈물과 헌신으로 이루어놓은 결과라면 하나님은 더 크게 평가하실 것이다. 교회가 하는 일이 이 땅 위에 '하나님의 나라'를 이루어나가는 일이라면 교회회계의 결과도 '하나님의 나라'가 어떻게 확장되어 나가는지를 중심으로 평가될 것이다.

교회의 일꾼들은 주님의 일을 감당할 때 언제나 주님으로부터 '착하고 충성된 종'이라는 말씀을 듣기 원한다. '착하고 충성된 종'의 이야기는 마태복음 25장에 나온다. 어떤 주인이 먼 나라에 갈 때 그 종들을 불러 각각 그 재능대로 한 종에게 금 다섯 달란트, 또 한 종에게 두 달란트, 또 다른 종에게 한 달란트를 맡겼다. 주인이 돌아와서 회계할 때 다섯 달란트 받은 종은 다섯 달란트를 남기고 두 달란트 받은 종은 두 달란트를 남겼으나 한 달란트를 받은 종은 그 한 달란트를 땅에 감추어 두었다가 그 한 달란트를 그대로 가지고 와서 주인에게 드렸다. 주인이 돌아와서 그 종들과 회계할 때 이렇게 말하면서 그 결과에 대하여 평가

한다. 다섯 달란트와 두 달란트를 맡은 종들에게는 "착하고 충성된 종아 네가 적은 일에 충성하였으매 내가 많은 것으로 네게 맡기리니 네 주인의 즐거움에 참여할지어다"라 말하고, 한 달란트를 맡은 종에게는 '악하고 게으른 종'이라 꾸짖으며 '그에게서 그 한 달란트를 빼앗아 열 달란트 가진 자에게 주라'고 하였다.

여기서 우리는 교회회계의 결산과 관련하여 중요한 깨달음을 얻을 수 있다. 주인은 무엇 때문에 한 달란트 맡긴 종을 무익한 종이라 꾸짖으며 바깥 어두운 데로 내쫓아 버렸을까? 작게 남겼다고 내쫓아 버렸을까? 그러면 그 주인은 그 종의 말대로 '굳은 사람'이고 '심지 않은 데서 거두고 헤치지 않은 데서 모으는' 나쁜 사람이 된다. 그 종이 가장 잘못한 것은 주인과 함께 먹고 마시며 함께 생활하였음에도 자신의 주인을 잘못 알고 있다는 것이다. 그 주인은 한 달란트 맡은 종이 말하고 있는 것처럼 그런 '나쁜 사람'이 아니다. 그 주인은 평소에 종들이 어떻게 일하는지를 알고 그 종들의 능력대로 맡겼다. 종들이 할 수 없는 일을 맡긴 것이 아니라 할 수 있는 능력의 범위 안에서 돈을 맡겼다. 그리고 그 주인은 종들에게 무슨 큰 일을 이루어내라고 요구하지도 않았다. 그 주인은 주인이 없더라도 그 종들이 평소에 하는 것처럼 일상생활 속에서 작은 일에 충성하기를 원하는 사람이다. 그 주인은 다섯 달란트 맡긴 종과 두 달란트 맡긴 종에게 말하고 있듯이 '작은 일에 충성한 종'을 높이 평가하는 사람이지, 종들이 할 수 없는 일을 하도록 하여 많은 것을 남기도록 하는 사람이 아니다.

이 이야기가 성경에 기록된 것은 우리의 주인이신 예수 그리스도께서도 이와 같이 우리를 평가한다는 것이다. 이 이야기는 우리 주님이 작은 일에 충성하기를 원하신다는 메시지이다. 자신의 능력을 훨씬 뛰어넘는 큰 일을 하는 것이 나쁘다는 것이 아니라, 일상적인 생활 속에서 일어나는 작은 일에 관심을 가지고 충실히 하면 주님께서 '착하고 충성된 종'이라 인정하신다는 것이다. 우리 주님은 이 세상에서 가장 약한 자들, 가장 작게 여김을 받고 있는 자들인 고아와 과부와 나그네를 불쌍히 여기시는 분이다. 이런 작은 자에게 한 것이 곧 나에게 한 것이라고 말씀하시는 분이 우리 주님이시다. 우리 주님은 갈릴리 바다에서 사역을 하시다가 딸이 귀신들려 고생하고 있는 가나안 여자를 구원하기 위해 걸어서 가기에 너무나도 먼 거리에 있는 두로와 시돈 지방까지 갔다. 그리고 그 여인을 만나 그 믿음을 인정하시고 귀신들린 딸을 고쳐주시고 그 여자를 구원해 주시는 그런 분이다.

교회회계의 결과를 평가할 때는 우리 주님의 마음을 알아야 한다. 작은 일에 충성한 자, 한 생명을 천하보다 귀하게 여기고 헌신하는 자, 고아와 과부와 나그네와 같이 힘없고 연약한 자들을 불쌍히 여기는 자를 '착하고 충성된 종'이라 부르시는 주님의 마음으로 교회회계의 결과를 평가해야 한다. 왜냐하면 '하나님의 나라'는 이런 분들을 통해 이 땅에서 이루어지기 때문이다.

여호와 하나님께 찬송과 영광을 돌리자

제1절 회계정보는 비전과 꿈을 가지고 살게 한다

교회회계정보는 교회와 교인들, 교회조직과 교인들, 교인과 교인 간에 막혔던 담을 무너뜨리고 의사소통을 원활하게 하여 주님의 몸 된 각 지체들이 살아서 움직이도록 한다. 교회회계정보는 교회의 각 지체들이 교회의 비전을 알게 하고 그 비전 속에서 자신의 꿈을 찾아 이루어나가도록 한다. 꿈을 가진 성도들은 그들의 마음에 아버지의 마음을 담기를 소원하며, 아버지의 그 인자하심과 자비하심과 그 사랑이 그들의 심령에 강물과 같이 밀려 들어와 차고 넘쳐, 자신과 가정과 이웃을 새롭게 변화시키기를 원한다.

그들은 그들의 심령이 주님 달리신 그 십자가, 하나님으로부터 저주받은 그 십자가, 아버지로부터 버림받은 그 십자가로 충만하게 되기를 원하며 그 십자가를 높이고 그 십자가에 모든 영광을 돌린다. 그들은 골고다 언덕에 세워진 주님 달리신 그 십자가를 만나게 하시고 아버지 품으로 인도하시는 성령님께 감사하며, 성령의 충만한 은혜로 낮아지고 겸손하게 섬기며, 고아와 과부와 나그네를 돌보고, 연약한 자를 붙잡아주고, 불쌍한 자를 도와주며, 상처받은 자를 치유하고, 고통 받는 자들의 눈에서 눈물을 씻어주며 함께 아버지 앞에서 기뻐 뛰며 찬송과 영광을 돌린다. 그들은 회계결과를 앞에 놓고 소고 치며 춤추고 비파로 노래하며 수금으로 여호와를 찬양한다. 그들은 산들과 함께 노래하고 바다와 함께 춤을 추고 하늘의 천군천사들과 함께 구원의 주 여호와를 찬양한다.

꿈을 가진 성도들은 새 하늘과 새 땅 그리고 새 예루살렘 성을 바라보며 사는 하나님의 자녀들이다. 그들은 성령의 두루마리를 입었고, 하나님의 권세를 가졌고, 진리 안에 자유하며, 사탄의 권세를 깨뜨리고 그 머리를 밟으며, 하나님의 승리를 외치는 자들이다. 그들은 성자 하나님이신 예수 그리스도께서 사랑하는 자녀들에게 이 승리의 기쁨을 주기 위하여 고난의 십자가를 지셨다는 것을 비로소 깨닫고 모든 것을 이루어내신 하나님께 영광을 돌리며 찬양한다.

제2절 새 하늘과 새 땅 그리고 새 예루살렘 성

회개정보를 통하여 거룩한 꿈을 가지고 하나님의 나라를 이루어나가는 성도들은 새 하늘과 새 땅 그리고 새 예루살렘 성에서 여호와 하나님을 찬양할 것이다. 그들은 새 예루살렘 성, 하나님의 영광이 가득한 곳, 그 빛이 지극히 귀한 보석 같고 벽옥과 수정같이 맑은 거룩한 성에 들어가 우리 주님 품에 안겨 위로를 받을 것이다. 그들은 새 예루살렘 성에서 아버지 하나님이 모든 눈물을 씻어주시므로 다시는 사망과 애통하는 것과 곡하는 것과 아픈 것이 없는 영원한 안식을 누릴 것이다. 새 예루살렘 성에는 수정같이 맑은 생명수의 강이 길 가운데로 흐르고, 강 좌우에는 열두 가지 실과가 달마다 열리고 만국을 치료할 수 있는 잎사귀들이 풍성한 생명나무가 있어 하나님의 자녀들이 사랑하는 주님과 함께 그 길을 거닐며 여호와 하나님을 찬양하며 즐거워할 것이다. 새 예루살렘 성에는 에덴동산에 있던 '선악을 알게 하는 나무'가 없다. 하나님의 말씀을 믿지 않고 사탄의 말에 순종하던 아담과 하와를 실족하게 하던 그 나무가 없다. 새 예루살렘 성에서는 오직 예수 그리스도를 믿는 믿음의 자녀들이 하나님과 함께 거하며 영원히 즐거워할 것이다. 아멘 주 예수여 오시옵소서!

교회회계원리
믿음으로 꿈을 이루는 원리

초판1쇄 발행 2010. 12. 30

지은이 이상덕
펴낸이 방주석
책임편집 방미예
영업책임 곽기태
디자인 전찬우

펴낸곳 베드로서원
주소 (우)110-740 서울 종로구 연지동 136-56 기독교연합관 1309호
전화 02)333-7316 ㅣ 팩스   02)333-7317
이메일 peterhouse@paran.com
홈페이지 www.peterhouse.co.kr

출판등록 2010년 1월 18일(제59호) / 창립일(1988년 6월 3일)
ISBN 978-89-7419-287-7 03230
책값 뒤표지에 있습니다.

ⓒ이 출판물은 저작권법에 의해 보호를 받는 저작물이므로
무단 전재와 무단 복제를 할 수 없습니다.

> 베드로서원은 말씀과 성령 안에서 기도로 시작하며
> 영혼이 풍요로워지는 책을 만드는데 힘쓰고 있으며,
> 문서 선교 사역의 현장에서 세계화의 비전을 넓혀가겠습니다.
>
> 나의 힘이신 여호와여 내가 주를 사랑하나이다(시 18:1)